"十二五"职业教育国家规划教材
经全国职业教育教材审定委员会审定

职业教育新形态
财会名师系列教材

基础会计

附微课视频 | 第4版

王辉◎主编

Basic Accounting

人民邮电出版社
北京

图书在版编目（CIP）数据

基础会计 : 附微课视频 / 王辉主编. -- 4版. --
北京 : 人民邮电出版社, 2021.10
职业教育新形态财会名师系列教材
ISBN 978-7-115-57419-0

Ⅰ. ①基… Ⅱ. ①王… Ⅲ. ①会计学－职业教育－教材 Ⅳ. ①F230

中国版本图书馆CIP数据核字(2021)第194044号

内 容 提 要

本书按照财政部新修订发布的《企业会计准则》和最新税收法律制度编写，共9章，具体内容包括会计的基本概念、账户设置与复式记账、企业主要经济业务的核算、填制和审核会计凭证、登记账簿、财产清查、编制财务报表、账务处理程序、会计工作的组织和管理。通过本书的学习，读者可以系统地掌握会计的基本概念与核算方法，了解会计工作的具体内容和会计职业概况，为后续的会计专业核心课程的学习打好基础。

本书适用于财务会计类专业“基础会计”课程的教学和非会计专业的会计基础知识学习，也可作为自学和培训用书。

◆ 主　　编　王　辉
　责任编辑　刘　尉
　责任印制　王　郁　焦志炜
◆ 人民邮电出版社出版发行　　北京市丰台区成寿寺路11号
　邮编　100164　　电子邮件　315@ptpress.com.cn
　网址　https://www.ptpress.com.cn
　三河市兴达印务有限公司印刷
◆ 开本：787×1092　1/16
　印张：15　　　　　　2021年10月第4版
　字数：382千字　　　2021年10月河北第1次印刷

定价：49.80元

读者服务热线：(010)81055256　印装质量热线：(010)81055316
反盗版热线：(010)81055315
广告经营许可证：京东市监广登字20170147号

PREFACE

前　言

本书以 2018 年 7 月出版的《会计职业基础（附微课视频 第 3 版）》为基础，结合近年来会计准则、税收法律制度及其他财经法规的最新变化，总结原教材使用中取得的经验与发现的不足，同时吸收其他会计教材的优点修订而成。本次修订不仅体现了会计、税收改革的最新成果，也充分反映了会计教学改革的最新要求。

本次修订内容主要包括以下几个方面。

（1）根据近年来新修订发布的《企业会计准则》和最新税收法律制度的相关规定，对教学内容和教学案例进行了全面更新。

（2）为满足立德树人的根本要求，在教材中适时融入思政元素，新增了“课程思政点睛”专栏，希望能够借此发挥一定的启发作用。

（3）对原教材的部分内容进行了删减和调整，淡化了手工账会计下的传统技术方法，以增强信息化与会计的融合度。

（4）优化了全书的语言表达，使语言更简洁、顺畅，表达更直观、准确，逻辑更清晰、严密。

本书的参考学时为 72～96 学时，建议相关章节采用理实一体化教学模式。各章的参考学时见以下学时分配表。

学时分配表

项目	课程内容	学时
第 1 章	会计的基本概念	6～8
第 2 章	账户设置与复式记账	12～16
第 3 章	企业主要经济业务的核算	24～30
第 4 章	填制和审核会计凭证	6～8
第 5 章	登记账簿	6～8
第 6 章	财产清查	4～6
第 7 章	编制财务报表	6～8
第 8 章	财务处理程序	6～8
第 9 章	会计工作的组织和管理	2～4
课时总计		72～96

本书由安徽工商职业学院王辉教授担任主编，负责全书的修订和总纂。全书共 9 章，王辉编写第 1 章、第 2 章、第 3 章和第 9 章，刘玥编写第 4 章、第 5 章和第 6 章，张智慧编写第 7 章和第 8 章。本书在修订过程中得到了行业企业的专家和任课老师的大力支持，同时也参考和引用了国内许多学者的观点和有关资料，在此谨向他们表示衷心感谢。

由于编者水平、经验有限，书中难免存在不妥之处，恳请广大读者批评指正。

编者

2021 年 8 月

CONTENTS

目录

第 1 章
会计的基本概念

学习目标

- 掌握会计的概念与基本特征，明确会计职能及其与经济决策的关系
- 掌握会计核算的方法及各方法之间的关系
- 了解会计准则及其体系，熟悉会计核算前提、会计基础和会计信息质量要求

导入案例

参加工作多年的小李有一些积蓄，有股票投资的想法。经朋友推荐，小李拟购买某公司的股票，但又有点不放心，想了解一下该公司的基本情况，朋友建议他阅读该公司公开的财务报告。当小李从网上打开该公司的财务报告时，发现都是表格、数据，还有大量的文字说明，看了半天，没看出门道来。小李心想，还是请懂行的朋友帮忙分析一下吧。于是，他向在会计师事务所工作的朋友小张咨询。小张根据该公司的财务报告给小李分析得头头是道、有理有据，并为小李提供了可行的建议，使小李的首次投资大获成功。

事后，小李觉得：真是"隔行如隔山"，财务报告中竟蕴含了丰富的有用信息，自己却读不懂，一无所知。如果每次选股都要麻烦朋友，不如自己也学点会计，也能读懂财务报告，该多好！看来会计就在日常生活中，我们真有必要掌握一些会计基础知识。

1.1 会计的含义

1.1.1 经济决策与会计

经济活动是指人们从事社会物质生产和再生产的活动，其主体包括个人和组织，具体包括企业、政府、事业单位、社会团体和其他经济组织。其中，企业是经济活动的主要参与者，是经济发展的原动力。

所谓企业，是指以营利为目的的经济组织，通过生产经营活动（经济活动）赚取利润。总的来说，企业的日常经济活动主要包括资金筹集、采购、生产、销售、税收、利润分配等。企业在开展上述系列经济活动时，必然与外部相关部门发生经济联系，产生相应的经济行为，如与供应商发生的材料供应与货款支付、与客户发生的产品销售与货款收取、与银行发生的资金借贷、与税务机关发生的税款征纳，以及需接受市场监督管理部门监管等。这些经济行为的发生，必然会

涉及相应的经济决策问题，现举例如表 1-1 所示。

表 1–1　　经济决策问题举例

决策者	决策内容
（1）企业管理层	在哪里扩展业务或缩减业务？下属的工作情况如何？该奖励谁？
（2）债权人（如银行）	能发放贷款吗？需要什么贷款条件？
（3）客户	能提供信用吗？提供多少金额的信用？提供多长时间的信用？
（4）税务部门	应纳税额的计算正确吗？
（5）证券监管部门	上市公司的财务报表符合规定吗？

上述举例只是众多经济决策的一部分。决策必须以预测、分析为基础，而预测、分析离不开信息的支撑。这些信息既包括数量信息，又包括与决策相关的非数量信息。其中，数量信息是科学决策的重要依据，而在数量信息中，财务数据又占据着主导地位，发挥着关键作用。这些在经济决策中发挥关键作用的财务数据就是会计信息。

会计信息是会计工作的产物，是反映企业财务状况、经营成果和现金流量的对决策有用的信息。为提供对经济决策有用信息，就必须采用特定的方法对特定经济主体的经济活动进行全面、系统的记录，以生成经济决策所需要的会计信息。会计就是对特定经济主体（包括企业、政府、事业单位、社会团体和其他经济组织）的经济活动进行确认、计量、记录和报告，生成并披露财务信息的过程。因此，特定经济主体发生的系列经济活动自然成为会计的对象，成为会计所要核算与监督的内容。

1.1.2　会计的定义

会计是一种信息系统，它以货币为主要计量单位，对单位的经济业务活动系统地加以记录、归类和汇总，并分析解释其结果，为管理者及其他信息使用者提供对经济决策有用的信息，为单位的计划、控制和决策过程服务。

作为信息系统，会计是通过以下路径向信息使用者提供会计信息的，如图 1-1 所示。

图 1–1　会计信息的提供路径

同时，会计也被公认为是管理活动的组成部分。从管理的角度来定义，会计是以货币为主要计量单位，运用一系列专门方法，综合反映和监督单位经济活动的一种管理活动，它是经济管理的重要组成部分。

可见，会计不仅是一种信息系统，还是一种经济管理活动。它具有以下基本特征。

（1）会计以货币为主要计量单位。会计作为一种信息系统，所提供的信息为会计信息。会计信息是一种数量信息，是对经济活动过程的数量方面进行计量所形成的信息。说到计量，必然涉及计量单位。计量单位通常包括实物量度（如千克、件、台等）、劳动量度（如小时、工时等）和货币量度（如人民币元、美元等）3 种。在这 3 种量度中，货币量度是价值上的衡量，反映的是计量对象的价值量。而会计对象，即会计所要核算和监督的内容，是单位的经济活动过程。经济活动是千差万别的，不同单位经济活动的内容不同；即使是同一单位，其经济活动也是由纷繁复杂的交易和事项构成的。因此，要综合反映经济活动过程，就应选择最具一般性的特征——价值特征，以货币量度来计量经济活动的价值，以价值量信息来反映、解释经济活动过程。所以，会计以货币为主要计量单位，辅以实物量度和劳动量度。凡是特定主体能够以货币表现的经济活动，都是会计核算和监督的内容。以货币表现的经济活动就是人们通常所说的价值运动或资金运动。

（2）会计拥有一系列专门的方法。经济活动的复杂性决定了对它进行核算和监督并非易事。会计总是伴随着经济的发展而发展，以顺应发展生产和管理经济的要求。经济发展经历了从低级到高级、从简单经济到复杂经济的发展历程。会计方法的发展也经历了同样漫长的发展过程。从萌芽阶段的“结绳记事”到“复式记账”，再到如今的一套完整的会计核算与监督体系，会计已经形成一系列专门的方法来核算与监督日益复杂的经济活动。但会计方法的发展并未停止，它仍将伴随着经济的发展，尤其是现代信息技术的发展而发展，并发生着深刻变革。

（3）会计的本质是一种管理活动。会计反映着经济活动过程，但这种反映不是静止的而是动态的，不是单向的而是互动的。也就是说，会计人员核算经济活动时，需要对经济活动过程的真实性、合法性、合理性进行审查，需要根据会计核算资料提出建议，参与管理，为经济决策提供依据，以保证特定主体财产物资的安全与完整，提高经济活动的效率与效果，实现经营合规性的目标。所以，会计的本质是一种管理活动。即使把会计理解成信息系统，也不能掩盖会计是一种管理活动的本质。因为作为信息系统的会计，在信息生成的过程中即借助信息技术对经济活动过程实施控制，所提供的会计信息是对决策有用的信息，能够满足经营管理的信息需求，最终服务于经营管理活动。

1.1.3　会计的职能

会计职能，是指会计在经济管理过程中，客观上具有的功能。作为“过程的控制和观念总结”的会计，除具有会计核算和会计监督两项基本职能以外，还具有预测经济前景等拓展职能。

1. 基本职能

（1）核算职能。会计的核算职能，是指会计以货币为主要计量单位，对特定主体的经济活动进行确认、计量、记录和报告的职能。会计核算贯穿于经济活动的全过程，是会计最基本的职能。会计核算内容主要包括：①款项和有价证券的收付；②财物的收发、增减和使用；③债权、债务的发生和结算；④资本、基金的增减；⑤收入、支出、费用、成本的计算；⑥财务成果的计算和处理；⑦需要办理会计手续、进行会计核算的其他事项。

（2）监督职能。会计的监督职能，是指对特定主体经济活动和相关会计核算的真实性、合法性和合理性进行审查的职能。真实性审查，是指检查各项会计核算是否根据实际发生的经济业务进行，是否如实反映经济业务或事项的真实状况；合法性审查，是指检查各项经济业务及其会计核算是否符合国家有关法律法规，遵守财经纪律，执行国家各项方针政策，以杜绝违法乱纪行为；合理性审查，是指检查各项财务收支是否符合客观经济规律及经营管理方面的要求，保证各项财务收支符合特定的财务收支计划，实现预算目标。

核算和监督两项基本会计职能是相辅相成、辩证统一的关系。会计核算是会计监督的基础，没有核算所提供的各种信息，监督就失去了依据；而会计监督又是会计核算质量的保障。只有核算，没有监督，就难以保证核算所提供信息的质量，核算也就失去了意义。

2. 拓展职能

会计的拓展职能主要表现在预测经济前景、参与经济决策、评价经营业绩 3 个方面。

（1）预测经济前景。这是指根据财务信息，定量或者定性地判断和推测经济活动的发展变化规律，以指导和调节经济活动，提高经济效益。

（2）参与经济决策。这是指根据财务信息，运用定量分析或定性分析方法，对备选方案进行经济可行性分析，为企业经营管理提供与决策相关的信息。

（3）评价经营业绩。这是指利用财务信息，采用适当的方法，对企业一定经营期间的经营成果，对照相应的评价标准，进行定量及定性对比分析，做出真实、客观、公正的综合评判。

1.1.4 会计的基本分类

会计的分类方法有多种。例如，按照主体的性质不同，会计可以分为政府会计、行政事业单位会计、企业会计、非营利组织会计。其中，按照主体所属的行业不同，企业会计又可分为工业企业会计、商品流通企业会计、农业企业会计、房地产开发企业会计、建筑企业会计等。但不论何种会计，其目标是一致的，即都是为信息使用者提供对经济决策有用的信息。会计信息的使用者有内部和外部之分，不同的会计信息使用者对会计信息的需求不同。为满足不同信息使用者的不同信息需求，会计逐渐发展为管理会计和财务会计两大基本类型。

1. 管理会计

管理会计是指为满足单位（包括企业、行政事业单位）内部信息使用者（如管理者、职工等）对会计信息的需求而实施的会计活动。由于管理会计主要是向内部信息使用者提供对经济决策有用的信息，因此管理会计又称为“对内报告会计”。

因管理会计的主要目的是帮助内部管理者制订长期规划，指导和控制当期的经营，因而它提供的信息不仅须适应管理者的需要，在内容上较详细，其使用的报告方式还须各不相同，其基本内容通常包括预测分析、决策分析、全面预算、成本控制和责任会计等方面。目前，管理会计尚没有定型的、完善的和普遍公认的原则可供遵循，在方法、报告方式等方面均具有很大的灵活性。但经过长期发展，管理会计也逐渐形成了具有自身特点的理论与方法体系。2014 年 10 月 27 日财政部发布了《关于全面推进管理会计体系建设的指导意见》（财会〔2014〕27 号），2016 年 6 月 22 日财政部发布了《管理会计基本指引》，这些文件的出台与实施有力促进了我国管理会计的发展。

2. 财务会计

财务会计是指为满足单位外部信息使用者对会计信息的需求而实施的会计活动。由于财务会计主要是向外部信息使用者提供对经济决策有用的信息，因此财务会计又称为“对外报告会计”。如我国《企业会计准则——基本准则》规定，企业应当编制财务会计报告（又称财务报告）。财务会计报告的目标是向财务会计报告使用者提供与企业财务状况、经营成果和现金流量等有关的会计信息，反映企业管理层受托责任履行情况，有助于财务会计报告使用者做出经济决策。

企业外部信息使用者主要包括投资者（股东）、债权人、供应商、政府和监管部门。正如前文所述，他们在做出相关经济决策时，需要了解企业的财务状况、经营成果和现金流量。所以，财务会计的主要职能就是向他们提供企业财务状况、经营成果和现金流量等信息。由于财务会计所披露的会计信息旨在满足所有的外部信息使用者而不是特定使用者的需要，因而它所提供的信息一般采用总括的财务报表形式，并有一套关于信息处理和披露的公认原则和理论。

从企业会计角度比较，财务会计主要侧重于向企业外部信息使用者提供企业财务状况、经营成果和现金流量等信息，管理会计主要侧重于向企业内部管理者提供进行经营规划、经营管理、预测决策所需的相关信息。财务会计侧重于提供过去的信息，为外部有关各方提供数据；管理会计侧重于提供未来的信息，为内部管理者和其他相关人员提供数据。

知识链接

会计作为一项记录、计算和考核收支的工作，在很早以前就出现了，世界文明古国在公元前 1000 年左右就已有简单的计算和记录。但是，最初它只是作为“生产职能的附带部分”，即由生产者在“生产时间之外附带地把收支、支付日等记载下来”。当社会生产力发展到一定水平，出现剩余产品之后，会计才逐渐地从生产职能中分离出来，成为独立的职能，由专职人员进行。近代会计是商品经济的产物，一般认为起始于 15 世纪末期。1494 年，意大利数学家卢卡 · 帕乔利的关于复式记账的论著——《算术、几何、比及比例概要》的出版，标志着近代会计的出现。

1.2　会计方法

1.2.1　会计方法的种类

会计方法是指实现会计职能、执行和完成会计任务、发挥会计作用的手段。会计方法的种类与会计所要实现的职能密切相关。

会计作为一种管理活动，不仅具有核算和监督两项基本职能，还具有预测经济前景、参与经济决策、评价经营业绩等拓展职能。实现上述职能需要借助科学的方法。如为实现会计基本职能，离不开会计核算方法和会计监督方法；为实现会计的拓展职能，则离不开会计分析法。

会计核算方法是最基本的会计方法，是对会计对象进行连续、系统、完整的核算与监督所应用的专门方法，包括设置账户、复式记账、填制和审核凭证、登记账簿、成本计算、财产清查、编制财务报表等一系列专门方法。

会计分析方法是指以财务信息为主要依据，综合采用定量分析、定性分析等具体方法对经济活动过程及其结果进行分析、判断，发现问题、预测未来发展趋势，为预测与决策提供合理依据。会计分析方法是对某单位一定时期的经济活动过程及其结果进行剖析与评价，及时发现经营管理中存在的问题及缺陷，总结经验教训，以便进一步改善经营管理、提高经济效益所采用的专门方法。其目的主要在于发现问题、总结经验、评价业绩、改进提高。

会计监督是会计的基本职能之一，是我国经济监督体系的重要组织部分，也是会计资料质量控制的重要环节。会计监督方法是指以会计法律法规为依据，对经济行为及相关业务资料的真实性、合法性、合理性进行审查的方法，包括对经济业务资料的审阅，对财产物资进行清查，对经济行为的合法性、合理性进行论证，对会计资料定期进行内部审计，等等。

由此可得出，会计工作应是由会计核算、会计分析、会计监督等部分组成的。会计核算是会计的基本环节，会计分析是会计核算的继续和发展，而会计监督则是会计不可或缺的部分。它们是互相配合，密切联系的。会计方法应当区分为会计核算方法和会计分析方法，而会计监督方法则渗透在有关专门方法之中。

1.2.2 会计核算方法

1. 设置账户

设置账户是对会计对象的具体内容进行归类、核算和监督的一种专门方法。我们知道，会计对象的内容是复杂多样的，要对会计对象所包含的经济内容进行系统的反映和经常的监督，就需要对它们进行科学的分类，以便取得各种不同性质的核算指标。因此，对各项财产物资、债权债务、资本、成本费用、收入成果等的增减变化，都要通过设置一定的账户，进行分门别类的记录；对不同的经济业务内容，都要进行科学的归类、反映和监督，以取得经营管理所需要的各种不同性质的核算指标。

2. 复式记账

复式记账是通过至少两个账户来记录每一项经济业务的一种专门方法。任何一项经济业务的发生都会同时引起两种变化。例如，以银行存款购买原材料，一方面会引起原材料的增加，另一方面会引起银行存款的减少。这两者是相互联系的，需要分别设置账户进行反映。因此，应用复式记账时，要将每项经济业务用两个或两个以上账户相互联系地进行登记。这样，才能够全面反映各种现象之间的相互关系，反映经济活动的来龙去脉，便于对各项经济业务监督工作的开展。

3. 填制和审核凭证

会计凭证（简称凭证）是证明各项经济业务已经执行或完成的书面证明，是登记账簿的重要依据。填制和审核凭证是为了保证会计记录完整、可靠，审查经济业务是否合理合法而采用的一种专门方法。它既是会计核算的一种方法，又是会计监督的重要方法。因为在经济活动过程中，任何一项经济业务都要按照实际执行或完成的情况填制凭证，所有凭证都要经过会计部门及其他有关部门的审核。只有审核无误的凭证，才能作为记账的根据；也只有通过凭证的填制和审核，才能够为账簿记录提供完整的和真实可靠的依据。在凭证的审核中，最重要的是对各项法律法规、制度、计划和预算的执行情况实行会计监督。因此，填制和审核凭证是会计核算和会计监督不可或缺的方法。

4. 登记账簿

登记账簿，就是在账簿上连续地、完整地、系统地记录和反映经济活动过程的一种专门方法。登记账簿要以凭证为根据，要利用设置账户、复式记账的方法，把所有经济业务分门别类地而又相互联系地进行全面反映，以便提供完整且系统的核算资料。在账簿中，既要将所有经济业务按照账户加以归类反映，又要将全部或部分经济业务按其发生时间的先后进行序时记录；既要提供总括的核算指标，又要提供某些明细的核算指标。总之，要为经营管理提供一套完整的、必要的会计信息。登记账簿也是完整反映和监督经济活动必不可少的方法。设置必要的账簿，按照一定的记账方法和程序进行登记，同时定期进行结账和对账，保证提供正确的、完整的核算资料，是会计工作的一项重要内容。

登记账簿和设置账户有着密切的联系。设置账户是为了对会计对象的经济内容进行分类反映，以便提供经营管理所需要的各种不同性质的核算指标。而要取得各种核算指标，就需要在账簿中开设账户，并按照所应反映的经济内容在各个账户中进行登记，所以账簿是账户的载体。设置账户主要是为了说明经营管理上需要提供哪些核算指标，需要生成哪些会计信息，而登记账簿则是把各种核算指标系统地组织起来，分门别类、相互联系、相互对照地反映经济活动过程，以获取这些核算指标，生成这些会计信息，为进行日常监督和编制财务报表提供完整的、系统的核算资料。因此，两者又有一定的区别。

5. 成本计算

成本计算就是计算与生产经营过程有关的全部费用，并按照一定的对象进行归集，借以确定各对象的总成本和单位成本的一种专门方法。在企业生产经营过程的每个阶段，都会发生各种费用，如制造业在供应过程中会发生材料的采购费用，在生产过程中会发生产品的生产费用，在销售过程中会发生产品的销售费用等。为了考核各项费用水平的变化情况，评价费用发生的合理性与效益性，企业不仅要核算经济活动中发生的各项费用总额，还要将其中的部分费用对象化，计算出各种材料的采购成本、各种产品的生产成本以及各种产品的销售成本。同时，还需要将它们分别同采购量、产量和销量联系起来，计算出单位成本。进行成本计算，可以核算和监督生产经营过程中所发生的各种费用是否符合预算、是否符合节约原则和经济核算的要求，对于不断降低成本和努力提高经济效益具有重大意义。

6. 财产清查

财产清查是通过盘点实物、核对往来款项等方法来查明财产物资、往来款项实有数额的一种专门方法。为了加强会计记录的准确性，保证账实相符，必须定期或不定期地对各项财产物资、往来款项进行清查、盘点和核对。在清查中，如果发现账实不符，应查明原因，明确责任，并调整账簿记录，做到账实相符。财产清查还可以查明物资储备是否能保证业务需要，有无超储、积压、呆滞的情况；物资的保管和使用是否妥当合理，有无因管理不善而造成的霉烂、变质和丢失的情况；各项款项是否进行了及时结算，有无长期拖欠产生坏账的情况。因此，财产清查对于改善经营管理，保证财产物资的安全、完整具有十分重要的作用。

7. 编制财务报表

编制财务报表是定期总括地反映经济活动和财务收支情况，考核计划、预算执行结果的一种专门方法。财务报表也称会计报表，是综合反映企事业单位财务状况、经营成果和现金流量的表格式报告。财务报表主要以账簿记录为依据，经过加工整理编制而成，所提供的各项指标相互关联，构成一套完整的指标体系。财务报表所提供的指标信息是企事业单位在经济活动中最重要的经济信息，不论对于内部信息使用者进行经营决策或理财决策，还是对于外部信息使用者进行经济决策均具有十分重要的作用。

上述 7 种专门方法相互联系，组成了一个完整的方法体系。为了组织会计核算，实行日常的会计监督，必须全面地、相互联系地应用这些专门方法。也就是说，对于日常发生的各项经济业务，要以合法的凭证为依据，按照规定的账户对经济业务进行分类，并应用复式记账法在有关的账簿中进行登记；对于企业经营过程中发生的各项费用，应当进行成本计算，还应当定期进行财产清查，在账实相符的基础上，根据账簿记录编制财务报表。

会计核算各专门方法之间的关系如图 1-2 所示。

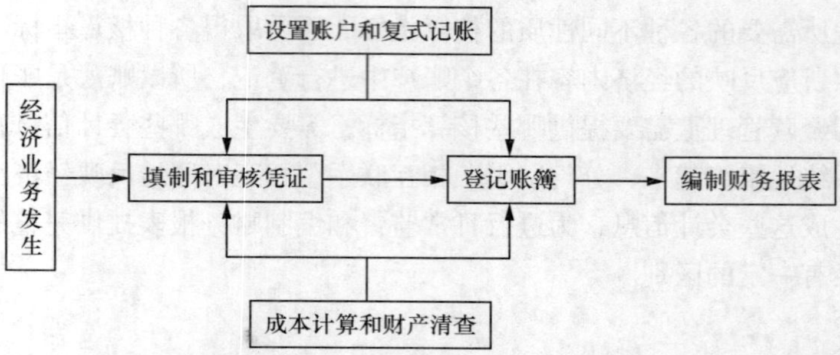

图 1-2　会计核算各专门方法之间的关系

1.2.3　会计循环

会计循环是指按照一定的步骤反复运行的会计程序。

从会计工作流程看，会计循环由确认、计量和报告等环节组成。其中，确认是指运用特定会计方法，以文字和金额同时描述某一交易或事项，使其金额反映在特定主体财务报表中的会计程序；计量是指确定会计确认中用以描述某一交易或事项的金额的会计程序；报告是指在确认和计量的基础上，将特定主体的财务状况、经营成果和现金流量信息以财务报表等形式向有关各方报告的会计程序。

从会计核算的具体内容看，会计循环由填制和审计凭证、设置账户、复式记账、登记账簿、成本计算、财产清查、编制财务报表等组成。

各单位在一个会计期间（如 1 年、1 个月等）内，其会计工作必须经历填制和审核凭证、设置账户、登记账簿、成本计算、财产清查、编制财务报表等一系列对经济业务进行确认、计量和报告的会计程序。这些会计程序从一个会计期间的期初开始，至会计期末结束，并在各个会计期间循环往复，周而复始，故称之为会计循环。

课程思政点睛：

会计作为信息系统，存在使用电子计算机和手工账两种核算形式。在手工账核算形式下，珠算是进行数字计算的重要工具，且历史悠久，在经济社会、科技文化的发展进程中发挥了极其重要的作用。以算盘为工具进行数字计算的珠算，是中国古代的重大发明，伴随中国人经历了 1800 多年的漫长岁月。这一发明极为卓越和独特，充分表现了中国人的聪明智慧。2013 年 12 月 4 日晚，联合国教科文组织在阿塞拜疆首都巴库通过决议，将珠算列入人类非物质文化遗产名录。它以简便的计算工具和独特的数理内涵，被誉为“世界上最古老的计算机”“中国第五大发明”。随着计算机技术的发展，珠算的计算功能逐渐被削弱，但是古老的珠算依然有顽强的生命力。珠算成功申遗，有助于让更多的人认识珠算，了解珠算，增强民族自豪感，吸引更多的人加入到弘扬与保护珠算文化的行列中来。

1.3　会计准则

1.3.1　会计准则的含义

所谓会计准则，是指一套规范会计行为的、社会公认的、统一的会计原则。其核心是通过规范财务会计确认、计量和报告内容，提高会计信息质量，降低资金成本，提高资源配置效率。会计准则的实质是具有权威性的会计技术规范，各单位必须按照会计准则的要求，对其发生的经济业务事项进行确认、计量和报告。

正如前文所述，财务会计是对外报告会计，其目标是向外部信息使用者提供对经济决策有用的信息。外部信息使用者具有多样性，既包括投资者、债权人、供应商，又包括税务部门、政府监管部门、社会公众等。不同的信息使用者，其信息需求不同，关注点亦不同。如投资者可能更关心投入资本的保值增值情况，债权人可能更关注企业的偿债能力，税务部门则关注税收交纳情况，等等。为了提供更综合、更具一般性和公认性特征的会计信息，以满足不同信息使用者对会计信息的需求，世界各国或地区均十分重视会计准则建设，纷纷制定出适用于本国或本地区乃至全球的会计准则，诞生了众多的、形式各不相同的会计准则制定机构，如美国财务会计准则委员会（FASB）、国际会计准则理事会（AISB）等。会计准则制定机构制定并发布公认的会计准则可规范会计行为，提高会计信息质量，从而可更好地满足信息使用者的不同信息需求。我国的会计准则制定机构设在财政部，会计准则是以会计部门规章和规范性文件的方式对外发布并组织实施的。

1.3.2　会计准则体系

我国现行的会计准则包括政府会计准则、企业会计准则和小企业会计准则。其中，我国现行的企业会计准则是由财政部于 2006 年 2 月 15 日发布第一批企业会计准则起，陆续制定并发布和修订的，包括基本准则、具体准则、应用指南在内的一整套企业会计准则体系。

1. 基本准则

在整个会计准则体系中，《企业会计准则——基本准则》（以下简称为《基本准则》）起统驭作用，主要规范会计目标、会计假设、会计信息质量要求、会计要素的确认、计量和报告原则等基本问题，是会计准则制定的出发点，是制定具体准则的依据。其作用主要表现为以下两个方面。

（1）指导具体准则的制定。随着我国经济的迅速发展，会计实务问题层出不穷，会计准则需要规范的内容日益增多，体系日趋庞杂。在这样的背景下，为了确保各项准则建立在统一的理念基础上，就需要发挥《基本准则》的核心作用。我国的《基本准则》规范了会计确认、计量和报告等一般要求，是准则的准则，可以确保各具体准则的内在一致性。为此，《基本准则》第三条明确规定，具体准则的制定应当遵循《基本准则》。在企业会计准则体系的建设中，各项具体准则也都严格按照《基本准则》的要求加以制定和完善。

（2）为尚未有具体准则规范的会计实务问题提供处理原则。在会计实务中，由于经济交易事项的不断发展、创新，具体准则的制定有时会出现滞后的情况，会出现一些新的交易或者事项在具体准则中尚未规范但又急需处理的情况。这时企业就需要严格遵循《基本准则》的要求，尤其是《基本准则》中关于会计要素的定义及其确认与计量等方面的规定，及时对这些新的交易或事项进行会计处理。因此，《基本准则》不仅扮演着具体准则制定依据的角色，还为会计实务中出现的、具体准则尚未做出规范的新问题提供会计处理依据，从而确保了企业会计准则体系对所有会计实务问题具有规范作用。

2. 具体准则

具体准则是根据基本准则的要求，主要就各项具体业务事项的确认、计量和报告所做出的规定，分为一般业务准则、特殊业务准则和报告类准则。

（1）一般业务准则是规范各类企业一般经济业务确认、计量和披露的准则，包括存货、固定资产、无形资产、长期股权投资、收入、所得税等准则。

（2）特殊业务准则可分为各行业共有的特殊业务准则和特殊行业的特殊业务准则。前者如外币业务、租赁业务、资产减值业务、债务重组业务、非货币性资产交换业务等准则；后者如适用于银行等金融领域的原保险合同准则、再保险合同准则，适用于石油企业的石油天然气开采准则，适用于农业的生物资产准则等。

（3）报告类准则主要规范普遍适用于各类企业的财务报告编制的准则，如财务报表列报、现金流量表、中期财务报告、合并财务报表等准则。

3．应用指南

应用指南为会计准则的具体应用提供详尽的、具体的操作性说明，是对具体准则相关条款的细化，并为有关重点难点问题提供操作性规定。应用指南的内容主要包括具体准则解释和会计科目、主要账务处理等。

1.3.3 会计核算前提

会计核算前提即会计基本假设，是指为了保证会计确认、计量和报告的正常进行和会计信息质量，对会计核算的范围、内容、基本程序和方法所做的限定，在此基础上建立会计原则。会计核算前提包括会计主体、持续经营、会计分期和货币计量四个方面。

1．会计主体

会计主体是指企业会计确认、计量和报告的空间范围。《基本准则》规定，企业应当对其本身发生的交易或者事项进行会计确认、计量和报告。为了向财务报告使用者反映企业财务状况、经营成果和现金流量，提供对其决策有用的信息，会计核算和财务报告的编制应当集中反映特定对象的活动，并将其与其他经济实体区别开来，这样才能实现财务报告的目标。明确会计主体是进行会计确认、计量和报告的重要前提。

首先，明确会计主体，才能划定会计所要处理的各项交易或者事项的范围。在会计工作中，只有那些影响企业经济利益的各项交易或者事项才能加以确认、计量和报告，那些不影响企业经济利益的各项交易或者事项则不能加以确认、计量和报告。会计工作中常说的资产负债的确认、收入的实现、费用的发生等都是针对特定会计主体而言的。

其次，明确会计主体，才能将会计主体的交易或者事项与会计主体所有者的交易或者事项，以及其他会计主体的交易或者事项区分开来。例如，企业所有者的交易或者事项是企业所有者发生的，一般情况下不应纳入企业会计核算的范围，但是企业所有者投入到企业的资本或者企业向企业所有者分配的利润，则属于企业主体发生的交易或事项，应当纳入企业会计核算的范围。

会计主体不同于法律主体。一般来说，法律主体必然是一个会计主体。例如，一个企业作为一个法律主体，应当建立财务会计系统，独立反映其财务状况、经营成果和现金流量。但是，会计主体不一定是法律主体。例如，就集团公司而言，母公司拥有若干子公司，母、子公司虽然是不同的法律主体，但母公司对子公司拥有控制权。为了全面反映集团公司的财务状况、经营成果和现金流量，有必要将集团公司作为一个会计主体，编制合并财务报表。在这种情况下，尽管集团公司不是法律主体，但它却是会计主体。

2. 持续经营

持续经营是指在可以预见的未来，企业将会按当前的规模和状态继续经营下去，不会停业，也不会大规模削减业务。《基本准则》规定，企业会计确认、计量和报告应当以持续经营为前提。

企业能否持续经营，在会计原则、会计方法的选择上存在很大差别。一般情况下，应当假定企业能够持续、正常地经营下去。明确了这一基本假设，就意味着会计主体将按照既定的用途使用资产，按照既定的合约条款清偿债务，会计人员就可以在此基础上选择会计原则和会计方法。例如，如果判定企业会持续经营，就可以假定企业的固定资产会在持续的生产经营过程中长期发挥作用，并服务于生产经营过程，固定资产就可以根据历史成本进行记录，并采用折旧方法，将历史成本分摊到各个会计期间或者相关产品成本中。如果判定企业不能持续经营，固定资产就不应采用历史成本进行记录并按期计提折旧。

如果一个企业在不能持续经营时还假定能够持续经营，并仍按持续经营的基本假设选择会计确认、计量和报告的原则与方法，就不能客观地反映企业的财务状况、经营成果和现金流量，会误导财务报告使用者的经济决策。

3. 会计分期

会计分期是指将一个企业持续的生产经营活动划分为一个个连续的、长短相同的期间。《基本准则》规定，企业应当划分会计期间，分期结算账目和编制财务报告。会计期间分为年度和中期。在我国，会计年度自公历 1 月 1 日起，至 12 月 31 日止；中期是指短于一个完整的会计年度的报告期间，如月、季、半年等。会计分期的方式可以方便财务报告使用者及时了解有关企业财务状况、经营成果和现金流量的信息。

根据持续经营假设，一个企业将按当前的规模和状态持续经营下去。但是，无论是企业的生产经营决策，还是投资者、债权人等的经济决策都需要及时的信息，都需要将企业持续的生产经营活动划分为一个个连续的、长短相同的期间，分期确认、计量和报告企业的财务状况、经营成果和现金流量。明确会计分期意义重大，会计分期的存在，使当期与以前期间、以后期间有了差别，使不同类型的会计主体有了记账的基准，进而出现了折旧、摊销等会计处理方法。

4. 货币计量

货币计量，是指会计主体在会计确认、计量和报告时，以货币为计量单位来反映生产经营活动。

在会计确认、计量和报告过程中，选择货币为单位进行计量，是由货币本身的属性决定的。货币是一般等价物，是衡量一般商品价值的尺度，具有价值尺度、流通手段、贮藏手段和支付手段等特点。其他计量单位，如千克、米、立方米、台、件等，只能从一个侧面反映企业的生产经营情况，无法在量上进行汇总和比较，不便于会计计量和经营管理。只有选择货币尺度进行计量，才能充分反映企业的生产经营情况，所以《基本准则》规定，会计确认、计量和报告选择货币作为计量单位。

但是，在有些情况下，统一采用货币计量也有缺陷，某些影响企业财务状况和经营成果的因素，如企业经营战略、研发能力、市场竞争力等，往往难以用货币来计量，但这些信息对于使用者来说也很重要，企业可以在财务报告中补充披露有关非财务信息来弥补上述缺陷。

在经济活动中，货币种类繁多，如人民币、美元、欧元等。会计核算时应选择哪种货币呢？这就产生了记账本位币的选择问题。记账本位币是指会计核算时所采用的基准货币，是指企业经营所处的主要经济环境中的货币。在我国，企业通常选择人民币作为记账本位币。业务收支以人民币以外的货币为主的企业，也可以选定其中一种货币作为记账本位币，但是编制的财务报表中应将其折算为人民币。企业记账本位币一经确定，不得随意变更，除非企业经营所处的主要经济环境发生重大变化。

1.3.4 会计基础

会计基础，是指会计确认、计量和报告所依据的基本原则。会计基础包括权责发生制和收付实现制。我国《企业会计准则——基本准则》规定，企业应当以权责发生制为基础进行会计的确认、计量和报告。

1. 权责发生制

权责发生制又称应计制或应收应付制，是指收入、费用的确认应当以收入和费用的实际发生为标准，合理确认当期损益的一种会计基础。它要求：凡是当期已经实现的收入和已经发生或应当负担的费用，无论款项是否收付，都应当作为当期的收入和费用计入利润表；凡是不属于当期的收入和费用，即使款项已在当期收付，也不应当作为当期的收入和费用。

在实务中，企业交易或者事项的发生时间与相关货币的收付时间有时并不完全一致。例如，款项已经收到，但销售并未实现，或者款项已经支付，但并不是针对本期的生产经营活动。为了更加真实、公允地反映特定会计期间的财务状况和经营成果，《基本准则》明确规定，企业在会计确认、计量和报告中应当以权责发生制为基础。权责发生制贯穿于整个企业会计准则体系，是财务会计的基本问题。

2. 收付实现制

收付实现制是与权责发生制相对应的会计基础，又称现金制，是以收到或者支付的现金作为确认收入和费用等的依据。具体要求是：凡是本期实际收到的款项，不论其是否属于本期的收入，均作为本期收入处理；凡是本期实际支付的款项，不论其是否应该由本期负担，均作为本期费用处理。

收付实现制主要在政府会计中运用。政府会计是会计体系的重要分支，它是运用会计专门方法对政府及其组成主体（包括政府所属的行政事业单位等）的财务状况、运行情况（含运行成本）、现金流量、预算执行等情况进行全面核算、监督和报告。《政府会计准则——基本准则》规定，政府会计由预算会计和财务会计构成。预算会计实行收付实现制，国务院另有规定的，依照其规定；财务会计实行权责发生制。

3. 权责发生制与收付实现制的应用比较

会计基础不同，对于同一经济业务产生的收入或费用，其确认往往存在较大差异。例如，赊销商品一批，价款 1 000 元。根据权责发生制，由于收入已经实现，即使货款尚未收到，也要确认 1 000 元的收入。但根据收付实现制，由于货款尚未收到，因而不能确认 1 000 元的收入，必须在收到 1 000 元货款时才能确认收入。又如预收货款 1 000 元，根据权责发生制，虽然货款已经收到，但因商品尚未发出，收入尚未实现，故不能确认 1 000 元收入；根据收付实现制，则要确认 1 000 元收入。由此可见，权责发生制能真实、公允地反映企业在特定会计期间的经营业绩，收付实现制则能如实反映会计主体在特定会计期间的现金流动情况及现金流量净额。

权责发生制与收付实现制的应用比较如【例 1-1】所示。

【例 1-1】20××年 12 月，乐华公司发生的部分经济业务如下。

（1）本月销售产品一批，售价 50 000 元，按合同规定下月收回货款。

（2）本月收回客户上月所欠的货款 20 000 元。

（3）根据销售合同规定，收到某客户的购货定金 40 000 元，款项已存入银行。

（4）以银行存款支付本季度短期借款利息 9 000 元，其中本月利息为 3 000 元。

（5）以银行存款支付下一年度财产保险费 12 000 元。

（6）计算确定本月管理部门应负担的办公设备租金 2 000 元。

根据权责发生制与收付实现制，对上述经济业务做如下分析。

（1）在权责发生制下，由于商品已经销售，取得收入的权利已经形成，因此应确认为本月收入 50 000 元，而不论款项是否已经收到；在收付实现制下，由于本月没有实际收到这笔货款，故不能确认为本月收入。

（2）在权责发生制下，企业收到客户上月所欠货款应视为另一项独立的经济业务（货款的收回），不能再将其确认为本月收入（上月销售产品时已确认为收入）；在收付实现制下，由于该笔款项在本月实际收到，故应确认为本月收入 20 000 元（上月销售产品时，因未收到款项而未确认收入）。

（3）在权责发生制下，尽管收到了客户的购货定金，但由于尚未实际交付商品，不满足收入确认条件，因而只能将其确认为一项负债（预收账款），不能确认为本月收入；在收付实现制下，则应将实际收到的金额 40 000 元确认为本月收入。

（4）在权责发生制下，尽管本月实际支付了利息费用 9 000 元，但本月应负担的利息费用只有 3 000 元，故应只将 3 000 元确认为本月费用，其余 6 000 元实际上属于负债的偿还；在收付实现制下，则应将实际支付金额 9 000 元确认为本月费用。

（5）在权责发生制下，虽然本月支付了财产保险费，但该费用的受益期间为下一年度，本月并未受益，因此本月不应确认相关费用，而应确认为预付账款；在收付实现制下，则应将实际支付金额 12 000 元确认为本月费用。

（6）在权责发生制下，应付的办公设备租金 2 000 元虽然没有支付，但应当确认为本月费用；在收付实现制下，因本月尚未发生租金支付，故本月不确认相关费用。

综上所述，按照权责发生制与收付实现制确认的收入和费用金额如表 1-2 所示，两者存在较大差异。

表 1-2　　按照权责发生制与收付实现制确认的收入和费用金额　　单位：元

交易序号	权责发生制		收付实现制	
	本月收入	本月费用	本月收入	本月费用
（1）	50 000		0	
（2）	0		20 000	
（3）	0		40 000	
（4）		3 000		9 000
（5）		0		12 000
（6）		2 000		0
合计	50 000	5 000	60 000	21 000

通过比较分析不难发现，虽然收付实现制并不能真实、公允地反映企业在特定会计期间的经营成果，但它能够如实反映企业在特定会计期间的现金流量。现金流量信息是进行经济决策不可或缺的重要信息，企业在普遍采用权责发生制的同时，还应提供以收付实现制为基础的现金流量信息，编制现金流量表，使报告使用者能够及时、全面地掌握企业在特定会计期间的现金流动情况和现金净流量。

1.3.5 会计信息质量要求

会计信息质量要求是对企业财务报告中所提供的会计信息质量的基本要求，是使财务报告提供的会计信息对报告使用者的决策有用的基本要求。具体包括以下质量要求。

（1）可靠性。可靠性要求企业应当以实际发生的交易或者事项为依据进行确认、计量和报告，如实反映符合确认和计量要求的各项会计要素及其他相关信息，保证会计信息真实可靠、内容完整。企业不能随意遗漏或者减少应予以披露的信息，与报告使用者决策相关的有用信息都应当充分披露。

为贯彻可靠性要求，企业应当做到：①以实际发生的交易或者事项为依据进行确认、计量和报告；②在符合重要性和成本效益原则的前提下，保证会计信息的完整性；③在财务会计报告中列示的会计信息应当是中立的。如果企业为了达到事先设定的结果或效果，在财务会计报告中选择性地列示有关会计信息，以致影响决策和判断，那么这样的财务报告信息就不是中立的。

（2）相关性。相关性要求企业提供的会计信息应当与投资者等报告使用者的经济决策需要相关，以有助于报告使用者对企业过去、现在或者未来的情况做出评价或者预测。

（3）可理解性。可理解性要求企业提供的会计信息清晰明了，便于报告使用者理解和使用。

（4）可比性。可比性要求企业提供的会计信息相互可比。

可比性包括同一企业不同时期可比和不同企业相同会计期间可比两层含义。同一企业不同时期可比要求同一企业不同时期发生的相同或者相似的交易或者事项采用一致的会计政策，不得随意变更；不同企业相同会计期间可比则要求不同企业同一会计期间发生的相同或者相似的交易或者事项采用规定的会计政策，以确保会计信息口径一致、相互可比，使不同企业按照一致的确认、计量和报告要求提供有关会计信息。

（5）实质重于形式。实质重于形式要求企业按照交易或者事项的经济实质进行会计确认、计量和报告，不仅仅以交易或者事项的法律形式为依据。

对于企业发生的交易或者事项，在多数情况下其经济实质和法律形式是一致的，但在有些情况下也会出现不一致。例如，企业按照销售合同销售商品，但又签订了售后回购协议，虽然从法律形式上看实现了收入，但如果企业没有将商品的控制权移给购货方，没有满足收入确认的各项条件，即使签订了商品销售合同或者已将商品交付给购货方，也不应当确认为销售收入。

（6）重要性。重要性要求企业提供的会计信息反映与企业财务状况、经营成果和现金流量有关的所有重要交易或者事项。

如果财务报告中某会计信息的省略或者错误会影响报告使用者据此做出决策，那么该信息就具有重要性。但重要性的应用有赖于职业判断，企业应当根据其所处环境和实际情况，从项目的性质和金额大小两个方面加以判断。

（7）谨慎性。谨慎性要求企业对交易或者事项进行会计确认、计量和报告时保持应有的谨慎，不应高估资产或者收益，低估负债或者费用。

但谨慎性不允许企业设置秘密准备。如果企业故意低估资产或者收益，或者故意高估负债或者费用，将不符合会计信息的可靠性和相关性要求，会损害会计信息质量，扭曲企业实际的财务状况和经营成果，从而对报告使用者的决策产生误导，这是会计准则所不允许的。

（8）及时性。及时性要求企业对已经发生的交易或者事项，要及时进行确认、计量和报告，不得提前或者延后。

会计信息的价值在于帮助报告使用者做出经济决策，应当具有时效性。因此，企业在会计确认、计量和报告过程中应贯彻及时性，这就要求企业及时收集并处理会计信息，即在经济交易或者事项发生后，及时收集整理各种原始单据或者凭证，及时进行确认或者计量，及时编制财务报告；同时，还要求企业及时传递会计信息，即按照国家规定的有关时限，及时地将编制的财务报告传递给报告使用者，以便其使用和决策。

本章小结

会计是以货币为主要计量单位，以特定主体的经济活动为对象，对经济活动过程进行综合反映与监督的一种管理活动。同时，会计又是为企业内部、外部信息使用者提供对经济决策有用信息的信息系统。信息使用者不仅包括企业管理者等内部信息使用者，还包括投资者、债权人、供应商、政府机构、证券监管部门及社会公众等外部信息使用者。会计的基本职能是核算与监督，会计的本质是一种管理活动。会计核算方法是由设置账户、复式记账、填制和审核凭证、登记账簿、成本计算、财产清查、编制财务报表 7 种专门方法组成的方法体系。

会计的基本类型包括管理会计和财务会计。管理会计为对内报告会计，为内部信息使用者提供对经济决策有用的信息；财务会计为对外报告会计，主要为投资者、债权人、供应商、政府部门及社会公众等外部信息使用者提供对经济决策有用的信息。为保证会计信息质量，提高会计信息的公认性，我国制定发布了企业会计准则体系。该体系包括基本准则、具体准则、应用指南。其中,《企业会计准则——基本准则》是总纲，对会计核算前提、会计基础、会计信息质量要求等基本问题进行了规范。

会计核算前提即会计基本假设，包括会计主体、持续经营、会计分期和货币计量四个方面。企业应当以权责发生制为基础进行会计核算。企业对外提供的会计信息应当具备可靠性、相关性、可理解性、可比性、实质重于形式、重要性、谨慎性和及时性特征，以满足信息使用者进行经济决策的需要。

思考与练习

一、思考题

（1）如何理解会计的本质是一种管理活动？

（2）如何理解会计核算各专门方法间的内在联系？

（3）企业会计准则体系由哪几部分构成？它们是如何联系并形成统一整体的？

（4）会计核算前提包括哪些？应如何理解？

（5）什么是权责发生制？与收付实现制相比，权责发生制有哪些特点？

（6）会计信息质量要求有哪些？应如何理解？

二、判断题

（1）会计是人们用来管理经济活动的一种技术方法。（ ）

（2）会计随着社会经济的发展而不断发展，因此，经济越发展，会计越重要。（ ）

（3）会计的对象应当包括社会经济活动的所有方面。（ ）

（4）会计的基本职能是以货币为主要计量单位对经济活动进行核算和监督。（ ）

（5）会计核算职能是指以货币为主要计量单位对经济活动进行反映的职能。（ ）

（6）会计监督不同于会计核算，它们是两种相互独立的职能，由不同的部门或人员独立完成。（ ）

（7）从本质上说，会计是一个信息系统，为经济决策提供信息，但并不参与企业的经营管理活动。（ ）

（8）会计核算方法是由一系列专门方法构成的，会计核算资料是其他会计方法应用的基础。（ ）

（9）会计准则是会计技术规范，所有单位都应当按照《企业会计准则》的规定进行会计核算。（ ）

（10）在持续经营假设下，会计确认、计量和报告应当以企业持续、正常的经营活动为前提。（ ）

（11）我国的会计年度为公历 1 月 1 日至 12 月 31 日。（ ）

（12）我国的会计核算应当以人民币为记账本位币，不得选用其他货币。（ ）

（13）会计基础是指会计确认、计量和报告的基础，包括权责发生制和收付实现制。（ ）

（14）企业应当以权责发生制为基础核算其发生的经济业务或事项。（ ）

（15）权责发生制以收到或支付现金作为确认收入和费用的条件。（ ）

三、单项选择题

（1）会计是一种（ ）。

A. 经济监督的工具 B. 经济预算的工具 C. 经济分析的工具 D. 经济管理活动

（2）会计的基本职能包括（ ）。

A. 核算与预测 B. 核算与决策 C. 决策与控制 D. 核算与监督

（3）会计以（ ）为主要计量单位。

A. 劳动量度 B. 货币量度

C. 实物量度 D. 实物量度与货币量度

（4）下列方法中，属于会计核算方法的是（ ）。

A. 会计检查 B. 会计分析 C. 成本计算 D. 会计预测

（5）设置账户是（ ）的一种专门方法。

A. 对会计对象进行分类反映和监督 B. 连续记录经济业务

C. 检查、分析经济活动从而提高经济效益 D. 保护各项财产物资

（6）采用复式记账的方法，主要是为了（ ）。

A. 便于登记账簿 B. 如实、完整地反映经济业务的来龙去脉

C. 提高会计工作的效率 D. 便于会计人员分工协作

（7）会计主体假设为会计工作规定了（　　）范围。

A. 空间　　B. 时间　　C. 空间与时间　　D. 内容

（8）“固定资产按历史成本记录，并采用折旧方法分摊其成本”基于的会计假设是（　　）。

A. 会计主体　　B. 持续经营　　C. 会计分期　　D. 货币计量

（9）相关性是指企业提供的会计信息应当与（　　）相关。

A. 管理者的经营决策　　B. 政府征税

C. 国家宏观经济决策　　D. 信息使用者的经济决策

（10）下列关于谨慎性的描述中，不正确的是（　　）。

A. 在核算时保持应有的谨慎　　B. 不应高估资产或者收益

C. 不应低估负债和费用　　D. 不应设置任何形式的准备

四、多项选择题

（1）下列关于会计特征的表述中，正确的有（　　）。

A. 会计是一种经济管理活动　　B. 会计是一个经济信息系统

C. 会计采用一系列专门的方法　　D. 会计以货币作为主要计量单位

（2）下列各项中，属于会计对象的有（　　）。

A. 资金运动

B. 价值运动

C. 社会再生产过程中的所有经济活动

D. 社会再生产过程中能以货币表现的经济活动

（3）会计的基本职能包括（　　）。

A. 会计核算　　B. 会计预测　　C. 会计分析　　D. 会计监督

（4）会计计量单位包括（　　）。

A. 货币量度　　B. 价值量度　　C. 实物量度　　D. 劳动量度

（5）下列各项中，属于会计核算方法的有（　　）。

A. 复式记账　　B. 成本计算　　C. 财产清查　　D. 编制财务报表

（6）下列各项中，可作为会计主体进行会计核算的有（　　）。

A. 单个企业　　B. 由单个企业组成的企业集团

C. 某企业的分公司　　D. 企业设立的业务分部

（7）会计分期通常包括（　　）。

A. 年度　　B. 半年度　　C. 季度　　D. 月

（8）下列各项中，属于会计信息使用者的有（　　）。

A. 投资者　　B. 债权人　　C. 企业管理者　　D. 政府部门

（9）下列各项中，属于会计信息质量要求的有（　　）。

A. 经营持续性　　B. 可靠性　　C. 相关性　　D. 实质重于形式

（10）下列各项中，属于会计信息可比性要求的有（　　）。

A. 同一企业不同时期可比　　B. 不同企业相同会计期间可比

C. 不同企业不同会计期间可比　　D. 不同企业相同经济业务可比

五、案例分析

20××年 9 月，利华公司发生以下经济业务。

（1）13 日，销售商品一批，价款 20 000 元，商品已发出，货款已妥收。

（2）15 日，以银行存款支付上月水电费 5 000 元。

（3）17 日，销售商品一批，价款 12 000 元，商品已发出，但货款尚未收到。

（4）21 日，以银行存款支付第三季度的银行借款利息 6 000 元，其中 7 月和 8 月的利息合计为 4 000 元。

（5）26 日，以银行存款预付 10 月的房租 8 000 元。

要求：分别用权责发生制和收付实现制确认本月收入、费用。

第 2 章

账户设置与复式记账

学习目标

- 理解并掌握各项会计要素的含义、特征与确认条件
- 掌握会计科目的内容，理解会计科目的设置原则
- 掌握账户结构，理解会计对象、会计要素、会计科目及账户之间的内在联系
- 掌握复式记账法的基本原理，掌握借贷记账法的特点及其应用

导入案例

李新民是某大学一年级的学生，有理财意识和记账习惯，生活中的每一笔收支都有记录。10 月 15 日，他花了 200 元买了一件夹克衫，在账本中记上“10 月 15 日，购夹克衫 1 件，支出 200 元”。现在的问题是，李新民为什么只记录现金支出了 200 元，而不记录夹克衫增加了 1 件呢？其实答案很简单，因为现金收支频繁，不记录就无法全面了解收支情况，而夹克衫就不同了，只发生少量的变化，不记录也能很清楚。因此，李新民只需要掌握现金的收支情况。但是，如果李新民从事夹克衫生意，购买的夹克衫数量很多，存量又随买卖而不断变化，此时再不记录就不行了。他需要同时记录夹克衫和现金的增减变化。如何记录呢？这时必须借助专门的会计核算方法——复式记账，才能全面反映经济业务活动的全貌。

2.1 会计要素与会计等式

2.1.1 会计对象

会计对象是会计核算和监督的内容，具体是指社会再生产过程中能够以货币表现的经济活动，即资金运动或价值运动。就企业而言，其资金运动通常表现为资金筹集、资金运用和资金退出三个过程。

企业是以营利为目的的经济组织，通过生产经营活动赚取利润。企业开展生产经营活动必须拥有一定数额的资金。所谓资金，是指企业从事生产经营活动所需各种物资的货币表现。从资金来源上看，企业的资金来源于企业所有者（即投资者，股份公司称之为股东）的投入和债权人（如银行等）的投入。资金筹集就是企业向投资者、债权人筹集生产经营所需资金的过程，是资金运动的起点。

资金运用是指企业将筹集的资金用于生产经营的各个方面、各个环节。不同行业的企业，其生产经营活动的内容、过程也不同，因此在具体的资金使用上是千差万别、各具特色的。如工业

企业的生产经营活动可分为供应、生产和销售三个过程，通过产品的生产、销售等活动赚取利润。工业企业的经济活动过程如图 2-1 所示。

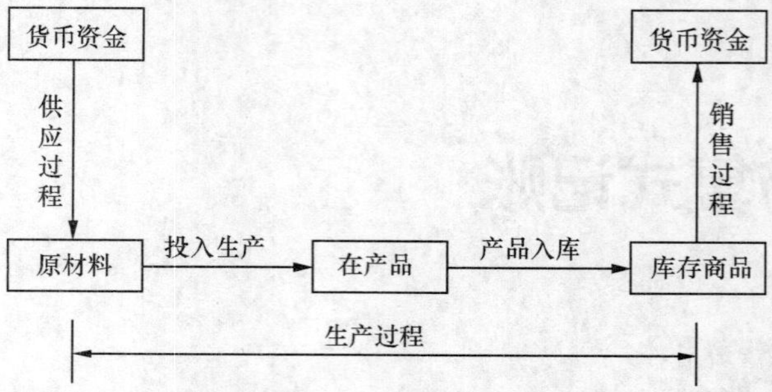

图 2–1　工业企业的经济活动过程

商品流通企业则是通过购销活动，组织商品流通来满足市场需要，从而赚取利润，其经营活动过程只包括购进和销售两个环节，不从事商品生产，因而没有生产过程。商品流通企业的经济活动过程如图 2-2 所示。

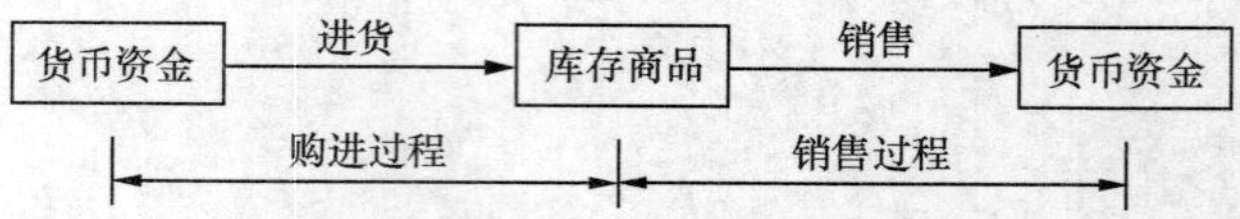

图 2–2　商品流通企业的经济活动过程

虽然工业企业和商品流通企业的经济活动过程不尽相同，但它们有一个共同特点，那就是均从货币资金形态出发又回到货币资金形态。像这样，从货币资金出发，又回到货币资金形态的过程，称之为资金的循环；企业的经济活动过程实质上是一个资金循环结束、下一个资金循环即开始，并相互交织，连续不断进行的过程。这种周而复始，不断往复的资金循环，称之为资金的周转。但必须注意，在企业完成一个资金循环后，货币资金量必将发生变化。即与起点的货币资金量相比，当终点的货币资金量大于起点的货币资金量时，产生盈利（或称利润）；反之则会产生亏损。

另外，企业在生产经营过程中还需要依法缴纳各种税费，如增值税、消费税、企业所得税等；企业赚取的税后利润还需进行分配，一部分以分配利润或支付现金股利的形式发放给企业的投资者（或股东），另一部分则留存于企业，继续用于生产经营活动，形成企业的内部积累；对于到期的债务，企业还需要筹措新的资金加以偿还。上述经济事项的发生，都会减少企业现有的资金存量，使部分资金退出企业的资金循环与周转，这就是资金退出。

微课：会计对象

2.1.2　会计要素

会计要素是对会计对象的基本分类，是会计对象的具体化，是用于反映特定主体（如某企业）财务状况，确定经营成果的基本单位。我国《企业会计准则——基本准则》将企业会计要素划分为资产、负债、所有者权益、收入、费用和利润。其中，资产、负债和所有者权益三要素表现的是资金运动的相对静止状态，即反映企业的财务状况，在资产负债表中列示；收入、费用和利润三要素表现的则是资金运动的显著变动状态，即反映企业的经营成果，在利润表中列示。

1. 资产

资产是指由企业过去的交易或者事项形成的、由企业拥有或者控制的、预期会给企业带来经济利益的资源。具体而言，企业从事生产经营活动必须要具备一定的物质资源，如货币资金、厂房场地、机器设备、原材料等，这些是企业从事生产经营的物质基础，也就是企业的资产。除了这些有形资产，企业还可能有像专利权、商标权等虽不具有物质形态，但有助于生产经营活动进行的无形资产，另外还有对其他单位的投资，以及企业持有的各种有价证券等。

资产虽然具体形态各异、种类繁多，但其应具备以下特征。

（1）资产应为企业拥有或者控制的资源。

资产作为一项资源，应当由企业拥有或者控制，具体是指企业享有某项资源的所有权，或者虽然不享有某项资源的所有权，但该资源能被企业控制。

企业享有资产的所有权，通常表明企业能够排他性地从资产中获取经济利益。一般来说，在判断资产是否存在时，所有权是考虑的首要因素。有些情况下，资产虽然不为企业所拥有，即企业并不拥有其所有权，但企业能够控制这些资产，这同样表明企业能够从资产中获取经济利益，符合会计上对资产的定义。例如，企业以融资租赁方式租入一项固定资产，尽管企业并不拥有该资产的所有权，但如果租赁合同规定的租赁期相当长，接近于该资产的使用寿命，则表明企业控制了该资产的使用及其所能带来的经济利益，按照实质重于形式原则，应当将其作为企业资产予以确认、计量和报告。

（2）资产预期会给企业带来经济利益。

资产预期会给企业带来经济利益，是指资产具有直接或者间接导致现金和现金等价物流入企业的潜力。这种潜力可能来自企业日常的生产经营活动，也可能来自非日常生产经营活动；带来的经济利益的形式可以是现金或现金等价物形式，也可以是能转化为现金或者现金等价物的形式，还可以是可减少现金或者现金等价物流出的形式。

资产预期会为企业带来经济利益是资产的重要特征。例如，企业采购的原材料和购置的固定资产在生产经营过程中用于产品生产，产品对外出售后收回货款，货款即为企业获得的经济利益。如果某一项资产预期不能给企业带来经济利益，那么就不能将其确认为企业的资产。前期已经确认为资产的项目，如果不能再为企业带来经济利益，也不能再确认为企业的资产。例如，霉烂变质的资产、已失去转让价值的资产等预期不能给企业带来经济利益，不符合资产定义，故均不应当再确认为资产。

（3）资产是由企业过去的交易或者事项形成的。

资产应当是由企业过去的交易或者事项形成的，过去的交易或者事项包括购买、生产、建造行为或者其他交易或事项。换言之，只有过去的交易或者事项才能形成资产，企业预期在未来发生的交易或者事项则不形成资产。例如，企业有购买某机器设备的意愿和计划，但是购买行为尚未发生，不符合资产的定义，不能因此确认为资产。

资产按其流动性，可以分为流动资产和非流动资产。流动资产是指能在一个会计年度内变现或耗用的资产，主要包括库存现金、银行存款、交易性金融资产、应收票据、应收账款、存货等；非流动资产是指变现或耗用的期限超过一个会计年度的资产，主要包括固定资产、无形资产、长期股权投资等。

2. 负债

负债是指企业过去的交易或者事项形成的，预期会导致经济利益流出企业的现时义务。负债具有以下特征。

（1）负债是企业承担的现时义务。

负债必须是企业承担的现时义务。所谓现时义务，是指企业在现行条件下已承担的义务。未来发生的交易或者事项形成的义务，不属于现时义务，不应当确认为负债。这里所指的义务可以是法定义务，也可以是推定义务。其中，法定义务是指具有约束力的合同或者法律法规规定的义务，通常必须依法执行。例如，企业购买原材料形成的应付账款，企业向银行贷款形成的各种借款，企业按照税法规定应当交纳的税款等，均属于企业承担的法定义务，需要依法偿还。推定义务是指根据企业多年来的习惯做法、公开的承诺或者公开宣布的政策而导致企业将承担的责任，这些责任也使有关各方形成了企业将履行义务、解脱责任的合理预期。例如，对于企业公开的产品质量担保政策，企业将因此承担相应的质量担保义务。

（2）负债预期会导致经济利益流出企业。

只有企业在履行义务时会导致经济利益流出企业，才符合负债的定义；反之，如果不会导致企业经济利益流出，就不符合负债的定义。在履行现时义务清偿负债时，导致经济利益流出企业的形式多种多样，例如，用现金偿还或以实物资产形式偿还，以提供劳务形式偿还，以部分转移资产、部分提供劳务形式偿还，将负债转为资本等。但不论采用何种偿还形式，履行现时义务清偿负债都将导致经济利益流出企业。

（3）负债是由企业过去的交易或者事项形成的。

负债应当是由企业过去的交易或者事项形成的。也就是说，只有过去的交易或者事项才形成负债，企业在未来发生的承诺、签订的合同等交易或者事项，不形成负债。

负债按其流动性不同，可分为流动负债和非流动负债。流动负债是指在一个会计年度内（含一个会计年度）需要清偿的负债，主要包括短期借款、应付票据、应付账款、应付职工薪酬、应交税费等；非流动负债是指偿还期限超过一个会计年度的负债，主要包括长期借款、应付债券、长期应付款等。

3. 所有者权益

所有者权益是指企业资产扣除负债后，由所有者享有的剩余权益。公司的所有者权益又称为股东权益。

所有者权益在数量上等于企业资产总额扣除债权人权益后的净额（即企业的净资产），反映所有者在企业资产中享有的经济利益。所有者权益具有以下特征。

（1）除非发生减资、清算或分派现金股利，企业一般不需要偿还所有者权益。

（2）进行企业清算时，只有在清偿所有的负债后，剩余的所有者权益才可分配给所有者——投资者或股东。

（3）所有者凭借所有者权益能够参与企业利润的分配。

所有者权益的来源包括所有者投入的资本、直接计入所有者权益的利得和损失、留存收益等，具体表现为实收资本（或股本）、资本公积、其他综合收益、盈余公积和未分配利润。

① 所有者投入的资本。所有者投入的资本是指投资者实际投入企业经营活动的各种财产物资，既包括构成企业注册资本或者股本部分的金额，又包括投资者实际出资额超过注册资本或股本部分的金额。投资者实际出资额中构成注册资本或者股本部分的金额，即为实收资本（或股本）；投资者实际出资额中超出注册资本或股本部分的金额，即为资本溢价或股本溢价。按照《企业会计准则》的规定，资本溢价或股本溢价计入资本公积，并在资产负债表中的资本公积项目上反映。

② 直接计入所有者权益的利得和损失。直接计入所有者权益的利得和损失，是指不应计入当期损益、会导致所有者权益发生增减变动的、与所有者投入资本或者向所有者分配利润无关的利

得和损失。其中，利得是指由企业非日常活动形成的、会导致所有者权益增加的、与所有者投入资本无关的经济利益的流入，损失是指由企业非日常活动发生的、会导致所有者权益减少的、与向所有者分配利润无关的经济利益的流出。按照《企业会计准则》的规定，直接计入所有者权益的利得和损失应在资产负债表中的其他综合收益项目上反映。

③ 留存收益。留存收益，是指企业的经营积累，是企业历年实现的净利润中留存于企业的部分，包括盈余公积和未分配利润。其中，盈余公积是指企业按照国家规定从净利润中提取的企业积累资金，未分配利润是企业实现的净利润经分配后留存在企业中的、历年结存的利润。

4. 收入

收入是指企业在日常活动中形成的、会导致所有者权益增加的、与所有者投入资本无关的经济利益的总流入。收入具有以下特征。

（1）收入是企业在日常活动中形成的。

所谓日常活动，是指企业为完成其经营目标所从事的日常活动及与之相关的活动。例如，工业企业制造并销售产品、商业企业销售商品、保险企业签发保单、咨询企业提供咨询服务、软件企业为客户开发软件、安装企业提供安装服务、商业银行对外贷款、租赁企业出租资产等，均属于企业的日常活动。明确界定日常活动是为了将收入与利得区分开，日常活动是确认收入的重要标准。凡是日常活动所形成的经济利益的流入，都应当确认为收入；反之，非日常活动所形成的经济利益的流入不能确认为收入，而应当计入利得。比如，接受其他单位赞助属于非日常活动，所形成的经济利益流入就不应确认为收入，而应当确认为利得。

（2）收入会导致所有者权益增加。

与收入相关的经济利益的流入会导致所有者权益增加，不会导致所有者权益增加的经济利益的流入不符合收入的定义，不应确认为收入。例如，企业向银行贷款尽管也会导致企业经济利益的流入，但该经济利益流入并不导致所有者权益的增加，而是使企业承担了一项现时义务，不应将其确认为收入，而应当确认为一项负债。

（3）收入是与所有者投入资本无关的经济利益的总流入。

收入会导致经济利益的流入，从而导致资产的增加。例如，销售商品时，企业会收取现金或者在未来有权收取现金，从而会导致经济利益流入企业，该经济利益的流入是由收入带来的。但是，并非所有的经济利益流入都是由收入产生的，有时经济利益的流入是由所有者投入资本的增加导致的。因所有者投入资本的增加而导致的经济利益流入不应当确认为收入，应当将其直接确认为所有者权益。

收入包括主营业务收入和其他业务收入。主营业务收入是由企业的主营业务所带来的收入，其他业务收入是由企业的兼营业务所带来的收入。此外，按照企业从事日常活动性质的不同，收入可分为销售商品收入、提供劳务收入和让渡资产使用权收入。

5. 费用

费用是指企业在日常活动中发生的、会导致所有者权益减少的、与向所有者分配利润无关的经济利益的总流出。费用具有以下特征。

（1）费用是企业在日常活动中形成的。

费用必须是企业在其日常活动中形成的。该日常活动的界定与收入定义中日常活动的界定相一致。日常活动所产生的费用通常包括营业成本、销售费用等。将费用界定为日常活动中形成的，目的是将其与损失区分开，企业非日常活动中形成的经济利益的流出不能确认为费用，应当计入损失。

（2）费用会导致所有者权益减少。

与费用相关的经济利益的流出会导致所有者权益的减少，不会导致所有者权益减少的经济利益的流出不符合费用的定义，不应确认为费用。

（3）费用是与向所有者分配利润无关的经济利益的总流出。

费用的发生会导致经济利益的流出，从而导致资产的减少或者负债的增加（最终也会导致资产的减少）。其表现形式包括现金或者现金等价物的流出，存货、固定资产和无形资产等的流出或者消耗等。企业向所有者分配利润导致的经济利益流出，属于所有者权益的抵减项目，不应确认为费用。

费用主要包括营业成本、税金及附加、期间费用等。其中，营业成本包括主营业务成本和其他业务成本，期间费用包括销售费用、管理费用和财务费用。

6. 利润

利润是指企业在一定会计期间的经营成果。利润包括收入减去费用后的净额、直接计入当期利润的利得和损失等。

收入减去费用后的净额，即营业利润，反映的是企业日常活动的经营业绩。若该净额为正数，表明企业实现了利润，企业的所有者权益增加，业绩提升；反之，若该净额为负数，表明企业发生了亏损，企业所有者权益减少，业绩下降。

直接计入当期利润的利得和损失，即营业外收入和营业外支出，是企业非日常活动的业绩。

直接计入当期利润的利得和损失，是指应当计入当期损益的、最终会引起所有者权益发生增减变动的、与所有者投入资本或者向所有者分配利润无关的利得和损失。

利润是评价企业管理层业绩的指标之一，也是投资者等信息使用者进行决策的重要参考依据。企业应当严格区分收入和利得、费用和损失，以更加全面地反映企业的经营业绩。

综上所述，会计要素及其构成如图 2-3 所示。

- 会计要素
  - 静态要素
    - 资产
      - 流动资产
      - 非流动资产
    - 负债
      - 流动负债
      - 非流动负债
    - 所有者权益
      - 实收资本（或股本）
      - 资本公积
      - 其他综合收益
      - 留存收益
        - 盈余公积
        - 未分配利润
  - 动态要素
    - 收入
      - 主营业务收入
      - 其他业务收入
    - 费用
      - 营业成本
        - 主营业务成本
        - 其他业务成本
      - 税金及附加
      - 期间费用
        - 销售费用
        - 管理费用
        - 财务费用
    - 利润
      - 收入减去费用后的净额
      - 直接计入当期利润的利得和损失

图 2–3　会计要素及其构成

微课：会计要素

2.1.3　会计等式

会计等式，又称会计恒等式、会计方程式或会计平衡公式，是表明各会计要素之间基本关系的等式。会计等式的表现形式包括财务状况等式、经营成果等式、财务状况与经营成果相结合的等式。

1. 财务状况等式

任何企业要进行经济活动，都必须拥有一定数量和质量的能给企业带来经济利益的经济资源。资产表明的是企业拥有多少经济资源和拥有什么样的经济资源。资产从何而来？谁提供了这些经济资源？谁对这些经济资源拥有要求权？这就是权益问题。资产和权益是同一事物的两个方面，即一方面是资产存在的状态，另一方面是与资产有关的权益。资产与权益之间是相互依存的关系。没有无资产的权益，也没有无权益的资产。从数量上看，有一定数额的资产，必定有一定数额的权益；反之，有一定数额的权益，也必定有一定数额的资产。也就是说，资产与权益在数量上存在着必然相等的关系，即：

资产=权益

任何企业的资产均来自不外乎两个渠道，一个是所有者投入，另一个是向债权人借入。所有者投入资本形成所有者权益，向债权人借入资金则形成企业的负债。因此，权益包含了负债和所有者权益。根据所有者权益的定义，它是企业资产扣除负债后由所有者享有的剩余权益，由此可知资产、负债和所有者权益间存在着以下数量关系。

资产=负债+所有者权益

这一等式反映了企业在某一特定时点资产、负债和所有者权益三者之间的平衡关系，被称为财务状况等式、基本会计等式或静态会计等式。它是复式记账法的理论基础，也是编制资产负债表的理论依据。

“资产=负债+所有者权益”是恒等式，任何经济业务的发生所引起的会计要素的任何变动都不会破坏资产与负债、所有者权益间的平衡关系。

现举例说明。

【例 2-1】利华公司 20××年 9 月 30 日的资产总额为 1 100 000 元，负债总额为 286 000 元，所有者权益总额为 814 000 元。资产（1 100 000 元）=负债（286 000 元）+ 所有者权益（814 000 元）。10 月份发生的部分经济业务如下。

（1）购进原材料，价值 5 000 元，贷款未付。

该项经济业务的发生，使资产（原材料）增加了 5 000 元，负债（应付账款）同时增加了 5 000 元。等式两边同时增加 5 000 元，会计等式仍然成立。该项经济业务的发生对会计等式的影响如表 2-1 所示。

表 2–1　经济业务的发生对会计等式的影响（1）　单位：元

事项	资产	权益		
		负债	所有者权益	权益合计
原平衡	1 100 000	286 000	814 000	1 100 000
经济业务产生的影响	+5 000	+5 000		+5 000
新平衡	1 105 000	291 000	814 000	1 105 000

（2）收到南方公司的投资款 50 000 元，存入银行。

该项经济业务的发生，使资产（银行存款）增加了 50 000 元，同时所有者权益（实收资本）增加了 50 000 元。等式两边同时增加了 50 000 元，会计等式仍然成立。该项经济业务的发生对会计等式的影响如表 2-2 所示。

表 2-2　　　　经济业务的发生对会计等式的影响（2）

事项	资产	权益		
		负债	所有者权益	权益合计
原平衡	1 105 000	291 000	814 000	1 105 000
经济业务产生的影响	+50 000		+50 000	+50 000
新平衡	1 155 000	291 000	864 000	1 155 000

（3）从银行提取现金 5 000 元备用。

该项经济业务的发生，使一项资产（库存现金）增加了 5 000 元，另一项资产（银行存款）减少了 5 000 元。一项资产增加，另一项资产减少，且增减金额相等，因而资产总额没有变化。该项经济业务的发生对会计等式的影响如表 2-3 所示。

表 2-3　　　　经济业务的发生对会计等式的影响（3）

事项	资产	权益		
		负债	所有者权益	权益合计
原平衡	1 155 000	291 000	864 000	1 155 000
经济业务产生的影响	+5 000 −5 000			
新平衡	1 155 000	291 000	864 000	1 155 000

（4）以银行存款 30 000 元上交企业所得税。

该项经济业务的发生，使资产（银行存款）减少了 30 000 元，负债（应交税费）减少了 30 000 元。等式两边同时减少 30 000 元，会计等式仍然成立。该项经济业务的发生对会计等式的影响如表 2-4 所示。

表 2-4　　　　经济业务的发生对会计等式的影响（4）

事项	资产	权益		
		负债	所有者权益	权益合计
原平衡	1 155 000	291 000	864 000	1 155 000
经济业务产生的影响	−30 000	−30 000		−30 000
新平衡	1 125 000	261 000	864 000	1 125 000

（5）签发商业汇票，面值 50 000 元，以抵付所欠的货款。

该项经济业务的发生，使一项负债（应付票据）增加了 50 000 元，另一项负债（应付账款）减少了 50 000 元。一项负债增加，另一项负债减少，且增减金额相等，因而负债总额没有变化。该项经济业务的发生对会计等式的影响如表 2-5 所示。

表 2-5　　经济业务的发生对会计等式的影响（5）

事项	资产	权益		
		负债	所有者权益	权益合计
原平衡	1 125 000	261 000	864 000	1 125 000
经济业务产生的影响		−50 000 +50 000		0
新平衡	1 125 000	261 000	864 000	1 125 000

（6）经协商，同意将所欠长安公司的货款 20 000 元转为投资。

该项经济业务的发生，使所有者权益（实收资本）增加了 20 000 元，负债（应付账款）减少了 20 000 元。会计等式的右边有增有减，且增减金额相等，因而等式仍然成立。该项经济业务的发生对会计等式的影响如表 2-6 所示。

表 2-6　　经济业务的发生对会计等式的影响（6）

事项	资产	权益		
		负债	所有者权益	权益合计
原平衡	1 125 000	261 000	864 000	1 125 000
经济业务产生的影响		−20 000	+20 000	0
新平衡	1 125 000	241 000	884 000	1 125 000

（7）公司按法定程序减少注册资本，并以银行存款 10 000 元退还投资款。

该项经济业务的发生，使资产（银行存款）减少了 10 000 元，所有者权益（实收资本）减少了 10 000 元。等式的两边同时减少 10 000 元，会计等式仍然成立。该项经济业务的发生对会计等式的影响如表 2-7 所示。

表 2-7　　经济业务的发生对会计等式的影响（7）

事项	资产	权益		
		负债	所有者权益	权益合计
原平衡	1 125 000	241 000	884 000	1 125 000
经济业务产生的影响	−10 000		−10 000	−10 000
新平衡	1 115 000	241 000	874 000	1 115 000

（8）经批准，公司向投资者分配以前年度实现的利润 200 000 元。

该项经济业务的发生，使负债（应付股利）增加了 200 000 元，所有者权益（未分配利润）减少了 200 000 元。等式的右边有增有减，且增减金额相等，因而等式仍然成立。该项经济业务的发生对会计等式的影响如表 2-8 所示。

表 2-8　　经济业务的发生对会计等式的影响（8）

事项	资产	权益		
		负债	所有者权益	权益合计
原平衡	1 115 000	241 000	874 000	1 115 000
经济业务产生的影响		+200 000	−200 000	0
新平衡	1 115 000	441 000	674 000	1 115 000

（9）按法定程序，将盈余公积 50 000 元转增资本。

该项经济业务的发生，使一项所有者权益（实收资本）增加 50 000 元，另一项所有者权益（盈余公积）减少 50 000 元。一项所有者权益增加，另一项所有者权益减少，且增减金额相等，因而所有者权益总额不变。该项经济业务的发生对会计等式的影响如表 2-9 所示。

表 2-9　　经济业务的发生对会计等式的影响（9）

事项	资产	权益		
		负债	所有者权益	权益合计
原平衡	1 115 000	441 000	674 000	1 115 000
经济业务产生的影响			+50 000 −50 000	0
新平衡	1 115 000	441 000	674 000	1 115 000

综上所述，尽管企业在生产经营过程中发生的经济业务多种多样，但概括起来，它们对资产、负债和所有者权益的影响不外乎以下 9 种情况。

① 一项资产和一项负债同时增加。

② 一项资产和一项所有者权益同时增加。

③ 一项资产增加，另一项资产减少。

④ 一项资产和一项负债同时减少。

⑤ 一项负债增加，另一项负债减少。

⑥ 一项负债减少，一项所有者权益增加。

⑦ 一项资产和一项所有者权益同时减少。

⑧ 一项负债增加，一项所有者权益减少。

⑨ 一项所有者权益增加，另一项所有者权益减少。

但不论发生何种经济业务，都必然会引起会计等式一边或两边的有关项目相互联系地发生等量变化。即当涉及会计等式的一边时，有关项目的金额发生相反方向的等额变动；当涉及会计等式的两边时，有关项目的金额将发生相同方向的等额变动，这始终不会影响会计等式的平衡关系。

2. 经营成果等式

从企业生产经营过程看，企业总是通过生产经营活动取得收入，同时发生相应的费用。利用收入与费用的比较可以确定一定时期的盈利水平，即实现利润。企业经营的目的就是取得收入，实现盈利。在没有利得和损失的情况下，利润是“收入减去费用后的净额”，它们之间的关系用公式表示如下。

$$收入-费用=利润$$

收入、费用和利润三要素之间的这种基本关系实际上是利润计量的基本模式。其含义：①收入的取得和费用的发生，直接影响企业利润的确定，即利润的确认主要依赖于收入和费用，其金额的确定也主要取决于收入和费用；②来自于特定会计期间的收入与其相关费用进行配比，可以确定该期间企业的利润数额；③利润是收入与相关费用的差额。

这一等式反映了利润的实现过程，称为经营成果等式或动态会计等式。收入、费用和利润之间的上述关系，是编制利润表的依据。

3. 财务状况与经营成果相结合的等式

企业是由企业所有者投资设立的，企业实现的利润自然归属于企业的所有者，通过分配利润最终形成所有者权益的组成部分。所以，在生产经营过程中，会计等式可做如下拓展。

资产=负债+（所有者权益+利润）
=负债+（所有者权益+收入−费用）
=负债+所有者权益+（收入−费用）

这一等式表明了企业的财务状况与经营成果之间的关系。财务状况可表现出企业在特定日期资产的来源与运用情况，反映特定日期的资产存量。经营成果则表明企业在一定期间所有者权益（即净资产）的增加或减少情况，反映一定期间的增量或减量。企业的经营成果最终会影响到企业的财务状况。企业实现利润，将使企业资产增加或负债减少；企业发生亏损，将使企业资产减少或负债增加。另外，这一等式直观地表明了收入与费用的本质，即收入会导致所有者权益增加，费用会导致所有者权益减少。

微课：会计等式

2.2 会计科目与账户

2.2.1 会计科目

会计要素是对会计对象的基本分类。但经济活动纷繁复杂，经济活动的发生必然会引起不同会计要素或者同一会计要素的具体内容发生增减变化。例如，以银行存款购买材料，银行存款减少的同时材料增加，银行存款和材料虽然都属于资产要素，但它们无论是经济实质还是实物形态都有所不同。资产要素的总量虽未发生变动，但其具体构成发生了变化。可见，会计要素仅能反映要素间的增减变化，不能详细反映各要素具体内容和内部结构的变动，对纷繁复杂的企业经济业务事项的反映显得过于粗略。为了全面、系统、详细地对各会计要素的具体内容及其增减变化情况进行核算和监督，为经济管理提供更加具体的、分类的数量指标，以满足经营管理及有关各方对会计信息的需要，必须对会计要素进行细化，要采用一定的形式，对每一个会计要素所反映的具体内容进行进一步分类，设置会计科目。

会计科目简称科目，是对会计要素的具体内容进行分类核算的项目，是进行会计核算和提供会计信息的基础。例如，为了核算和监督各项资产的增减变动，设置了“库存现金”“银行存款”“原材料”“固定资产”“无形资产”等科目。

至此，我们可以将会计对象、会计要素和会计科目三者之间的关系概括为图 2-4 所示的关系。

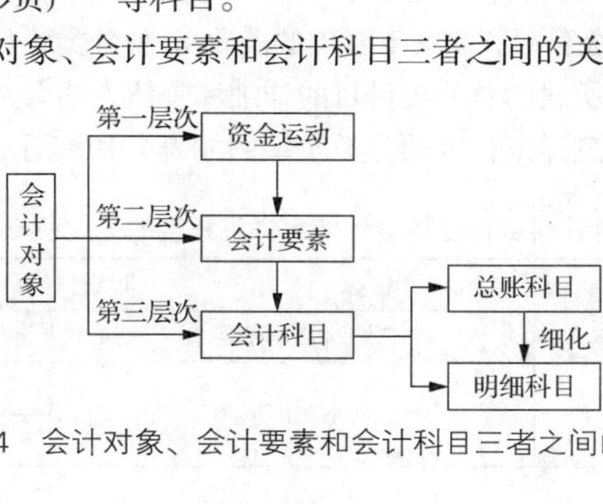

图 2–4　会计对象、会计要素和会计科目三者之间的关系

1. 会计科目的设置原则

在实际工作中，会计科目是预先通过国家统一会计制度规定的，它是设置账户、处理账务所必须遵守的规则和依据，是正确组织会计核算的一个重要条件。企业在按照国家统一会计制度的规定设置会计科目时，应当遵循以下原则。

（1）合法性原则。为了保证会计信息的可比性，财政部对企业使用的会计科目做了较为具体的规定。企业应当按照国家统一会计制度规定的会计科目，设置适用的会计科目。对于国家统一会计制度规定的会计科目，企业仍可以根据自身的生产经营特点，在不影响会计核算要求和财务报表指标汇总，以及对外提供统一的财务报表的前提下，自行增设、减少或合并某些会计科目，具有一定的灵活性。

（2）相关性原则。会计科目的设置是企业分类核算经济业务事项的基础，也是生成会计信息的基础。设置的会计科目应能够提供有关各方所需要的会计信息，满足信息使用者进行经济决策的需要。因此，企业必须充分考虑信息使用者对本企业会计信息的需求，考虑哪些会计信息与经济决策相关，以设置本企业适用的会计科目。例如，企业应当考虑内部管理的情况，考虑强化内部经营管理和内部控制对会计信息的要求，为企业提高经营管理水平提供信息支持。

（3）实用性原则。企业应依据组织形式、所处行业、经营内容及业务种类等的不同，区别设置会计科目。会计核算的目的在于客观真实地反映企业经济活动情况，提供对经济决策有用的会计信息。因此，企业在合法性的基础上，应根据自身特点，设置符合企业实际情况的会计科目。对于本企业重要的经济业务事项，可以按照重要性原则的要求，对会计科目进行细分，设置更为具体的会计科目，以细化对经济业务事项的核算；对于一些不是很重要的经济业务事项或不经常发生的经济业务事项，可以对会计科目进行适当的归并。对于会计科目的名称，在不违背会计科目使用原则的前提下，可以结合本企业的实际情况，设置本企业特有的会计科目名称。

2. 会计科目的分类

（1）按照提供会计信息的详细程度分类。会计科目按其所提供会计信息的详细程度不同，分为总分类科目和明细分类科目。

总分类科目又称总账科目或一级科目，是对会计要素的具体内容进行总括分类、提供总括信息的会计科目，如“固定资产”“原材料”“实收资本”“应付账款”等；明细分类科目又称明细科目，是对总分类科目做进一步分类，提供更详细、更具体会计信息的科目。如“应付账款”总分类科目按债权人名称或姓名设置明细分类科目，来具体反映应付哪个单位或个人的货款。

为了满足管理上的信息需要，有的总分类科目下设的明细分类科目较多，此时可在总分类科目与明细分类科目之间增设二级科目（也称子目）。一般情况下，会计科目分为三级（当然也有超过三级的情况，是否设置多级科目，取决于管理的需要），总分类科目统驭和控制所辖的明细分类科目，明细分类科目是对其所属的总分类科目的详细和具体说明。

会计科目按提供会计信息详细程度的分类及举例如表 2-10 所示。

表 2–10　　会计科目按提供会计信息详细程度的分类及举例

总分类科目（一级科目）	明细分类科目	
	二级科目（子目）	明细科目（细目）
生产成本	基本生产成本	甲产品
		乙产品

续表

总分类科目（一级科目）	明细分类科目	
	二级科目（子目）	明细科目（细目）
生产成本	辅助生产成本	供电供水
		机修劳务
债权投资	××公司债券	成本
		利息调整
		应计利息

（2）按照归属的会计要素分类。会计科目按其所归属的会计要素不同，通常分为资产类、负债类、共同类、所有者权益类、成本类、损益类六大类。

资产类科目是对资产要素的具体内容进行分类核算的项目，是用于核算资产增减变化，提供资产类项目会计信息的会计科目。按资产的流动性不同，资产类科目可进一步分为反映流动资产的科目和反映非流动资产的科目。反映流动资产的科目主要有“库存现金”“银行存款”“应收账款”“原材料”“库存商品”等科目，反映非流动资产的科目主要有“固定资产”“在建工程”“无形资产”等科目。

负债类科目是对负债要素的具体内容进行分类核算的项目，是用于核算负债增减变化，提供负债类项目会计信息的会计科目。按负债的偿还期限不同，负债类科目可进一步分为反映流动负债的科目和反映非流动负债的科目。反映流动负债的科目主要有“短期借款”“应付账款”“应付职工薪酬”“应交税费”等科目，反映非流动负债的科目主要有“长期借款”“应付债券”“长期应付款”等科目。

共同类科目是既有资产性质又有负债性质的科目，主要有“清算资金往来”“外汇买卖”“衍生工具”“套期工具”“被套期项目”等科目。

所有者权益类科目是对所有者权益要素的具体内容进行分类核算的项目，是用于核算所有者权益增减变化，提供所有者权益项目会计信息的会计科目。按所有者权益的形成和性质，所有者权益类科目可进一步分为反映资本的科目、反映直接计入所有者权益的利得和损失的科目、反映留存收益的科目。反映资本的科目有“实收资本（或股本）”“资本公积”“其他权益工具”等科目，反映直接计入所有者权益的利得和损失的科目是“其他综合收益”科目，反映留存收益的科目有“盈余公积”“本年利润”“利润分配”等科目。

成本类科目是对可归属于产品生产成本、劳务提供成本等的具体内容进行分类核算的项目，是用于核算成本的发生和归集情况，提供成本信息的会计科目。按成本的内容和性质的不同，成本类科目可进一步分为反映制造成本的科目和反映劳务成本的科目。反映制造成本的科目主要有“生产成本”“制造费用”等科目，反映劳务成本的科目是“劳务成本”科目。

损益类科目是对收入、费用，以及应计入当期损益的利得、损失等的具体内容进行分类核算的项目，是用于核算收入、费用、利得、损失的发生或归集，提供一定期间损益信息的会计科目。其中，反映收入的科目主要有“主营业务收入”“其他业务收入”等科目，反映利得的科目是“营业外收入”科目，反映费用的科目主要有“主营业务成本”“其他业务成本”“销售费用”“管理费用”“财务费用”等科目，反映损失的科目是“营业外支出”科目。

根据规定，工商企业常用的会计科目如表 2-11 所示。

表 2-11　　工商企业常用的会计科目

顺序号	会计科目名称	顺序号	会计科目名称
	一、资产类	44	应付票据
1	库存现金	45	应付账款
2	银行存款	46	预收账款
3	其他货币资金	47	应付职工薪酬
4	交易性金融资产	48	应交税费
5	应收票据	49	应付利息
6	应收账款	50	应付股利
7	预付账款	51	其他应付款
8	应收股利	52	长期借款
9	应收利息	53	应付债券
10	其他应收款	54	长期应付款
11	坏账准备	55	未确认融资费用
12	材料采购	56	递延所得税负债
13	在途物资		三、共同类（略）
14	原材料		四、所有者权益类
15	材料成本差异	57	实收资本
16	库存商品	58	资本公积
17	发出商品	59	其他综合收益
18	商品进销差价	60	盈余公积
19	委托加工物资	61	本年利润
20	周转材料	62	利润分配
21	存货跌价准备		五、成本类
22	债权投资	63	生产成本
23	其他债权投资	64	制造费用
24	其他权益工具投资	65	合同成本
25	长期股权投资	66	研发支出
26	长期股权投资减值准备		六、损益类
27	投资性房地产	67	主营业务收入
28	投资性房地产累计折旧（摊销）	68	其他业务收入
29	投资性房地产减值准备	69	公允价值变动损益
30	长期应收款	70	投资收益
31	固定资产	71	资产处置损益
32	累计折旧	72	其他收益
33	固定资产减值准备	73	营业外收入
34	在建工程	74	主营业务成本
35	工程物资	75	其他业务成本
36	固定资产清理	76	税金及附加
37	无形资产	77	销售费用
38	累计摊销	78	管理费用
39	无形资产减值准备	79	财务费用
40	长期待摊费用	80	资产减值损失
41	递延所得税资产	81	信用减值损失
42	待处理财产损溢	82	营业外支出
	二、负债类	83	所得税费用
43	短期借款	84	以前年度损益调整

2.2.2 账户

1. 账户的概念

会计科目只是对会计要素的具体内容进行分类所形成的项目名称，还不能进行具体的会计核算。为了全面、连续、系统地反映和监督会计要素的增减变动，还必须设置账户。账户是用来记录会计科目所反映经济业务内容的工具，是分类反映会计要素增减变动情况及其结果的载体。账户是根据会计科目设置的，具有一定的结构。设置账户是会计核算的重要方法之一。

2. 账户的分类

账户是根据会计科目设置的，会计科目的性质和内容也就决定了账户的性质和内容。账户的分类与会计科目的分类一致，可根据其核算的经济内容、提供信息的详细程度及其统驭关系进行分类。

（1）根据核算的经济内容，账户分为资产类账户、负债类账户、共同类账户、所有者权益类账户、成本类账户和损益类账户。

有些账户还设有备抵账户。备抵账户又称抵减账户，是指用来抵减被调整账户余额，以确定被调整账户实有数额而设置的独立账户。例如，资产类账户中的“累计折旧”账户是“固定资产”账户的备抵账户，“累计摊销”账户是“无形资产”账户的备抵账户。

（2）根据提供信息的详细程度及其统驭关系，账户分为总分类账户和明细分类账户。

总分类账户又称为总账账户或一级账户，简称总账，是根据总分类科目设置的，用于提供总括分类核算资料和指标的账户。在总分类账户中，只使用货币量度反映经济业务事项。总分类账户可以提供概括的核算资料和指标，提供的是总括的会计信息。明细分类账户又称明细账户，简称明细账。它是根据明细分类科目设置的，用于提供明细核算资料和指标的账户，是对其总账资料的具体化和补充说明。对于明细分类账户的核算，除用货币量度反映经济业务事项外，必要时还需要用实物量度或劳动量度从数量和时间上进行反映，以满足会计核算的需要。明细分类账户可以进一步分为二级明细分类账户、三级明细分类账户等。

总分类账户与明细分类账户之间存在以下关系。

① 总分类账户对明细分类账户具有统驭控制作用。总分类账户和其所辖明细分类账户的核算内容相同，都是核算和反映同一经济业务事项，只不过二者反映内容的详细程度不同。总分类账户反映总括情况，提供的总括核算资料是对有关明细分类账户资料的综合；明细分类账户反映具体情况，提供的明细核算资料是对总分类账户资料的具体化。因此，总分类账户统驭和控制明细分类账户。

② 明细分类账户对总分类账户具有补充说明作用。总分类账户用于对会计要素各项目的增减变化进行总括反映，提供总括资料；而明细分类账户反映的是会计要素各项目增减变化的详细情况，提供的是某一具体方面的详细资料，有些明细分类账户还可以提供实物数量指标和劳动量指标等。因此，明细分类账户对总分类账户具有补充说明的作用，它从属于总分类账户，是总分类账户的从属账户。

③ 总分类账户与其所辖明细分类账户在总金额上应当相等。由于总分类账户与其所辖明细分类账户是根据相同的会计凭证登记的，它们所反映的经济内容相同，故总金额应当相等。也就是说，总分类账户余额应当等于所辖明细分类账户余额合计，总分类账户本期发生额应当等于所辖

明细分类账户本期发生额合计。例如，“原材料”总分类账户与其所辖的“燃料”“辅助材料”等明细分类账户都用于反映原材料的收发及结存情况，“原材料”总分类账户的金额（包括期初余额、本期发生额和期末余额）与其所辖的“燃料”“辅助材料”等明细分类账户的总金额必然相等。

3. 账户的基本结构

账户是用来记录经济业务事项的，具有 3 个作用：①分门别类地记载各项经济业务事项；②提供日常会计核算资料和数据；③为编制财务报表提供依据。为此，账户不但要有明确的核算内容，还应该具有一定的格式，即结构。

账户的基本结构一般应包括下列内容。

（1）账户的名称（即会计科目）。

（2）日期和摘要（记录经济业务事项发生的日期和概括说明经济业务事项的内容）。

（3）增加和减少的金额及余额。

（4）凭证号数（说明账户记录的依据）。

因发生经济业务事项而引起的各项会计要素的变动，从数量上看有增加和减少两种情况，因此，账户结构也相应地分为两个基本部分，即左、右两方，一方登记增加数，另一方登记减少数。另外，我国《企业会计准则》规定，企业应当采用借贷记账法记账。借贷记账法下账户的基本格式如表 2-12 所示。

表 2-12　账户名称（会计科目）

年		凭证号数	摘要	借方	贷方	借或贷	余额
月	日						

为便于说明，可将上述账户格式简化为 T 型账户或称为丁字账户，只保留借方和贷方，其他部分略去，并将余额写在账户的下方，T 型账户结构如图 2-5 所示。

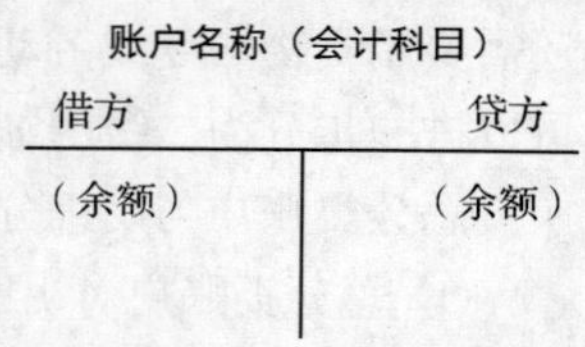

图 2-5　T 型账户结构

账户的“借方”和“贷方”分别用来记录经济业务事项发生所引起的会计要素的增加额和减少额。增加额和减少额相抵的差额，即为账户的余额。余额按其表示的时间不同，分为期初余额和期末余额。因此，在账户中记录的金额有期初余额、本期增加额、本期减少额和期末余额。本期增加额是指在一定时期内（月、季、年）记入账户的增加金额合计数，也叫本期增加发生额；本期减少额是指在一定时期内（月、季、年）记入账户的减少金额合计数，也叫本期减少发生额。本期发生额是一个动态指标，用于说明资产或权益的增减变动情况。本期增加发生额与本期减少发生额相抵后的差额，是本期的期末余额。余额是一个静态指标，用于说明资产或权益在某一时日增减变动的结果。本期的期末余额就是下期的期初余额。这 4 项金额间的关系可以用下列等式表示。

本期期末余额=本期期初余额+本期增加发生额-本期减少发生额

至于哪一方记录本期增加发生额，哪一方记录本期减少发生额，取决于账户的性质，本章 2.3 节将做详细介绍。

【例 2-2】利华公司 20××年 9 月“银行存款”账户记录的内容如表 2-13 所示。

表 2-13　　　　　　　　　　　　“银行存款”账户

20××年		凭证号数	摘要	收入	付出	结存
月	日					
9	1		月初结余			900 000
9	1	（略）	存入现金	200 000		1 100 000
9	7	（略）	支付设备修理费用		40 000	1 060 000
9	10	（略）	购买办公用品		20 000	1 040 000
9	11	（略）	归还短期借款		50 000	990 000
9	18	（略）	收到销货款	60 000		1 050 000
9	21	（略）	支付材料款		30 000	1 020 000
9	26	（略）	支付水电费		20 000	1 000 000
9	31	（略）	支付员工加班津贴		30 000	970 000
9	31		本月合计	260 000	190 000	970 000

该公司20××年9月所发生的全部银行存款交易事项被完整地记录在了“银行存款”账户中。该账户提供了“两类四种”银行存款信息指标：银行存款本月月初结余（即20××年8月31日结余）900 000元；银行存款本月共计增加260 000元，共计减少190 000元；银行存款本月月末结余（即10月初结余）970 000元。银行存款的月初结余900 000元和月末结余970 000元，分别说明银行存款在9月初和9月末的结存数量，表明银行存款在这两个时点处的静态情况；该账户的本月发生额，分别说明了该公司在9月份共计取得（收到）了银行存款260 000元，共计支出了银行存款190 000元，表明了银行存款在会计期间内增减变化的动态情况。它们之间的关系为：

期末余额 970 000 元=期初余额 900 000 元+本期增加发生额 260 000 元−本期减少发生额 190 000 元

该公司“银行存款”账户用T型账户表示，如图2-6所示。

银行存款

借方			贷方
期初余额	900 000		
本期增加额	200 000	本期减少额	40 000
	60 000		20 000
			50 000
			30 000
			20 000
			30 000
本期发生额	260 000	本期发生额	190 000
期末余额	970 000		

图 2-6　“银行存款”T型账户

4. 账户与会计科目的联系和区别

账户与会计科目是两个既相互联系又相互区别的概念，具体表现在以下方面。

首先，账户与会计科目是相互联系的。账户和会计科目所反映的会计要素的具体内容是相同的，两者口径一致，性质相同，都是体现对会计要素具体内容的分类。会计科目是账户的名称，也是设置账户的依据。账户是根据会计科目设置的，是会计科目的具体运用。因此，会计科目的性质决定了账户的性质。

其次，账户与会计科目是相互区别的。会计科目仅仅是账户的名称，不存在结构，而账户则具有一定的结构。会计科目仅说明反映的经济内容是什么，而账户不仅说明反映的经济内容是什么，还系统地反映和监督其增减变化及结余情况。会计科目的作用主要是为了设置账户，填制会计凭证，而账户的作用主要是提供某一具体会计对象的会计资料，为编制财务报表提供依据。

所以，没有会计科目，账户便失去了设置的依据；没有账户，会计科目就无法发挥作用。两者是相互依存的关系。

微课：会计科目与账户

2.3 复式记账

2.3.1 记账方法的种类

经济业务事项的发生会引起有关会计要素的增减变动。将客观发生的经济业务事项登记到有关账户中，这涉及记账方法的问题。所谓记账方法，是指在账户中登记经济业务事项的方法。按照记录经济业务事项方法的不同，记账方法分为单式记账法和复式记账法。

1. 单式记账法

单式记账法，是指发生的每一项经济业务事项只在一个账户中进行登记的记账方法。通常情况下，采用单式记账法时只登记现金和银行存款的收付金额以及债权债务的结算金额，不登记实物的收付金额。例如，以银行存款购买原材料，业务发生后，一般只在“银行存款”账户中记录银行存款的支出业务，而对原材料的收入业务，却不在相关账户中记录。又如，导入案例中，李新民采用的记账方法就是单式记账法。这种记账方法是一种比较简单的、不完整的记账方法，其登记的范围不全面、不系统，需要什么资料就登记什么资料，账户的设置也不完整，各账户之间也没有直接的联系。因此，单式记账法不能全面、系统地反映经济业务的来龙去脉，也不便于检查账户记录的正确性和完整性。目前，只在极少的、经济业务非常简单的情况下采用这种记账方法，如代管物资的登记方法等。

2. 复式记账法

复式记账法，是指对发生的每一项经济业务事项，都以相等的金额，在相关联的两个或两个以上账户中进行记录的记账方法。例如，对于上述以银行存款购买原材料的业务，按照复式记账法，应以相等的金额，一方面在“银行存款”账户中记录银行存款的支出业务，另一方面在“原材料”账户中记录材料收入业务。

复式记账法是以资产与权益的平衡关系为记账基础的一种记账方法，具有以下特点。

（1）对于每一项经济业务事项，都在两个或两个以上相互关联的账户中进行记录。这样，在将全部经济业务事项都相互联系地记入各有关账户之后，账户记录不仅可以全面、系统地反映经济活动过程和经营成果，而且能够全面、清晰地反映出经济业务的来龙去脉。

（2）由于每项经济业务事项发生后都是以相等的金额在有关账户中进行记录的，因而便于核对账户记录，进行试算平衡，以检查账户记录是否正确。

根据记账符号不同，复式记账法可分为借贷记账法、增减记账法和收付记账法。其中，借贷记账法经过数百年的锤炼，已被全世界的会计工作者普遍接受且被世界各国普遍采用，是一种公认的比较成熟、完善的记账方法。我国《企业会计准则——基本准则》中明确规定，企业应当采用借贷记账法记账。

课程思政点睛：

我国是文明古国，远在西周时期，“会计”一词即已出现。据考证，西周设立了会计机构和专管钱粮赋税的官员，并建立了“日成”“岁会”等报告文书，史称“官厅会计”。在记账方法上，宋朝即创建了“四柱清册”。所谓“四柱”，即“旧管”“新收”“开除”“实在”，其相互关系是“旧管+新收-开除=实在”，相当于现在的“期初结存+本期收入-本期支出=期末结存”。“四柱清册”的出现，使会计技术达到了新水平，它是我国最早的比较科学、系统、完善的中式会计方法。明末清初，随着手工业、商业的发展和资本主义经济萌芽的产生，我国商人进一步设计了“龙门账”，把会计科目划分为“进”“缴”“存”“该”，设总账进行“类记录”，开始复式记账。清朝后期，借贷记账法才传入我国，与我国经济活动相融合，并延用至今。

会计是人类文明的一部分。从我国会计方法演进简史不难看出，人类在漫长的历史长河中，创造和发展了多姿多彩的文明；无论是中华文明还是世界上存在的其他文明都是人类文明创造的成果；文明多样性是人类进步的不竭动力，不同文明交流互鉴能够很好地促进文明进步，是各国人民的共同愿望。

2.3.2　借贷记账法

借贷记账法是以“借”“贷”为记账符号的一种记账方法。借贷记账法是建立在“资产=负债+所有者权益”这一会计等式的基础上，以“有借必有贷，借贷必相等”为记账规则，反映各项会计要素增减变动情况的一种复式记账方法。

1. 借贷记账法的记账符号

借贷记账法以“借”“贷”为记账符号来反映各项会计要素的增减变动情况。作为记账符号的“借”和“贷”已经失去了自身含义，仅作为记账符号使用，用以标明记账的方向。具体而言，借方登记资产、成本、费用的增加及负债、所有者权益、收入、利润的减少，贷方登记负债、所有者权益、收入、利润的增加及资产、成本、费用的减少。也就是说，资产、成本、费用类账户的增加用“借”表示，减少用“贷”表示；负债、所有者权益、收入和利润类账户的增加用“贷”表示，减少用“借”表示。备抵账户的结构与所调整账户的结构正好相反。

借贷记账法的记账方向如图 2-7 所示。

账户名称

借方	贷方
资产的增加	资产的减少
负债的减少	负债的增加
所有者权益的减少	所有者权益的增加
收入、利润的减少	收入、利润的增加
成本、费用的增加	成本、费用的减少

图 2–7　借贷记账法的记账方向

知识链接

借贷记账法产生于12世纪的意大利，后经逐步发展和完善传入其他国家，逐渐成为世界通用的记账方法。20世纪初，借贷记账法由日本传入我国，目前已成为我国法定的记账方法。

借贷记账法中“借”“贷”两字的含义，最初是从借贷资本家的角度来解释的，即用来表示债权（应收款）和债务（应付款）的增减变动。借贷资本家对于收进的存款，记在贷主的名下，表示债务；对于付出的放款，记在借主的名下，表示债权。这时，“借”“贷”两字表示债权债务的变化。随着商品经济的发展，经济活动的内容日益复杂，记录的经济业务已不再局限于货币资金的借贷业务，逐渐扩展到财产物资、经营损益等方面。为了求得账簿记录的统一，对于非货币资金借贷业务，也以“借”“贷”两字记录其增减变动情况。这样，“借”“贷”两字就逐渐失去了原来的含义，而转化为记账符号。

2. 借贷记账法的账户结构

在借贷记账法下，账户的基本结构是：左侧为借方，右侧为贷方。但账户所反映经济内容的性质不同，增加和减少的登记方向也不同，因此，对于不同性质的账户，其结构不同。

（1）资产类账户的结构。在资产类账户中，借方表示增加，贷方表示减少，期初余额和期末余额均在借方。也就是说，资产类账户发生增加额时应当登记在该账户的借方，发生减少额时应当登记在该账户的贷方。

资产类账户的结构如图2-8所示。

资产类账户

借方	贷方
期初余额	
本期增加发生额	本期减少发生额
本期发生额合计	本期发生额合计
期末余额	

图2–8　资产类账户的结构

资产类账户期末余额的计算公式如下。

期末余额=期初余额+本期借方发生额-本期贷方发生额

【例2-3】利华公司“原材料”账户的期初余额为50 000元，本期借方发生额为150 000元，本期贷方发生额为160 000元，则“原材料”账户期末余额计算如下。

期末余额=50 000+150 000-160 000=40 000（元）。

（2）负债和所有者权益类账户的结构。负债和所有者权益类账户的结构与资产类账户的结构正好相反，即贷方登记增加发生额，借方登记减少发生额，余额在贷方。也就是说，负债或所有者权益的增加，应当登记在该账户的贷方；负债或所有者权益的减少，应当登记在该账户的借方；余额一般登记在账户的贷方。

负债和所有者权益类账户的结构如图2-9所示。

负债和所有者权益类账户期末余额的计算公式如下。

期末余额=期初余额+本期贷方发生额-本期借方发生额

负债和所有者权益类账户

借方	贷方
本期减少发生额	期初余额 本期增加发生额
本期发生额合计	本期发生额合计
	期末余额

图 2–9　负债和所有者权益类账户的结构

【例 2-4】利华公司“应付账款”账户的期初余额为 35 000 元，本期贷方发生额为 50 000 元，本期借方发生额为 80 000 元，则“应付账款”账户期末余额计算如下。

期末余额=35 000+50 000−80 000=5 000（元）。

（3）收入类账户的结构。企业在生产经营活动中，通过销售商品或提供劳务取得收入，将使企业的利润增加，从而增加企业的所有者权益。所以，收入类账户的结构与权益类账户的结构相似，即收入的增加记入该账户的贷方，收入的减少记入该账户的借方，平时余额在贷方。为定期核算经营成果，计算企业在一定时期内实现了多少利润，在每期期末（通常是月末）需将所有收入类账户的余额全部转入“本年利润”账户的贷方，通过“本年利润”账户计算本期实现的利润。因此，收入类账户一般无期末余额。

收入类账户的结构如图 2-10 所示。

收入类账户

借方	贷方
本期减少发生额（含转出额）	本期增加发生额
本期发生额合计	本期发生额合计

图 2–10　收入类账户的结构

（4）费用类账户的结构。费用是企业为了取得收入所发生的，在计算利润时将其从收入总额中扣除的各项支出。费用会导致所有者权益减少，所以费用类账户的结构与收入类账户的结构相反。也就是说，费用的增加记入该账户的借方，费用的减少记入该账户的贷方，平时余额在借方。与收入类账户相同，为定期核算损益，期末需将所有费用类账户的余额转入“本年利润”账户的借方，与本期实现的收入总额相配比，计算本期实现的利润。所以，费用类账户一般无期末余额。

费用类账户的结构如图 2-11 所示。

费用类账户

借方	贷方
本期增加发生额	本期减少发生额（含转出额）
本期发生额合计	本期发生额合计

图 2–11　费用类账户的结构

（5）成本类账户的结构。成本是企业为了取得一项资产而发生的支出，也可以理解为对象化的费用。为核算成本，计算生产产品的总成本和单位成本，企业需设置成本类账户。成本类账户的结构与资产类账户的结构相同，即借方登记成本的增加，贷方登记成本的减少，余额在借方，表示在产品成本。

成本类账户的结构如图 2-12 所示。

成本类账户

借方	贷方
期初余额 本期增加发生额	本期减少发生额
本期发生额合计	本期发生额合计
期末余额	

图 2–12　成本类账户的结构

需要注意的是，对于每一个账户，余额只可能在账户的一方，要么在借方，要么在贷方，期初余额与期末余额的方向相同。如果期初余额与期末余额的方向相反，则说明账户的性质已经发生改变。例如，“应收账款”账户是资产类账户，倘若期初余额在借方，期末余额仍在借方，则账户性质未变，仍为资产类账户，其余额反映的是尚未收回的货款；如果期末余额在贷方，则说明本期多收了货款，多收部分实为企业预收的货款，属于预收账款，是企业的负债，此时的“应收账款”账户就变成了负债类账户。具有类似情况的账户主要有“预收账款”“应付账款”“预付账款”等账户。这些账户都是具有双重性质的账户，需要根据期末余额所在的方向来判断账户的性质，即：期末余额在借方，就是资产类账户；反之，期末余额在贷方，就是负债类账户。

3. 借贷记账法的记账规则

借贷记账法的记账规则是：有借必有贷，借贷必相等。根据该规则，对于企业发生的每一项经济业务，都要在两个或两个以上相互关联的账户中进行记录，且借方和贷方要以相等的金额进行登记。也就是说，对每一项经济业务，如果登记到一个账户的借方，则必须同时以相等的金额登记到另一个或几个账户的贷方；如果登记到一个账户的贷方，则必须同时以相等的金额登记到另一个或几个账户的借方。

在运用借贷记账法登记经济业务时，一般按照以下步骤进行。

（1）分析发生的经济业务涉及哪些账户，并判断账户的性质。

（2）分析判断账户中涉及的金额是增加还是减少的。

（3）根据账户结构确定记账方向，即确定是记入该账户的借方还是贷方。

运用借贷记账法记账时，在有关账户之间会形成一种应借、应贷的对应关系，这种关系称作账户对应关系。存在账户对应关系的账户称为对应账户。

【例 2-5】用银行存款 2 000 元购买原材料，材料已验收入库。

该项经济业务的发生，使企业的原材料增加 2 000 元，同时使银行存款减少 2 000 元。根据借贷记账法的记账规则，需要以相等的金额 2 000 元分别在“原材料”和“银行存款”账户中进行同时登记。由于“原材料”和“银行存款”账户均为资产类账户，资产类账户的借方登记增加额，贷方登记减少额，故该项经济业务形成的账户对应关系如图 2-13 所示。

银行存款

借方	贷方
	2 000

原材料

借方	贷方
2 000	

图 2–13　以银行存款购入原材料形成的账户对应关系

【例 2-6】企业以面值 6 000 元的银行承兑汇票抵付上月购货所欠的货款。

该项经济业务的发生，使企业的应付票据增加 6 000 元，同时使应付账款减少 6 000 元。根据借贷记账法的记账规则，需要以相等的金额 6 000 元分别在“应付票据”和“应付账款”账户中进行同时登记。由于“应付票据”和“应付账款”账户均为负债类账户，负债类账户的借方登记减少额，贷方登记增加额，故该项经济业务形成的账户对应关系如图 2-14 所示。

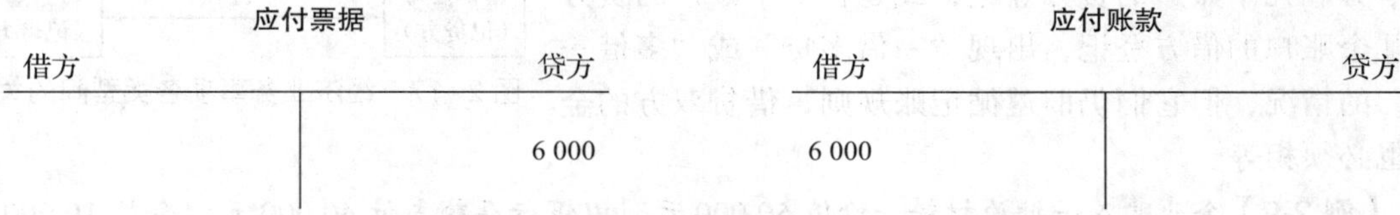

图 2–14　以银行承兑汇票抵付欠款形成的账户对应关系

【例 2-7】企业接受东方电器公司的货币资金投资 200 000 元，投资款已存入银行。

该项经济业务的发生，使企业的银行存款和实收资本同时增加 200 000 元。根据借贷记账法的记账规则，需要以相等的金额 200 000 元分别在“银行存款”和“实收资本”账户中进行同时登记。由于“银行存款”账户属于资产类账户，“实收资本”账户属于权益（所有者权益）类账户，资产类账户的借方登记增加额，权益类账户的贷方登记增加额，故该项经济业务形成的账户对应关系如图 2-15 所示。

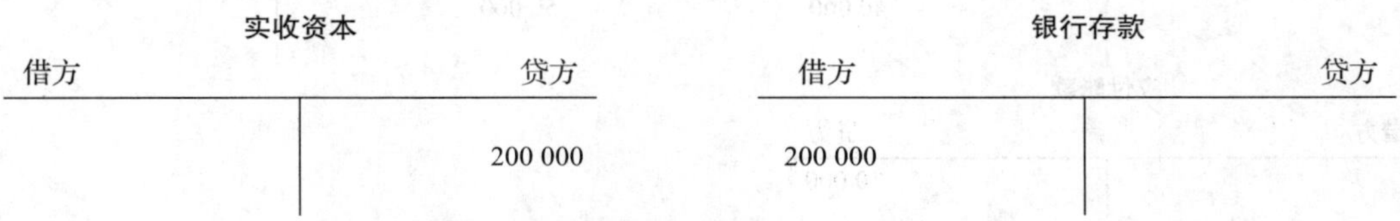

图 2–15　收到投资者投入资金形成的账户对应关系

【例 2-8】以银行存款 150 000 元归还已到期的长期借款。

该项经济业务的发生，使企业的银行存款和长期借款同时减少 150 000 元。根据借贷记账法的记账规则，需要以相等的金额 150 000 元分别在“银行存款”和“长期借款”账户中进行同时登记。由于“银行存款”账户属于资产类账户，“长期借款”账户属于负债类账户，资产类账户的贷方登记减少额，负债类账户的借方登记减少额，故该项经济业务形成的账户对应关系如图 2-16 所示。

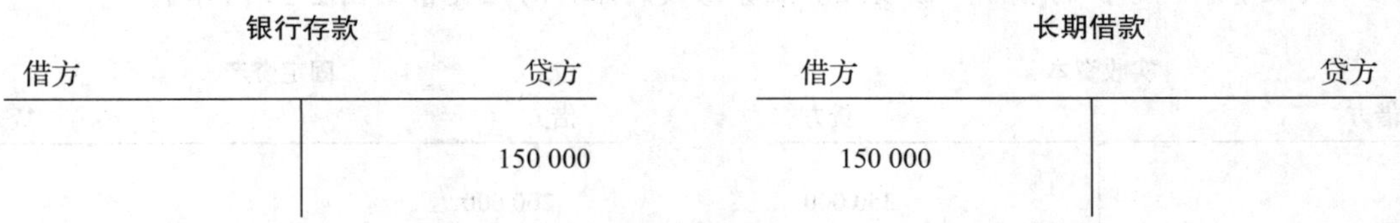

图 2–16　以银行存款归还长期借款形成的账户对应关系

以上 4 笔经济业务分别属于以下 4 种类型中的一种，任何经济业务事项都可以归类于其中的某一类型。

（1）资产与权益同时增加，总额增加。

（2）资产与权益同时减少，总额减少。

（3）资产内部有增有减，总额不变。

（4）权益内部有增有减，总额不变。

上述经济业务事项的记录都应遵循“有借必有贷，借贷必相等”的记账规则，它们之间的关系如图 2-17 所示。

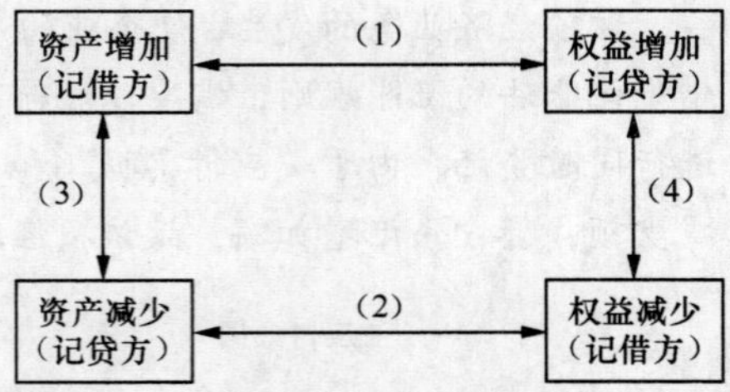

图 2–17　经济业务事项各类型间的关系

上述经济业务事项只涉及两个相互联系的账户，在会计实务中，有相当多的经济业务事项需要在一个账户的借方和几个账户的贷方登记，或是在一个账户的贷方和几个账户的借方登记，出现“一借多贷”或“多借一贷”的情况，但它们仍旧遵循记账规则，借贷双方的金额也必须相等。

【例 2-9】企业购入一批原材料，价值 50 000 元，以银行存款支付 40 000 元，余款 10 000 元尚未支付，原材料已验收入库。

该项经济业务的发生同时涉及“原材料”“银行存款”和“应付账款”3 个账户。其中，“原材料”账户应记录增加，登记在借方；“银行存款”账户应记录减少，登记在贷方；“应付账款”账户应记录增加，登记在贷方。该项经济业务形成的账户对应关系如图 2-18 所示。

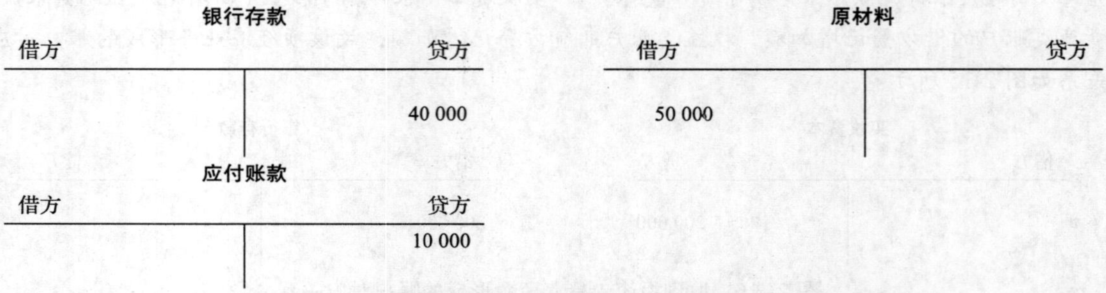

图 2–18　以银行存款购买原材料和偿还欠款形成的账户对应关系

【例 2-10】企业接受迅飞科技公司的投资 350 000 元。其中，迅飞科技公司以货币资金出资 150 000 元，以机器设备出资 200 000 元。投资款已存入银行，机器设备已收到并达到预定可使用状态。

该项经济业务的发生同时涉及“银行存款”“固定资产”和“实收资本”3 个账户。其中，银行存款和固定资产增加应分别记入“银行存款”和“固定资产”账户的借方，实收资本的增加应记入“实收资本”账户的贷方。该项经济业务形成的账户对应关系如图 2-19 所示。

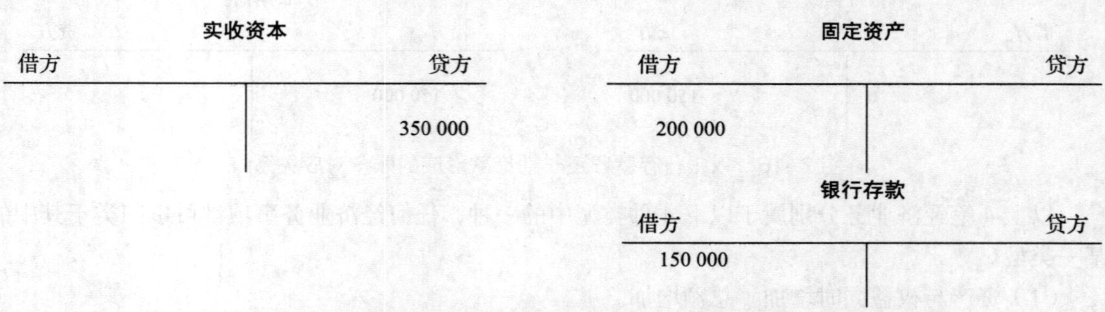

图 2–19　接受投资者以银行存款和固定资产投资形成的账户对应关系

为了保证账户对应关系正确，登账前应先根据经济业务涉及的账户及其借贷方向和金额编制会计分录，据以登账。会计分录是标明某项经济业务应借、应贷账户及其金额的记录，简称分录。一笔会计分录包括记账符号、会计科目和金额 3 个要素。在会计实务中，会计分录应编制在记账凭证上。

会计分录应按以下步骤进行编制。

（1）一项经济业务发生后，首先分析这项业务涉及的账户类型：是资产类还是负债、所有者权益类？是收入类还是成本、费用类？

（2）在第一步的基础上，确定经济业务涉及哪些账户，金额是增加还是减少的。

（3）根据账户性质和金额增减变动情况，确定应借、应贷会计科目。

（4）编制会计分录并检查是否符合记账规则。

对【例 2-5】～【例 2-10】中的经济业务编制会计分录如下。

	会计科目	借方金额	贷方金额
【例 2-5】	借：原材料	2 000	
	贷：银行存款		2 000
【例 2-6】	借：应付账款	6 000	
	贷：应付票据		6 000
【例 2-7】	借：银行存款	200 000	
	贷：实收资本		200 000
【例 2-8】	借：长期借款	150 000	
	贷：银行存款		150 000
【例 2-9】	借：原材料	50 000	
	贷：银行存款		40 000
	应付账款		10 000
【例 2-10】	借：银行存款	150 000	
	固定资产	200 000	
	贷：实收资本		350 000

会计分录有简单会计分录和复合会计分录两种。简单会计分录，是指一个账户的借方同另一个账户的贷方发生对应关系的会计分录，即一借一贷的会计分录，如对【例 2-5】～【例 2-8】编制的会计分录；复合会计分录，是指由两个以上（不含两个）对应账户所组成的会计分录，即一借多贷、多借一贷和多借多贷的会计分录，如对【例 2-9】和【例 2-10】编制的会计分录。编制复合会计分录可以全面地反映经济业务的来龙去脉，并简化记账手续，提高工作效率。但为了明晰账户对应关系，不宜将不同经济业务合并在一起编制多借多贷的会计分录。

4. 借贷记账法的试算平衡

为了保证一定时期内发生的经济业务在账户中登记的正确性，需要在一定时期终了时对账户记录进行试算平衡。所谓试算平衡，是指根据资产与权益的平衡关系及借贷记账法的记账规则，通过对所有账户发生额和余额的汇总计算和比较，来检查记录是否正确的一种方法。试算平衡包括发生额试算平衡和余额试算平衡。

（1）发生额试算平衡。由于对每项经济业务都按照“有借必有贷，借贷必相等”的记账规则进行记录，故将一定时期（如一个月）内的全部经济业务登记入账后，所有账户借方和贷方的本期发生额合计必然相等。这种平衡关系用公式表示如下。

全部账户本期借方发生额合计=全部账户本期贷方发生额合计

根据所有账户本期借方发生额合计与本期贷方发生额合计的恒等关系进行试算平衡，检查账户记录正确性的方法，即发生额试算平衡。发生额试算平衡的直接依据是借贷记账法的记账规则。

（2）余额试算平衡。根据“资产=负债+所有者权益”的恒等关系，运用借贷记账法在账户中记录经济业务的结果，就是各项资产的余额合计必然等于各项负债和所有者权益的余额合计。在借贷记账法下，资产类账户的余额在借方，而负债和所有者权益类账户的余额在贷方，所以，所有账户的期末借方余额合计与所有账户的期末贷方余额合计一定相等。又由于本期期末余额正是下期期初余额，所以，所有账户的期初借方余额合计与所有账户的期初贷方余额合计也必定相等。上述平衡关系用公式表示如下。

全部账户期末借方余额合计=全部账户期末贷方余额合计

全部账户期初借方余额合计=全部账户期初贷方余额合计

根据本期所有账户借方余额合计等于所有账户贷方余额合计的恒等关系进行试算平衡，检查账户记录正确性的方法，即余额试算平衡。根据余额的性质不同，其又可分为期初余额平衡和期末余额平衡两种。

试算平衡通常是通过编制试算平衡表进行的，试算平衡表如表 2-14 所示。

表 2–14 试算平衡表

年 月 日

单位：元

会计科目	期初余额		本期发生额		期末余额	
	借方	贷方	借方	贷方	借方	贷方
合计						

试算平衡表通常是在期末结出各账户的本期发生额合计和期末余额后编制的。试算平衡表中一般应设置“期初余额”“本期发生额”“期末余额”三个大栏目，其下分设“借方”和“贷方”两个小栏目。各大栏目中的借方合计与贷方合计应该平衡相等，否则便存在记账错误。此外，在编制试算平衡表时，还应注意以下几个问题。

① 必须将所有账户的余额都记入试算平衡表。如果有遗漏，将会出现期初或期末借方余额合计与期初或期末贷方余额合计不相等的情况。

② 如果试算平衡表中的借贷不相等，就说明账户记录一定有错误，需仔细查找原因，使得试算平衡表能够平衡。

③ 即使试算平衡表经过试算是平衡的，也不能说明账户记录是完全正确的，因为有些错误并不影响借贷双方的平衡关系。

不影响借贷双方平衡关系的错误通常有以下几种。

- 漏记某项经济业务。这会使本期借贷双方的发生额同时等额减少，不影响借贷双方的平衡关系。
- 重记某项经济业务。这会使本期借贷双方的发生额同时等额增加，不影响借贷双方的平衡关系。

- 某项经济业务记录的应借应贷科目正确，但借贷双方金额同时多记或少记，且金额一致，借贷仍然平衡。
- 某项经济业务发生后，记错了账户，借贷双方仍然平衡。
- 某项经济业务在账户记录中颠倒了记账方向，借贷仍然平衡。
- 某借方或贷方发生额中，偶然发生多记和少记并相互抵销，借贷仍然平衡。

由于账户记录中可能存在这些不能通过试算平衡表发现的错误，故需要对一切会计记录进行日常或定期的复核，以保证账面记录的正确性。

【例 2-11】20××年 1 月 1 日，利华公司各账户余额如表 2-15 所示。

表 2-15　期初余额表

20××年 1 月 1 日　单位：元

会计科目	借方余额	会计科目	贷方余额
库存现金	10 000	短期借款	130 000
银行存款	160 000	应付票据	120 000
原材料	200 000	应付账款	100 000
固定资产	11 000 000	实收资本	11 020 000
合计	11 370 000	合计	11 370 000

20××年 1 月，利华公司发生的经济业务如下。

（1）收到投资者按投资合同交来的资本金 420 000 元，已存入银行。

（2）向银行借入期限为 3 个月的借款 600 000 元，存入银行。

（3）从银行提取现金 8 000 元备用。

（4）购买价款为 60 000 元的材料（不考虑增值税），材料已验收入库，贷款尚未支付。

（5）签发 3 个月到期的商业汇票 50 000 元，用以抵付上月所欠货款。

（6）用银行存款 100 000 元偿还前欠的短期借款。

（7）用银行存款 300 000 元购买不需安装的机器设备一台（不考虑增值税），设备已交付使用。

（8）购买价款为 40 000 元的材料（不考虑增值税），其中用银行存款支付 30 000 元，其余贷款尚未支付，材料已验收入库。

（9）以银行存款偿还短期借款 100 000 元，偿还应付账款 60 000 元。

根据上述资料编制会计分录。

（1）借：银行存款　420 000

　　　贷：实收资本　420 000

（2）借：银行存款　600 000

　　　贷：短期借款　600 000

（3）借：库存现金　8 000

　　　贷：银行存款　8 000

（4）借：原材料　60 000

　　　贷：应付账款　60 000

（5）借：应付账款　　50 000
　　贷：应付票据　　50 000
（6）借：短期借款　　100 000
　　贷：银行存款　　100 000
（7）借：固定资产　　300 000
　　贷：银行存款　　300 000
（8）借：原材料　　40 000
　　贷：银行存款　　30 000
　　　　应付账款　　10 000
（9）借：短期借款　　100 000
　　　　应付账款　　60 000
　　贷：银行存款　　160 000

根据上述会计分录登记总分类账户，期末在各总分类账户中结算出本期发生额合计及期末余额，T型账户如图2-20～图2-27所示。

银行存款

借方		贷方	
期初余额	160 000		
	（1）420 000		（3）　8 000
	（2）600 000		（6）100 000
			（7）300 000
			（8）30 000
			（9）160 000
本期发生额合计	1 020 000	本期发生额合计	598 000
期末余额	582 000		

图2-20　“银行存款”账户

实收资本

借方		贷方	
		期初余额	11 020 000
			（1）420 000
本期发生额合计	0	本期发生额合计	420 000
		期末余额	11 440 000

图2-21　“实收资本”账户

短期借款

借方		贷方	
		期初余额	130 000
	（6）100 000		（2）600 000
	（9）100 000		
本期发生额合计	200 000	本期发生额合计	600 000
		期末余额	530 000

图2-22　“短期借款”账户

库存现金

借方			贷方
期初余额	10 000		
	（3）　8 000		
本期发生额合计	8 000	本期发生额合计	0
期末余额	18 000		

图 2-23 "库存现金"账户

原材料

借方			贷方
期初余额	200 000		
	（4）60 000		
	（8）40 000		
本期发生额合计	100 000	本期发生额合计	0
期末余额	300 000		

图 2-24 "原材料"账户

应付账款

借方			贷方
		期初余额	100 000
	（5）50 000		（4）60 000
	（9）60 000		（8）10 000
本期发生额合计	110 000	本期发生额合计	70 000
		期末余额	60 000

图 2-25 "应付账款"账户

应付票据

借方			贷方
		期初余额	120 000
			（5）50 000
本期发生额合计	0	本期发生额合计	50 000
		期末余额	170 000

图 2-26 "应付票据"账户

固定资产

借方			贷方
期初余额	11 000 000		
	（7）300 000		
本期发生额合计	300 000	本期发生额合计	0
期末余额	11 300 000		

图 2-27 "固定资产"账户

根据各账户的期初余额、本期发生额和期末余额编制总分类账户试算平衡表，进行试算平衡，如表 2-16 所示。

表 2-16 试算平衡表

20××年 1 月 31 日 单位：元

会计科目	期初余额		本期发生额		期末余额	
	借方	贷方	借方	贷方	借方	贷方
库存现金	10 000		8 000		18 000	
银行存款	160 000		1 020 000	598 000	582 000	
原材料	200 000		100 000		300 000	
固定资产	11 000 000		300 000		11 300 000	
短期借款		130 000	200 000	600 000		530 000
应付票据		120 000		50 000		170 000
应付账款		100 000	110 000	70 000		60 000
实收资本		11 020 000		420 000		11 440 000
合计	11 370 000	11 370 000	1 738 000	1 738 000	12 200 000	12 200 000

由表 2-16 可知，借贷双方的本期发生额和期末余额相等，表明账户记录基本正确。

微课：借贷记账法

本章小结

会计对象是特定主体的经济业务活动。为了核算和监督经济业务，必须对会计对象进行科学、合理的分类。会计要素是对会计对象的基本分类，包括资产、负债、所有者权益、收入、费用和利润六要素。其中，资产、负债和所有者权益属于静态要素，在数量上存在着“资产=负债+所有者权益”的恒等关系，称为财务状况等式；收入、费用和利润为动态要素，在数量上存在着“利润=收入-费用”的恒等关系，称为经营成果等式。对会计要素的具体内容进行分类所形成的项目称为会计科目。企业单位应当根据自身的生产经营特点和管理上的要求科学设置会计科目。会计科目是设置账户的依据。账户是用来记录会计科目所反映经济业务内容的工具，具有一定的结构，包括总分类账户和明细分类账户。为保证会计信息的一致性、可比性，总分类账户应当按照国家统一会计制度的规定设置。

为全面、连续、系统地记录企业发生的经济业务事项，世界各国普遍采用借贷记账法。借贷记账法是以“借”“贷”为记账符号，遵循“有借必有贷，借贷必相等”的记账规则，以“资产=负债+所有者权益”会计等式为理论基础的一种复式记账法。借贷记账法具有以下优点：①账户对应关系清楚，可以鲜明地反映经济业务活动的来龙去脉；②账户设置适用性强，账户不要求固定分类，可设置双重性质的账户；③发生额和余额都保持着借贷平衡关系，日常核算记录的检查十分简便。

思考与练习

一、思考题

（1）会计对象、会计要素、会计科目、账户之间有什么区别与联系？

（2）什么是会计科目？会计科目是如何分类的？企业应如何设置会计科目？

（3）什么是账户？账户的种类有哪些？账户的基本结构是由哪些内容构成的？

（4）什么是复式记账法？复式记账法具有哪些特点？

（5）什么是借贷记账法？在借贷记账法下，对于不同性质的账户，其结构有什么不同？

（6）借贷记账法的理论基础是什么？在借贷记账法下，会计人员是如何检查账户记录的正确性的？

二、判断题

（1）会计要素是按会计对象的经济内容进行分类所形成的基本项目。（　）

（2）资产是企业拥有或者控制的全部资源。（　）

（3）负债是企业所承担的全部义务，包括现时义务和潜在义务。（　）

（4）所有者权益是企业所有者享有的剩余权益，在数量上等于企业全部资产减去全部负债后的净额。（　）

（5）收入是企业在经济活动中形成的经济利益的总流入，包括主营业务收入、其他业务收入和营业外收入。（　）

（6）费用是企业在经济活动中发生的全部经济利益的总流出。（　）

（7）利润是企业在一定会计期间内的经营成果。通常情况下，如果企业获得了利润，则企业的所有者权益将增加，业绩得到了提升；反之，如果企业发生了亏损，则企业的所有者权益将减少，业绩下降。（　）

（8）会计科目是对会计要素进行进一步分类所形成的项目，是会计要素的具体化。（　）

（9）企业应以客观存在的会计要素为基础，结合经济管理的需要，科学、合理地设置会计科目。（　）

（10）账户与会计科目之间的关系是：会计科目是账户的名称，账户是会计科目的内容。（　）

（11）账户的功能在于连续、系统、完整地提供企业在经济活动中各会计要素的增减变动及其结果的具体信息。（　）

（12）账户的基本结构包括反映会计要素增加额、减少额和结余额 3 个部分。（　）

（13）总分类账户提供的是总括的会计信息，明细分类账户提供的是详细的会计信息，但它们的核算内容是一致的。（　）

（14）所有总分类账户都应当设置明细分类账户，进行明细分类核算。（　）

（15）复式记账法的理论依据是“资产=权益”。（　）

（16）根据复式记账法的原理，对任意一项经济业务的发生，至少应在一个资产账户、一个负债账户和一个所有者权益账户中进行相互关联的记录。（　）

（17）“有借必有贷，借贷必相等”使各账户的余额、发生额间存在平衡关系，利用这种平衡关系可以检查账户记录的正确性。该方法即为试算平衡。（　）

（18）账户记录试算不平衡，说明记账一定存在差错，反之则不成立。（ ）

（19）会计分录必须同时具备账户名称、记账方向和金额三项基本内容。（ ）

（20）账户对应关系是指采用借贷记账法对每笔交易或事项进行记录时，相关账户之间形成的应借应贷的相互关系。存在对应关系的账户称为对应账户。（ ）

三、单项选择题

（1）（ ）是按会计对象的经济内容所做的基本分类，是会计对象的具体化。

A. 会计要素 B. 会计科目 C. 会计账户 D. 会计报表

（2）下列项目中，用于表现企业资金运动动态状态的会计要素是（ ）。

A. 收入 B. 负债 C. 资产 D. 所有者权益

（3）下列各项中，会导致会计等式左右两边同时增加的经济业务是（ ）。

A. 从银行提取现金 B. 从银行借入短期借款

C. 资本公积转增资本 D. 签发商业汇票支付前欠货款

（4）会计科目是（ ）的名称。

A. 会计要素 B. 账户 C. 报表项目 D. 会计对象

（5）下列各级科目中，属于总分类科目的是（ ）。

A. 一级科目 B. 二级科目 C. 子目 D. 细目

（6）总分类账户可以使用（ ）量度反映会计要素的变化。

A. 货币 B. 劳动 C. 实物 D. 混合

（7）下列各项中，属于损益类科目的是（ ）。

A. 生产成本 B. 制造费用 C. 管理费用 D. 劳务成本

（8）下列各项中，属于总分类账户与明细分类账户主要区别的是（ ）。

A. 记账内容不同 B. 记账方向不同

C. 记账依据不同 D. 记录的详细程度不同

（9）下列关于会计科目与会计账户关系的表述中，正确的是（ ）。

A. 两者结构相同 B. 两者格式相同 C. 两者内容相同 D. 两者作用相同

（10）大华公司的“库存现金”账户期初余额为5 000元，本期增加发生额为3 000元，期末余额为2 000元，则本期减少发生额为（ ）元。

A. 3 000 B. 4 000 C. 5 000 D. 6 000

（11）复式记账法对每一项经济业务都以相等的金额在（ ）中进行登记。

A. 1个账户 B. 2个账户

C. 2个及2个以上账户 D. 3个及3个以上账户

（12）我国目前采用的记账方法是（ ）。

A. 收付记账法 B. 单式记账法 C. 增减记账法 D. 借贷记账法

（13）下列关于资产类账户结构的表述中，正确的是（ ）。

A. 增加记贷方 B. 增加记借方 C. 减少记借方 D. 期末无余额

（14）下列关于收入类账户结构的表述中，正确的是（ ）。

A. 增加记贷方 B. 增加记借方

C. 减少记借方 D. 期末余额在贷方

（15）期末没有余额的账户是（　　）。

A. 资产类账户　　B. 负债类账户

C. 所有者权益类账户　　D. 损益类账户

（16）账户借方应登记（　　）。

A. 负债的增加　　B. 资产的减少

C. 所有者权益的增加　　D. 负债的减少

（17）账户贷方应登记（　　）。

A. 资产的增加　　B. 负债的减少

C. 所有者权益的增加　　D. 所有者权益的减少

（18）简单会计分录是指（　　）的会计分录。

A. "一借一贷"　　B. "一借多贷"　　C. "一贷多借"　　D. "多借多贷"

（19）"应收账款"总分类账户的期初余额为 500 万元，本期增加额为 1 000 万元，本期减少额为 1 200 万元，则期末余额应为（　　）万元。

A. 500　　B. 1 000　　C. 1 200　　D. 300

（20）下列各项中，可以通过编制试算平衡表发现记账错误的是（　　）。

A. 颠倒了记账方向

B. 漏记了某项经济业务

C. 错误地使用了应借记的会计科目

D. 只登记了会计分录的借方或贷方，漏记了另一方

四、多项选择题

（1）下列各项中，属于流动资产的有（　　）。

A. 原材料　　B. 银行存款　　C. 机器设备　　D. 库存商品

（2）下列各项中，属于非流动负债的有（　　）。

A. 应付股利　　B. 应付债券　　C. 应付职工薪酬　　D. 长期借款

（3）所有者权益包括（　　）。

A. 投资者投入资本　　B. 从净利润中提取的公积金

C. 分配给投资者的股利　　D. 未分配利润

（4）下列各项中，属于收入的有（　　）。

A. 取得罚款收入 500 元　　B. 销售材料收入 1 000 元

C. 销售商品一批，价款 80 000 元　　D. 出租机器设备，租金收入 5 000 元

（5）下列各项中，属于期间费用的有（　　）。

A. 制造费用　　B. 销售费用　　C. 管理费用　　D. 财务费用

（6）下列各项中，会导致资产与负债同时增加的经济业务有（　　）。

A. 以银行存款 6 000 元偿还前欠货款

B. 向银行借入长期借款 100 万元，存入银行

C. 购买价款为 8 000 元的材料，货款未付

D. 接受某公司作为投资的机器设备一台，价值 80 万元

（7）下列关于会计等式的表述中，正确的有（　　）。

A. 资产=所有者权益　　B. 资产=负债+所有者权益

C. 资产=负债+所有者权益+（收入-费用）　D. 资产=权益

（8）一项所有者权益增加的同时，引起的另一变化可能是（　　）。

A. 一项资产增加　B. 一项负债增加

C. 一项负债减少　D. 另一项所有者权益减少

（9）下列各项中，属于资产类科目的有（　　）。

A. 预收账款　B. 预付账款　C. 应收账款　D. 应付账款

（10）下列各项中，属于成本类科目的有（　　）。

A. 生产成本　B. 制造费用　C. 劳务成本　D. 主营业务成本

（11）下列各项中，属于所有者权益类科目的有（　　）。

A. 实收资本　B. 盈余公积　C. 利润分配　D. 本年利润

（12）下列有关账户的描述中，正确的有（　　）。

A. 会计科目是账户的名称　B. 账户具有一定的结构

C. 账户是根据会计科目开设的　D. 账户用于记录会计要素增减变化

（13）总分类账户与明细分类账户间的关系可以概括为（　　）。

A. 总分类账户补充说明明细分类账户　B. 明细分类账户补充说明总分类账户

C. 总分类账户统驭明细分类账户　D. 明细分类账户统驭总分类账户

（14）下列关于账户结构的表述中，正确的有（　　）。

A. 资产类账户的借方登记增加数　B. 负债类账户的借方登记减少数

C. 收入类账户的贷方登记增加数　D. 费用类账户的贷方登记减少数

（15）在借贷记账法下，账户间的平衡关系包括（　　）。

A. 所有账户的期初借方余额合计=所有账户的期初贷方余额合计

B. 所有账户的本期借方发生额合计=所有账户的本期贷方发生额合计

C. 所有账户的期末借方余额合计=所有账户的期末贷方余额合计

D. 所有损益账户的借方发生额合计=所有损益账户的贷方发生额合计

五、业务题

习题一

1. 目的

练习资产、负债和所有者权益的划分。

2. 资料（见表2-17）

表2-17　习题一资料

项目	资产	负债	所有者权益
（1）企业的营业用房			
（2）库存商品			
（3）生产用具			
（4）职工欠企业的款项			
（5）应付职工薪酬、社会保险费			
（6）企业的办公设备			
（7）企业的银行存款			

续表

项目	资产	负债	所有者权益
（8）企业的银行贷款			
（9）企业股东的投入资本			
（10）计提的法定盈余公积			
（11）应付企业股东的股利			
（12）企业欠交的税费			
（13）库存的原材料			
（14）生产车间的机器设备			
（15）生产车间未完工的产品			
（16）应收购货方的货款			
（17）应付供货方的货款			
（18）出纳员保管的现金			
（19）企业购买的专利技术			
（20）尚未分配的净利润			

3. 要求

根据上述资料，分清资产、负债、所有者权益，在相关空格内打“√”。

习题二

1. 目的

练习分析经济业务引起的资产、负债、所有者权益的增减变化情况。

2. 资料

大名公司 20××年 9 月发生的部分经济业务如下。

（1）股东投入资本 250 000 元，存入银行。

（2）通过银行转账支付欠南方公司的购货款 30 000 元。

（3）通过银行支付本月的职工工资 150 000 元。

（4）收回应收账款 45 000 元，存入银行。

（5）以银行存款归还短期借款 100 000 元。

（6）投资者投入新机器一台，公允价值为 75 000 元（不考虑增值税）。

（7）购入材料 21 000 元（不考虑增值税），货款尚未支付。

（8）收回应收账款 76 000 元。其中，50 000 元直接归还银行短期借款，余款 26 000 元存入银行。

（9）采购员出差，预借差旅费 1 500 元，以现金支付。

（10）从银行提取现金 5 000 元备用。

3. 要求

（1）分析每笔经济业务所引起的资产和权益有关项目的增减变化。

（2）将分析结果填入表 2-18 内。

表 2-18 习题二表格

业务序号	涉及的资产、负债和所有者权益项目	资产		负债和所有者权益	
		增加金额	减少金额	增加金额	减少金额
（1）					
（2）					
（3）					
（4）					
（5）					
（6）					
（7）					
（8）					
（9）					
（10）					

（3）计算资产和权益的增减净额，验证两者是否相等。

习题三

1. 目的

练习会计科目的分类。

2. 资料（见表 2-19）

表 2-19 习题三资料

会计科目	资产类	负债类	所有者权益类	成本类	损益类
银行存款					
短期借款					
实收资本					
生产成本					
主营业务收入					
应付账款					
预收账款					
应交税费					
库存商品					
盈余公积					
制造费用					
财务费用					
主营业务成本					
本年利润					
固定资产					
管理费用					
应收账款					
应付职工薪酬					
税金及附加					
营业外收入					
其他业务收入					
其他业务成本					
预付账款					
所得税费用					
长期借款					
投资收益					

3. 要求

在会计科目所属的类别栏内打“√”。

习题四

1. 目的

练习会计科目的适用及其性质的确定。

2. 资料（见表 2-20）

表 2-20 习题四资料

项目	会计科目	资产	负债	所有者权益
（1）厂房：150 000 元				
（2）生产用的机床设备：300 000 元				
（3）运输卡车：80 000 元				
（4）在产品：48 200 元				
（5）库存商品：120 000 元				
（6）原材料：100 000 元				
（7）应付购货款：25 000 元				
（8）应交各项税费：10 000 元				
（9）预收的包装物押金：1 200 元				
（10）采购员预借的差旅费：2 000 元				
（11）国家投入的资本：600 000 元				
（12）本月实现的利润：70 000 元				
（13）管理用办公设备：40 000 元				
（14）向银行借入的短期借款：50 000 元				
（15）库存的自用润滑油：300 元				
（16）其他单位投入的资本：220 000 元				
（17）存放在银行的款项：133 000 元				
（18）外商投入的资本：40 000 元				
（19）出纳员保管的现金：500 元				
（20）库存生产用煤：1 000 元				
（21）仓库用房：30 000 元				
（22）未交存的职工养老保险费：13 800 元				
（23）尚未收回的销货款：35 000 元				
（24）企业提取的职工教育经费：10 000 元				
合计				

3. 要求

（1）分别写出上述各项目适用的会计科目。

（2）区别资产、负债、所有者权益，并分别计算资产、负债、所有者权益金额合计数。

习题五

1. 目的

练习在借贷记账法下编制会计分录。

2. 资料

蓝天公司20××年9月发生的部分经济业务如下。

（1）从银行提取现金2 000元备用。

（2）购入A材料30 000元，B材料26 000元（均不考虑增值税）。B材料的货款以银行存款付讫，A材料的货款尚未支付。材料均已收到，并验收入库。

（3）收到购货单位上月所欠货款25 000元。其中，10 000元直接归还银行短期借款，余款15 000元存入银行。

（4）购入C材料35 000元（不考虑增值税），货款以银行存款支付。材料尚未收到。

（5）接受大名公司的货币资金投资200 000元，存入银行。

（6）以银行存款150 000元偿还到期的长期借款。

（7）销售商品50 000元（不考虑增值税）。其中，30 000元货款已收到，并存入银行，余款尚未收回。

（8）以银行存款支付本月职工工资15 000元。

（9）收到利华公司投入的不需安装的机器设备一台，投资合同中约定的价值为200 000元（不考虑增值税）。

（10）经批准，将资本公积5 000 000元转为实收资本。

3. 要求

分析上述经济业务，并编制相应的会计分录。

习题六

1. 目的

综合练习会计分录的编制、试算平衡。

2. 资料

国泰公司20××年9月1日的资产、负债、所有者权益状况如表2-21所示。

表2-21 习题六资料 单位：元

项目	金额	项目	金额
固定资产	450 000	原材料	26 000
应交税费	2 000	应收账款	2 900
银行存款	18 000	实收资本	482 000
应付账款	4 000	库存现金	100
库存商品	6 000	短期借款	20 000
生产成本	4 800	其他应收款	200

该公司9月发生下列经济业务。

（1）从银行存款中提取现金5 000元。

（2）采购员张立预借差旅费2 000元，以现金支付。

（3）以银行存款交纳上月欠交税费2 000元。

（4）从勤丰公司购入材料8 000元（不考虑增值税），货款尚未支付。

（5）向银行借入短期借款30 000元。

（6）大华公司投入新机器一台，公允价值为35 000元（不考虑增值税）。

（7）以银行存款归还勤丰公司货款 12 000 元（包括上月所欠 4 000 元和本月所欠 8 000 元）。

（8）生产车间领用材料 16 000 元，全部投入产品生产。

（9）收到新华公司归还的上月所欠货款 2 900 元，存入银行。

（10）以银行存款归还银行短期借款 9 000 元。

3. 要求

（1）开设账户，并登记期初余额。

（2）编制相应的会计分录，并登记入账。结出各账户的本期发生额和期末余额。

（3）编制试算平衡表（见表 2-22）。

表 2–22　试算平衡表

年　月　日　　单位：元

账户名称	期初余额		本期发生额		期末余额	
	借方	贷方	借方	贷方	借方	贷方
库存现金						
银行存款						
应收账款						
其他应收款						
原材料						
库存商品						
生产成本						
固定资产						
短期借款						
应付账款						
应交税费						
实收资本						
主营业务收入						
主营业务成本						
合计						

第 3 章

企业主要经济业务的核算

学习目标

- 了解企业日常经济业务的主要内容及其特点
- 掌握企业主要经济业务的核算，掌握企业会计核算的一般要求与基本方法
- 熟练掌握账户和复式记账在主要经济业务核算中的具体应用

导入案例

林华华是一位小有名气的服装设计师。为将自己的设计理念转化为现实，她与几位朋友合伙，于20××年2月注册成立了骄子服装有限责任公司，并于当年正式营业，且经营状况良好。同年年底，作为公司的主要发起人、第一大股东，林华华想全面了解一下公司的财务和经营情况，要求财务部门向她提供较为全面的书面报告。可财务部门仅向她提供了20××年12月31日的资产负债表（简表）和20××年度的利润表（简表），如表3-1和表3-2所示。

表 3–1　　　　资产负债表（简表）

编制单位：骄子服装有限责任公司　　　　20××年12月31日　　　　单位：元

资产	期初数（略）	期末数	负债和所有者权益	期初数（略）	期末数
流动资产：			流动负债：		
货币资金		8 000	应付账款		11 800
应收账款		15 000	应交税费		6 000
存货		16 000	流动负债合计		17 800
流动资产合计		39 000	非流动负债：		
非流动资产：			长期应付款		43 200
固定资产		86 000	非流动负债合计		43 200
非流动资产合计		86 000	负债合计		61 000
			所有者权益：		
			实收资本		10 000
			盈余公积		5 400
			未分配利润		48 600
			所有者权益合计		64 000
资产总计		125 000	负债和所有者权益总计		125 000

表 3-2　　　　　　　　　　　　利润表（简表）

编制单位：骄子服装有限责任公司　　　　　20××年度　　　　　　　　　单位：元

项目	本期金额	上期金额
一、营业收入	150 000	略
减：营业成本	72 000	
税金及附加	3 000	
销售费用	30 000	
管理费用	24 000	
财务费用	1 000	
二、营业利润（亏损以“-”号填列）	20 000	
加：营业外收入	0	
减：营业外支出	0	
三、利润总额（亏损总额以“-”号填列）	20 000	
减：所得税费用	3 600	
四、净利润（净亏损以“-”号填列）	16 400	
五、其他综合收益的税后净额	0	
六、综合收益总额	16 400	

林华华拿起报表看了半天，似懂非懂，不能完全看明白，心里有点不快。如果你是骄子服装有限责任公司的财务人员，你将会怎样做？你能帮林华华全面、深入地解读财务报表吗？

3.1　会计核算的具体内容与要求

3.1.1　会计核算的具体内容

会计核算的内容是指特定主体（如某企业）的资金运动。资金运动是指经济活动价值方面的运动，包括资金筹集、资金投入、资金循环与周转、资金退出四个阶段。资金在上述各阶段的运动是通过一系列的经济业务和经济事项进行的。其中，经济业务又称经济交易，是指企业与其他单位和个人之间发生的各种经济利益的交换，如商品销售、融资与投资等；经济事项是指在企业内部发生的具有经济影响的各类事件，如资产报废、计提折旧等。以工业企业为例，企业资金运动过程及其产生的基本经济业务事项如图 3-1 所示。

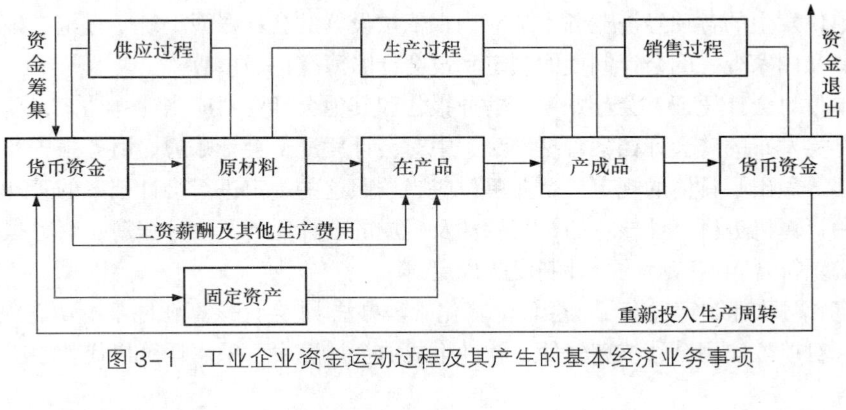

图 3-1　工业企业资金运动过程及其产生的基本经济业务事项

由图 3-1 可知，工业企业的主要经济业务包括资金筹集、设备购置、材料采购、产品生产、产品销售和利润分配等。即企业从各种渠道筹集到生产经营所需资金后，依次进入供应、生产、销售、利润形成与分配等过程，并循环往复、交织进行，以实现资金的循环和周转。

在供应过程中，企业主要使用货币资金购置机器设备等固定资产，购买原材料等，为生产产品做好物资准备。

生产过程也是成本和费用发生的过程。从其变化过程看，原材料等劳动对象通过加工转化为产成品；从价值形态看，生产过程中发生的各种耗费形成企业的生产费用，使用厂房、机器设备等劳动资料形成折旧费用等，这些耗费的总和形成了产品的生产成本。

销售过程是产品价值实现的过程。在销售过程中，企业通过销售产品并办理结算等方式收回货款或者形成债权。各项收入抵偿各项成本、费用之后的差额，形成企业的利润，完成一次资金循环。

进行利润分配后，一部分资金退出企业，另一部分资金以留存收益等形式继续参与企业的资金周转。

3.1.2 会计核算的具体要求

《中华人民共和国会计法》（以下简称《会计法》）和国家统一的会计制度规定，各单位（包括企业）在进行会计核算时应遵循以下具体要求。

（1）各单位必须按照国家统一的会计制度的要求设置会计科目和账户、进行复式记账、填制会计凭证、登记会计账簿、进行成本计算、进行财产清查和编制财务报告。

现行会计制度（包括企业会计准则体系）对会计科目和账户的设置、复式记账、填制会计凭证、登记会计账簿、成本计算、财产清查、财务报告的编制等均有具体规定，各单位应当根据本单位的实际，结合经营管理的需要，确定应设置的会计科目和账户，确定成本计算方法等。各单位可以对国家统一会计制度规定的会计科目进行适当调整，可以在规定的范围内选择恰当的会计处理方法和程序，但不得违背国家统一会计制度的规定。

（2）各单位必须根据实际发生的经济业务事项进行会计核算，编制财务报告。

实际发生的经济业务事项是会计核算的依据，是保证会计信息真实性和可靠性的前提。单位只能以实际发生的、真实的经济业务事项为对象，记录经济业务事项的真实情况，并据以编制财务报告。计划的或将要发生的经济业务事项不得作为会计核算的依据，虚假的经济业务事项更不能作为会计核算的依据。

（3）各单位发生的各项经济业务事项应当在依法设置的会计账簿上统一登记、核算，不得违反《会计法》和国家统一的会计制度的规定私设会计账簿登记、核算。

（4）各单位对会计凭证、会计账簿、财务报告和其他会计资料应当建立档案，妥善保管。

财政部制定发布的《会计档案管理办法》中对会计凭证、会计账簿、财务报告和其他会计资料的保管归档等做出了具体的规定，企业单位应当按照这些规定进行会计档案的管理。

（5）使用计算机进行会计核算的，其软件及生成的会计凭证、会计账簿、财务报告和其他会计资料，也必须符合国家统一的会计制度的规定。

根据规定，财政部制定发布了《会计电算化管理办法》《会计核算软件基本功能规范》等一系列相关法规，对单位使用会计核算软件、软件生成的会计资料、采用计算机代替手工记账、电算化会计档案保管等会计电算化工作做出了明确而具体的规定，各单位应当严格按照规范要求组织会计电算化工作。

（6）会计记录的文字应当使用中文。

根据规定，在民族自治地方，会计记录可以同时使用当地通用的一种民族文字。在中华人民共和国境内的外商投资企业、外国企业和其他外国组织的会计记录，可以同时使用一种外国文字。

课程思政点睛：

习近平总书记曾在北京大学师生座谈会上告诫青年，“天下难事，必作于易；天下大事，必作于细”，勉励广大青年要实学实干，脚踏实地、埋头苦干，孜孜不倦、如饥似渴，在攀登知识高峰中追求卓越，在肩负时代重任时行胜于言，在“真刀真枪”的实干中成就一番事业。总书记的殷切期望，激起了广大青年的强烈共鸣和奋进力量。成功的背后，永远是艰辛的努力。“宝剑锋从磨砺出，梅花香自苦寒来”，任何成功之事都离不开筚路蓝缕的艰苦奋斗。“空谈误国，实干兴邦”，新时代青年要把个人命运和国家前途紧密结合，从点滴做起，经受锻炼，用勤劳的双手在新时代开创出属于自己的一片新天地，创造出无愧于时代的一流业绩，谱写出中国青年的精彩华章。

会计既是信息系统，也是管理方法，并拥有一套完整的专门方法体系和规范体系。学会计，同样必须从“易”与“细”处始，日积月累，勤学勤练，方能切实掌握会计方法。做会计，更要脚踏实地，求真务实，恪守法纪，坚守准则，方能成为合格的会计人员。只有家国情怀，从点滴做起，不懈努力，孜孜追求，方能成就事业，无愧于时代。

3.2 资金筹集的核算

3.2.1 资金筹集方式

资金筹集是指企业根据其生产经营的需要，通过各种渠道从金融市场中筹集所需资金的过程。资金筹集是企业资金运动的起点，也是企业生产经营活动的首要条件。企业的资金筹集方式具有多样性，如发行股票、发行债券、银行贷款等，但从性质上来看，企业的资金筹集方式不外乎两种：一种是投资者投入资本；另一种是企业借入资金，形成企业的各种负债。

1. 投资者投入资本

资本是开办企业的本钱。投资者投入的资本，即企业投资者实际投入的资本金数额，是企业所有者权益（或股东权益）的基本组成部分，也是企业设立的基本条件之一。我国法律规定，设立企业时必须拥有一定数额的资本，且投资者投入企业的资本应当保全，除法律法规另有规定外，投资者不得抽回。企业在生产经营过程中取得收入、发生支出及财产物资盘盈盘亏等时，不得直接增减实收资本（或股本）。

投资者投入资本按照投资主体的不同，可以分为国家资本金、法人资本金、个人资本金和外商资本金 4 种。国家资本金是指有权代表国家投资的政府部门或者机构将国有资产投入企业形成的资本金；法人资本金是指其他法人单位将其依法可以支配的资产投入企业形成的资本金；个人资本金是指社会公众将个人合法财产投入企业形成的资本金；外商资本金是指外国投资者向境内企业投资形成的资本金。投资者既可以用现金资产投资，又可以用非现金资产投资。其中，非现金资产包括实物、知识产权和土地使用权等无形资产，但法律法规规定不得作为出资的财产除外。

2. 企业借入资金

企业借入资金，即借款，是企业向银行或其他金融机构，或以发行债券的方式从资本市场上借入的各种款项。对大多数企业来说，向银行或其他金融机构借款是筹集资金的基本渠道，也是企业的一项重要负债，包括短期借款和长期借款。

短期借款是企业向银行或其他金融机构借入的还款期限在 1 年以内（含 1 年）的各种借款。短期借款一般是企业为维持正常的生产经营需要或者为抵偿某项债务而借入的资金。

长期借款是指企业向银行或其他金融机构借入的还款期限在 1 年以上的各种借款。目前，我国企业的长期借款主要从银行取得，一般用于固定资产的购建。长期借款的种类较多，按归还期限不同可分为到期一次还本付息的长期借款和分期付息到期还本的长期借款，按借款条件的不同可分为抵押借款、担保借款和信用借款等。

3.2.2 投资者投入资本的核算

1. 账户设置

在会计上，投资者投入资本需要区分实收资本（或股本）和资本公积两个部分。其中，实收资本（或股本）是指企业的投资者按照企业章程、投资合同或协议的约定，实际投入企业的资本金以及按照有关规定由资本公积、盈余公积等转增资本的部分；资本公积主要是企业收到的投资者投入的超出其在企业注册资本（或股本）中所占份额的投资。资本公积作为企业所有者权益的重要组成部分，主要用于转增资本。为分别核算实收资本和资本公积，企业应当设置以下账户。

（1）“实收资本”账户。为核算企业投资者投入的实收资本的增减变动及其结果，企业应设置“实收资本”账户。该账户属于所有者权益类账户，其结构如图 3-2 所示。该账户应当按照投资者设置明细账，进行明细分类核算。股份有限公司则设置“股本”账户，用于核算投资者投入的资本。

实收资本

借方	贷方
	期初余额：期初企业实收资本总额
发生额： 企业按法定程序报经批准减少的注册资本	发生额： 企业接受投资者投入的实收资本
	期末余额：期末企业实收资本总额

图 3–2 “实收资本”账户结构

（2）“资本公积”账户。为核算企业收到的投资者出资额超出其在注册资本中所占份额的部分（即资本溢价或股本溢价），以及其他资本公积，企业应设置“资本公积”账户。该账户属于所有者权益类账户，其结构如图 3-3 所示。该账户还应当分别设置“资本溢价（或股本溢价）”“其他资本公积”明细账，进行明细分类核算。

资本公积

借方	贷方
	期初余额：期初企业的资本公积
发生额： 转增资本的金额	发生额： 资本溢价（或股本溢价）
	期末余额：期末企业的资本公积

图 3–3 “资本公积”账户结构

知识链接

注册资本是在市场监督管理部门登记注册的资本，是一种名义资本；实收资本是指企业实际筹集到的资本；投入资本是就投资者而言的，是投资者实际投入企业的资本数额，即投资者的实际出资额，它可能高于其认缴的注册资本额。

2. 账务处理

投资者以现金资产出资的，应当以实际收到或者存入企业开户银行账户的金额入账，借记“银行存款”账户。投资者以非现金资产出资的，应按照投资合同或协议约定的价值入账（投资双方约定的价值不公允的除外），借记“固定资产”“无形资产”等账户。同时，企业应当按照该投资者在注册资本中认缴的出资额，贷记“实收资本”账户。股份有限公司则应当按本次发行股票的股份数与股票面值的乘积作为股本的入账价值，贷记“股本”账户。按其差额，作为资本溢价或股本溢价，贷记“资本公积——资本溢价（或股本溢价）”账户。

【例 3-1】20××年 1 月 1 日，乐华公司收到国家投入的货币资金 800 000 元，款项已存入银行。假定投资者实际出资额与其认缴的出资额一致。

业务分析

该项经济业务的发生，会引起企业资产要素和所有者权益要素发生变化。一方面，公司的银行存款增加了 800 000 元；另一方面，国家对该公司的投资也增加了 800 000 元。

操作步骤

第一步，确定应借、应贷会计科目。该经济业务涉及“银行存款”和“实收资本”账户。银行存款的增加额，应记入“银行存款”账户的借方；国家对该公司投资所增加的所有者权益，则应记入“实收资本”账户的贷方。入账金额应为实际存入公司开户银行账户的金额。

第二步，编制会计分录。乐华公司编制的会计分录如下。

借：银行存款　　800 000

　　贷：实收资本　　800 000

【例 3-2】20××年 1 月 10 日，乐华公司收到国泰公司投入的不需安装已用设备一台和一项土地使用权。设备的原值为 120 000 元，已计提折旧 50 000 元，双方协商作价 80 000 元；土地使用权协商作价 400 000 元。假定考虑增值税，且投资者实际出资额与其认缴的出资额一致。

业务分析

该项经济业务的发生，会引起资产要素和所有者权益要素发生变化。一方面，该公司的固定资产增加了 80 000 元，无形资产增加了 400 000 元；另一方面，企业法人对该公司的投资增加了

480 000 元。

操作步骤

第一步，确定应借、应贷会计科目。该业务涉及“固定资产”“无形资产”和“实收资本”账户。固定资产和无形资产的增加应分别记入“固定资产”和“无形资产”账户的借方，企业法人对该公司的投资应记入“实收资本”账户的贷方，入账金额应为投资各方确认的金额。

第二步，编制会计分录。乐华公司编制的会计分录如下。

借：固定资产　　　　80 000

　　无形资产　　　　400 000

　　贷：实收资本　　　　480 000

【例 3-3】长安股份有限公司于 20××年 7 月 31 日结束公开发行股票，共发行股份 1 000 万股，股票面值为 2 元，实际筹得资金 2 800 万元，款项存入银行。

业务分析

该项经济业务的发生，会引起公司资产要素和所有者权益要素发生变化。一方面，公司的银行存款增加了 2 800 万元；另一方面，公司的股本增加了 2 000 万元（2 元/股×1 000 万股），公司的股本溢价增加了 800 万元（2 800 万元−2 000 万元）。

操作步骤

第一步，确定应借、应贷会计科目。该业务涉及“银行存款”“股本”和“资本公积”账户。银行存款的增加，应记入“银行存款”账户的借方；股本的增加，应记入“股本”账户的贷方；股本溢价的增加，则应记入“资本公积——股本溢价”账户的贷方。

第二步，编制会计分录。长安股份有限公司编制的会计分录如下。

借：银行存款　　　　28 000 000

　　贷：股本　　　　20 000 000

　　　　资本公积——股本溢价　　　　8 000 000

3.2.3 企业借入资金的核算

1. 账户设置

（1）“短期借款”账户。为核算企业向银行或其他金融机构借入的各种短期借款，企业应设置“短期借款”账户。该账户属于负债类账户，其结构如图 3-4 所示。该账户还应当按照借款种类、贷款人和币种设置明细账，进行明细分类核算。

短期借款

借方	贷方
	期初余额：期初企业尚未偿还的短期借款
发生额： 企业归还的各种短期借款	发生额： 企业借入的各种短期借款
	期末余额：期末企业尚未偿还的短期借款

图 3-4 “短期借款”账户结构

（2）“长期借款”账户。为核算企业向银行或其他金融机构借入的各项长期借款，企业应设置

“长期借款”账户。该账户属于负债类账户，其结构如图 3-5 所示。该账户应按贷款单位设置明细账，并按贷款种类进行明细核算。

长期借款

借方	贷方
	期初余额：期初企业尚未偿还的长期借款
发生额： 企业归还长期借款	发生额： 企业借入长期借款的实收金额
	期末余额：期末企业尚未偿还的长期借款

图 3–5　“长期借款”账户结构

（3）“应付利息”账户。为核算企业按照合同约定应支付的利息，包括短期借款、分期付息到期还本的长期借款等应支付的利息，企业应当设置“应付利息”账户。该账户属于负债类账户，其结构如图 3-6 所示。该账户还应当按照债权人设置明细账，进行明细分类核算。

应付利息

借方	贷方
	期初余额：期初企业应付未付的利息
发生额： 企业实际支付的利息	发生额： 按合同利率计算确定的应付未付利息
	期末余额：期末企业应付未付的利息

图 3–6　“应付利息”账户结构

2．账务处理

（1）借款本金的账务处理。企业借入的各种借款，包括短期借款和长期借款，应按照实际收到的金额，借记“银行存款”账户，贷记“短期借款”或“长期借款”账户；归还时，按照实际还款金额做相反的会计分录。

【例 3-4】乐华公司于 20××年 7 月 1 日向银行借入一笔款项，金额 500 000 元，期限为 6 个月，年利率为 6%，所得款项已存入银行。

业务分析

该项经济业务的发生，会引起企业资产要素和负债要素发生变化。一方面，企业的银行存款增加了 500 000 元；另一方面，企业的短期借款也增加了 500 000 元。

操作步骤

第一步，确定应借、应贷会计科目。该业务涉及企业的“银行存款”和“短期借款”账户。银行存款的增加应记入“银行存款”账户的借方，短期借款的增加则记入“短期借款”账户的贷方。

第二步，编制会计分录。乐华公司编制的会计分录如下。

借：银行存款　　500 000

　　贷：短期借款　　500 000

【例 3-5】乐华公司于 20××年 7 月 1 日向银行借入期限为 2 年的借款，金额为 2 000 000 元，年利率为 6%，所得款项已存入银行。

业务分析

该项经济业务的发生，会引起企业资产要素和负债要素发生变化。一方面，企业的银行存款增加了 2 000 000 元；另一方面，企业的长期借款增加了 2 000 000 元。

操作步骤

第一步，确定应借、应贷会计科目。该业务涉及企业的“银行存款”和“长期借款”账户。银行存款的增加应记入“银行存款”账户的借方，长期借款的增加则应记入“长期借款”账户的贷方。

第二步，编制会计分录。乐华公司编制的会计分录如下。

借：银行存款　　2 000 000

　　贷：长期借款　　2 000 000

（2）短期借款利息的账务处理。企业取得的短期借款应按期支付利息。在我国，对于企业从银行等金融机构取得的借款，利息一般采用按季结算的办法。借款利息支出较大的企业一般采用按月预提利息费用的方式计入各月财务费用，并通过“应付利息”账户核算，于结息日一次性支付。账务处理是：预提利息费用时，按计提金额，借记“财务费用”账户，贷记“应付利息”账户；结息时，按累计已预提的利息费用，借记“应付利息”账户，按实际支付的利息金额，贷记“银行存款”账户，按其差额，借记或贷记“财务费用”账户。

对于利息支出较小的企业，可于结息日按实付利息一次性计入当月费用，不需要通过“应付利息”账户核算。账务处理是：按企业实际发生的短期借款利息支出，借记“财务费用”账户，贷记“银行存款”账户。

【例 3-6】承【例 3-4】，乐华公司于 20××年 7 月 31 日计提本月短期借款利息 2 500 元（500 000 元×6%÷12）。

业务分析

该项经济业务的发生，会引起费用要素和负债要素发生变化。一方面，企业本月的财务费用增加了 2 500 元；另一方面，企业应付未付的短期借款利息也增加了 2 500 元。

操作步骤

第一步，确定应借、应贷会计科目。该业务涉及企业的“财务费用”和“应付利息”账户。财务费用的增加应记入“财务费用”账户的借方，应付未付利息的增加则应记入“应付利息”账户的贷方。

第二步，编制会计分录。乐华公司编制的会计分录如下。

借：财务费用　　2 500

　　贷：应付利息　　2 500

20××年 8 月预提本月短期借款利息费用的会计处理与以上处理相同。

【例 3-7】承【例 3-4】和【例 3-6】，乐华公司于 20××年 9 月 30 日收到银行的结息通知，支付该公司第三季度的短期借款利息 7 500 元。

业务分析

该项经济业务的发生，会引起企业费用、负债和资产要素发生变化。一方面，本月财务费用增加了 2 500 元；另一方面，随着利息的支付，应付未付利息减少了 5 000 元，银行存款也减少了 7 500 元。

操作步骤

第一步，确定应借、应贷会计科目。该项经济业务涉及“财务费用”“应付利息”和“银行存款”账户。财务费用的增加应记入“财务费用”账户的借方，应付未付利息的减少应记入“应付利息”账户的借方，银行存款的减少则记入“银行存款”账户的贷方。

第二步，编制会计分录。乐华公司编制的会计分录如下。

借：财务费用　　2 500
　　应付利息　　5 000
　　贷：银行存款　　7 500

（3）长期借款利息的账务处理。对于长期借款的利息支出，应分别按不同的情况进行会计处理。若该项利息支出发生在所购建的固定资产达到预定可使用状态之前，则直接计入所购建的固定资产的成本；若发生在所购建的固定资产达到预定可使用状态之后，则直接计入当期的财务费用。我们将借款费用计入资产价值的过程，称为借款费用的资本化；将借款费用直接计入当期费用的过程，称为借款费用的费用化。

【例3-8】承【例3-5】，假定以上借款全部用于该公司的固定资产购建，该项工程已于上月开工，建设期为2年。乐华公司于20××年7月31日计提该笔借款利息10 000元（2 000 000元×6%÷12）。

业务分析

因该项利息支出发生在所购建的固定资产达到预定可使用状态之前，故应直接计入所购建固定资产的成本。该项经济业务的发生，会引起资产要素和负债要素发生变化。一方面，企业的在建工程增加了10 000元；另一方面，企业的应付未付利息也增加了10 000元。

操作步骤

第一步，确定应借、应贷会计科目。因购建固定资产的成本应通过“在建工程”账户核算，所以该项经济业务涉及“在建工程”和“应付利息”账户。在建工程成本的增加应记入“在建工程”账户的借方，应付未付利息的增加则应记入“应付利息”账户的贷方。

第二步，编制会计分录。乐华公司编制的会计分录如下。

借：在建工程　　10 000
　　贷：应付利息　　10 000

3.3 供应过程的核算

3.3.1 供应过程的核算内容

供应过程是生产的准备过程，主要工作是采购生产所需的材料，购置机器设备等。企业买回各种材料，形成储备，以供生产之需，将来随着生产的耗用再不断补充各种材料。企业应严格按照生产采购计划采购材料，以免导致超储积压和生产用料不足，给生产经营造成不良后果。供应过程的核算内容主要包括材料采购业务的核算及材料采购成本的计算等。

1. 材料采购成本的构成

材料是指企业在生产经营过程中，经加工改变其形态或性质并构成产品主要实体的各种原料及主要材料、辅助材料等。外购是企业取得材料的主要途径。企业外购材料所发生的实际成本即材料采购成本。材料采购成本应当包括从采购到入库前所发生的全部合理、必要的支出，具体内容如下。

（1）购买价款。购买价款是指企业购入材料时发票账单上列明的价款，但不包括按规定可以抵扣的增值税税额。

（2）相关税费。相关税费是指企业购买材料时发生的进口关税、消费税、资源税和不能抵扣的增值税进项税额等应计入材料采购成本的税费。

（3）采购费用。采购费用是指在材料采购过程中发生的，除上述各项以外的可归属于材料采购成本的费用。采购费用主要包括：①运杂费，包括运输费、装卸费、保险费、包装费、仓储费等；②运输途中的合理损耗；③入库前的挑选整理费，主要包括挑选整理过程中发生的人工费支出和必要的损耗，并减去回收的下脚废料价值；④其他费用等。

2. 增值税进项税额

按照《中华人民共和国增值税暂行条例》的规定，增值税是对我国境内销售货物、提供加工或修理修配劳务、进口货物以及发生应税行为（具体包括销售应税服务、无形资产或者不动产）的单位和个人，就其货物销售、提供劳务或发生应税行为的增值额和货物进口金额为计税依据而课征的一种流转税。其计税方法包括一般计税方法和简易计税方法。其中，一般计税方法通常按以下公式计算。

当期应纳增值税税额=当期销项税额-当期进项税额

公式中，销项税额是指企业销售货物、服务，提供劳务，转让不动产或无形资产时向购买方收取的增值税税额；进项税额是指企业购入货物、服务，接受劳务，购置不动产或无形资产时向销货方或劳务提供方支付的增值税税额。为准确计算增值税应纳税额，采用一般计税方法的纳税人应当单独设置账户（即“应交税费——应交增值税”账户），用于核算销项税额和进项税额。因此，企业在采购货物时所支付的进项税额，在符合税法规定，准予从当期销项税额中抵扣的情况下，不计入采购成本，而是直接记入“应交税费——应交增值税”账户的借方——“进项税额”专栏。

知识链接

税收是政府为了满足社会公共需要，凭借政治权力，强制、无偿地取得财政收入的一种形式，具有无偿性、强制性和固定性特征。我国税收分为五类，即：①流转税，包括增值税、消费税和关税；②所得税，包括企业所得税和个人所得税；③资源税，包括资源税、城镇土地使用税；④财产税，如房产税；⑤行为税，如印花税。

3.3.2 材料采购的核算

1. 账户设置

为加强对材料采购业务的管理，组织材料采购的核算，确定材料的采购成本，需要设置和运用以下账户。

（1）“在途物资”账户。为核算企业在外购材料时，因货款已付、材料尚未验收入库所形成的在途物资的采购成本，企业应当设置“在途物资”账户。该账户属于资产类账户，其结构如图3-7所示。该账户应当按供应单位和物资品种设置明细账，进行明细分类核算。

在途物资

借方	贷方
期初余额：期初企业在途物资的采购成本	
发生额： 外购材料等物资的实际采购成本	发生额： 验收入库材料等物资的实际成本
期末余额：期末企业在途物资的采购成本	

图 3–7 “在途物资”账户结构

（2）“原材料”账户。为核算企业库存各种材料的实际成本，反映和监督企业各种材料的收入、发出和结存情况，企业应当设置“原材料”账户。该账户属于资产类账户，其结构如图 3-8 所示。该账户应当按材料的保管地点（仓库）、类别、品种和规格等设置明细账，进行明细分类核算。

原材料

借方	贷方
期初余额：期初企业库存材料的实际成本	
发生额：入库材料的实际成本	发生额：发出材料的实际成本
期末余额：期末企业库存材料的实际成本	

图 3–8 “原材料”账户结构

（3）“应交税费——应交增值税”账户。为核算增值税销项税额、进项税额和应纳税额，企业应设置“应交税费——应交增值税”账户。该账户属于负债类账户。设置该账户的真正目的在于核算增值税一般纳税人当期应纳的增值税，其结构如图 3-9 所示。该账户应当设置“销项税额”“进项税额”等专栏，分别用于核算当期发生的销项税额、进项税额等。

应交税费——应交增值税

借方	贷方
期初余额：期初企业未抵扣的进项税额	
发生额： 外购货物等支付的进项税额 本期已交税金	发生额： 销售货物等收取的销项税额
期末余额：期末企业未抵扣的进项税额	

图 3–9 “应交税费——应交增值税”账户结构

（4）“应付账款”账户。为核算企业因购买材料、商品和接受劳务等而应付给供应单位的款项，反映和监督企业应付款项的增减变化和结存情况，企业应设置“应付账款”账户。该账户属于负债类账户，其结构如图 3-10 所示。该账户应按供应单位设置明细账，进行明细分类核算。另外，如果该账户的期末余额在借方，反映的则是企业预付的账款。

（5）“应付票据”账户。为了核算企业购买材料、商品和接受劳务等而开出、承兑的商业汇票，包括银行承兑汇票和商业承兑汇票，反映企业应付票据的增减变化及结存情况，企业应设置“应付票据”账户。该账户属于负债类账户，其结构如图 3-11 所示。该账户应按供应单位设置明细账，进行明细分类核算。

应付账款

借方	贷方
	期初余额：期初企业尚未支付的应付账款
发生额： 已偿还的应付账款	发生额： 发生的应付未付款项
	期末余额：期末企业尚未支付的应付账款

图 3-10 “应付账款”账户结构

应付票据

借方	贷方
	期初余额：期初企业尚未到期的商业汇票的票面金额
发生额： 已到期结清的商业汇票的票面金额	发生额： 开出、承兑商业汇票的票面金额
	期末余额：期末企业尚未到期的商业汇票的票面金额

图 3-11 “应付票据”账户结构

知识链接

票据是指由出票人签发的、约定自己或者委托付款人在见票时或指定的日期向收款人或持票人无条件支付一定金额的有价证券，包括汇票、本票和支票。商业汇票是汇票的一种，是出票人签发的、委托付款人在指定日期无条件支付确定金额给收款人或者持票人的票据。商业汇票按照承兑人的不同分为商业承兑汇票和银行承兑汇票。商业承兑汇票由银行以外的付款人承兑，银行承兑汇票由银行承兑。商业汇票的付款人为承兑人。

（6）“预付账款”账户。为了核算企业按照购货合同的规定预付给供应单位的款项，反映企业预付账款的增减变化及结余情况，企业应设置“预付账款”账户。该账户属于资产类账户，其结构如图 3-12 所示。该账户应按供应单位设置明细账，进行明细分类核算。另外，如果该账户期末余额在贷方，反映的则是企业尚未补付的款项，即应付账款。

预付账款

借方	贷方
期初余额：期初企业预付的款项	
发生额： ① 因购货而预付的款项 ② 补付的款项	发生额： ① 收到所购物资，应支付的金额 ② 退回多付的款项
期末余额：期末企业预付的款项	

图 3-12 “预付账款”账户结构

2. 账务处理

企业外购材料应当按照采购成本计量，分别按以下情况进行账务处理。

（1）以银行存款结算货款的。该类经济业务的发生主要引起企业资产要素的增减变化。一方面，企业的材料采购成本和增值税进项税额增加；另一方面，企业的银行存款减少。因此，企业应根据发票账单支付材料价款和运杂费，按应计入材料采购成本的金额借记“在途物资”账户，按支付的增值税进项税额借记“应交税费——应交增值税（进项税额）”账户，按实际支付的价款贷记“银行存款”账户。

【例 3-9】乐华公司于20××年9月4日从南方公司购进甲材料一批，增值税专用发票上记载的价款为25 000元，增值税税额为3 250元，材料已验收入库，货款以银行存款支付。

业务分析

该项经济业务的发生，会引起资产和负债要素发生增减变化。一方面，使企业库存原材料增加了25 000元，增值税进项税额增加了3 250元；另一方面，使企业的银行存款减少了28 250元。

操作步骤

第一步，确定应借、应贷会计科目。原材料增加，应按采购成本记入“原材料”账户的借方；增值税进项税额的增加，应记入“应交税费——应交增值税（进项税额）”账户的借方；银行存款的减少，应记入“银行存款”账户的贷方。

第二步，编制会计分录。乐华公司编制的会计分录如下。

借：原材料——甲材料	25 000	
应交税费——应交增值税（进项税额）	3 250	
贷：银行存款		28 250

（2）赊购或以商业汇票结算货款的。该类经济业务的发生，将引起企业资产要素和负债要素同时增加。一方面，企业的原材料或在途物资、增值税进项税额增加；另一方面，企业的应付账款或应付票据增加。因此，企业应按材料的采购成本，借记“原材料”或“在途物资”账户；按增值税进项税额，借记“应交税费——应交增值税（进项税额）”账户；按应付账款金额或应付票据票面价值，贷记“应付账款”或“应付票据”账户。

【例 3-10】乐华公司于20××年9月6日从长安公司购入丁材料一批。增值税专用发票上注明的价款为7 500元，增值税税额为975元；运费为500元，增值税税额为45元。款项尚未支付，材料已验收入库。

业务分析

该项经济业务的发生，会引起资产和负债要素发生增减变化。一方面，使企业库存原材料增加了8 000元（材料采购成本=7 500元+500元），企业的增值税进项税额增加了1 020元（975元+45元）；另一方面，企业的应付账款增加了9 020元。

操作步骤

第一步，确定应借、应贷会计科目。因外购材料已验收入库，故应按实际采购成本记入“原材料”账户的借方；增值税进项税额的增加，应记入“应交税费——应交增值税（进项税额）”账户的借方；应付账款的增加，应记入“应付账款”账户的贷方。

第二步，编制会计分录。乐华公司编制的会计分录如下。

借：原材料——丁材料	8 000	
应交税费——应交增值税（进项税额）	1 020	
贷：应付账款——长安公司		9 020

假定乐华公司开出承兑商业汇票，面值为9 020元，用于该笔货款的支付，则该项经济业务的发生将使企业应付票据增加9 020元。应付票据的增加，应记入“应付票据”账户的贷方。乐华公司应编制如下会计分录。

借：原材料——丁材料　8 000
　应交税费——应交增值税（进项税额）　1 020
　　贷：应付票据——长安公司　9 020

（3）预付货款购入材料的。企业发生预付货款业务，将会引起企业资产要素项目间的增减变化。一方面，使企业的预付账款增加；另一方面，又使企业的银行存款减少。预付账款的增加，应记入“预付账款”账户的借方；银行存款的减少，应记入“银行存款”账户的贷方。

当企业收到已经预付货款的货物后，企业资产要素项目间同样会发生增减变化。一方面，企业的库存原材料和增值税进项税额增加；另一方面，企业的预付账款减少。预付账款的减少，应按发票账单上注明的应付金额贷记“预付账款”账户。

03

【例 3-11】乐华公司于20××年9月8日为购入乙材料向长安公司预付货款22 600元，款项以银行存款支付。

业务分析

该项经济业务的发生，会引起企业预付账款增加22 600元，同时会引起银行存款减少22 600元。

操作步骤

第一步，确定应借、应贷会计科目。企业预付账款的增加，应记入“预付账款”账户的借方；银行存款的减少，应记入“银行存款”账户的贷方。

第二步，编制会计分录。乐华公司编制的会计分录如下。

借：预付账款——长安公司　22 600
　贷：银行存款　22 600

【例 3-12】乐华公司于20××年9月20日收到长安公司发来的乙材料。增值税专用发票上注明的价款为20 000元，增值税税额为2 600元；长安公司代垫运费1 000元，增值税税额为90元。该批材料的货款已于20××年9月8日预付，余款以银行存款另付，材料已验收入库。

业务分析

该项经济业务的发生，一方面使企业的原材料增加了21 000元（材料采购成本=20 000元+1 000元），增值税进项税额增加了2 690元（2 600元+90元）；另一方面，企业应冲减预付账款，使预付账款减少了22 600元，银行存款减少了1 090元。

操作步骤

第一步，确定应借、应贷会计科目。外购材料已验收入库，库存原材料增加，应按实际采购成本记入“原材料”账户的借方；企业支付的增值税进项税额，应记入“应交税费——应交增值税（进项税额）”账户的借方；预付账款的减少，应记入“预付账款”账户的贷方；银行存款的减少，应记入“银行存款”账户的贷方。

第二步，编制会计分录。乐华公司编制的会计分录如下。

借：原材料——乙材料　21 000
　应交税费——应交增值税（进项税额）　2 690
　贷：预付账款——长安公司　22 600
　　银行存款　1 090

3.3.3 材料采购成本的计算

材料采购成本的计算，就是把企业在材料采购过程中支付的材料买价和采购费用，按材料的批量、品种、类别加以归集，计算采购总成本和单位成本。其中，采购费用是指企业在采购过程中发生的应计入材料采购成本的各项费用。如果这些费用能分清负担对象，则属于直接采购费用，应直接计入材料的采购成本；如果不能分清负担对象，则属于间接采购费用。对于间接采购费用，企业应当选择合理的分摊方法，将其分摊计入各材料的采购成本。具体分摊方法如下。

首先，计算采购费用的分摊率，计算公式如下。

采购费用分摊率=采购费用总额÷材料的总重量（或买价等）

其次，计算各材料应分摊的采购费用，计算公式如下。

某种材料应分摊的采购费用=该材料的总重量（或买价等）×采购费用分摊率

现举例说明。

【例 3-13】乐华公司于 20××年 9 月 25 日向中天公司购买甲、乙、丙三种材料，发票账单已到达企业，货款以银行存款支付。其中，材料的买价为 42 000 元，增值税进项税额为 5 460 元。具体情况如下。

甲材料 2 000 千克	单价 8 元	合计 16 000 元
乙材料 4 000 千克	单价 5 元	合计 20 000 元
丙材料 1 000 千克	单价 6 元	合计 6 000 元
		合计 42 000 元

同时，乐华公司以银行存款支付上述三种材料的运杂费 1 050 元、增值税税额 94.50 元。

业务分析

该项经济业务的发生，会引起资产要素和负债要素发生增减变化。一方面，使企业的在途物资增加了 43 050 元（材料采购成本=42 000 元+1 050 元），增值税进项税额增加了 5 554.50 元（5 460 元+94.50 元）；另一方面，使企业的银行存款减少了 48 604.50 元。另外，该项经济业务还涉及间接采购费用的分摊，需分别计算甲、乙、丙三种材料的采购成本。

操作步骤

第一步，计算采购费用分摊率。因一次性采购了三种材料，运杂费属于间接采购费用，故应按所购材料的买价或重量等进行分摊，分别计入各材料的采购成本。假定该公司按材料的重量分摊运杂费用，计算如下。

分摊率=1 050÷（2 000+4 000+1 000）=0.15（元/千克）

第二步，计算甲、乙、丙三种材料应分摊的采购费用。

甲材料应分摊的采购费用=2 000×0.15=300（元）

乙材料应分摊的采购费用=4 000×0.15=600（元）

丙材料应分摊的采购费用=1 000×0.15=150（元）

第三步，计算各材料的采购成本。三种材料的采购成本如表 3-3 所示。

表 3–3　材料采购成本计算表

20××年 9 月 25 日　单位：元

项目	甲材料		乙材料		丙材料	
	总成本	单位成本	总成本	单位成本	总成本	单位成本
买价	16 000	8.00	20 000	5.00	6 000	6.00
采购费用	300	0.15	600	0.15	150	0.15
采购成本	16 300	8.15	20 600	5.15	6 150	6.15

第四步，确定应借、应贷会计科目。在途物资的增加，应根据计算确定的采购成本记入“在途物资”账户的借方；增值税进项税额的增加，应记入“应交税费——应交增值税（进项税额）”账户的借方；银行存款的减少，应记入“银行存款”账户的贷方。

第五步，编制会计分录。乐华公司编制的会计分录如下。

借：在途物资——甲材料　16 300
　　　　　　——乙材料　20 600
　　　　　　——丙材料　6 150
　　应交税费——应交增值税（进项税额）　5 554.50
　　贷：银行存款　48 604.50

【例 3-14】承【例 3-13】，乐华公司于20××年10月5日收到从中天公司购入的甲、乙、丙三种材料，并于当日全部验收入库。

业务分析

该项经济业务的发生，会引起资产要素项目间的增减变化。一方面，企业原材料增加43 050元（16 300元+20 600元+6 150元）；另一方面，企业的在途物资减少43 050元。

操作步骤

第一步，确定应借、应贷会计科目。企业原材料的增加，应按实际采购成本记入“原材料”账户的借方；在途物资的减少，应记入“在途物资”账户的贷方。

第二步，编制会计分录。乐华公司编制的会计分录如下。

借：原材料——甲材料　16 300
　　　　　——乙材料　20 600
　　　　　——丙材料　6 150
　　贷：在途物资——甲材料　16 300
　　　　　　　　——乙材料　20 600
　　　　　　　　——丙材料　6 150

综上所述，供应过程核算的主要账户对应关系如图3-13所示。

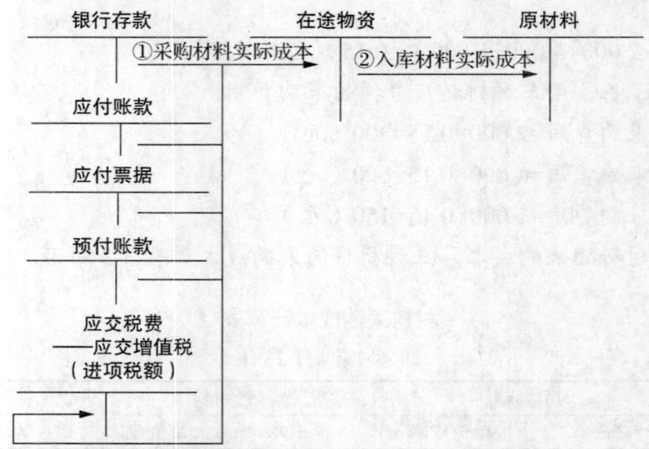

图3-13　供应过程核算的主要账户对应关系

3.4　生产过程的核算

3.4.1　生产过程的核算内容

产品生产是企业生产经营过程的中心环节，产品生产过程也是生产的耗费过程。企业在生产产品的同时要发生各种耗费，如各种材料的耗费、机器设备的磨损、支付职工薪酬和其他费用等。产品生产过程中发生的各项费用都需要通过专门的方法归集并分配到所生产的产品成本中去，从而形成产品生产成本。因此，生产过程的核算内容主要包括生产费用的归集和分配、产品生产成本的计算等。

1. 费用与成本的概念

工业企业的生产过程既是产品的制造和形成过程，又是各种物化劳动（劳动资料和劳动对象）和活劳动（劳动力）的消耗过程。企业在生产过程中发生的各种耗费主要有各种材料耗费、支付职工薪酬、机器设备等固定资产的磨损及其他耗费等。这些耗费的货币表现就是费用。在上述费用中，有些与产品生产直接相关，而有些则与产品生产无直接关联。与产品生产直接相关的费用称为生产费用，而与产品生产无直接联系的费用称为期间费用。

在生产费用中，有些在发生时就能确定其产品归属，可以直接计入各种产品成本之中，如构成产品实体的直接材料和直接人工等；有些则属于多种产品共同负担的费用，如固定资产折旧费等制造费用在发生时不能确定其产品归属，需要先进行归集汇总，然后按一定标准分配计入各种产品成本。前者称为直接费用，后者称为间接费用。生产费用经过归集和分配，最终形成各种产品的生产成本。

期间费用是指企业在生产经营过程中发生的销售费用、管理费用和财务费用。这些费用容易划分其归属的期间（即在什么时间内发生的），但不能确定其具体的受益对象（即为何种产品生产而发生的），因而不能计入产品生产成本，只能计入当期损益，从当期收益中直接扣除。

概括地说，费用与成本之间的关系如图 3-14 所示。

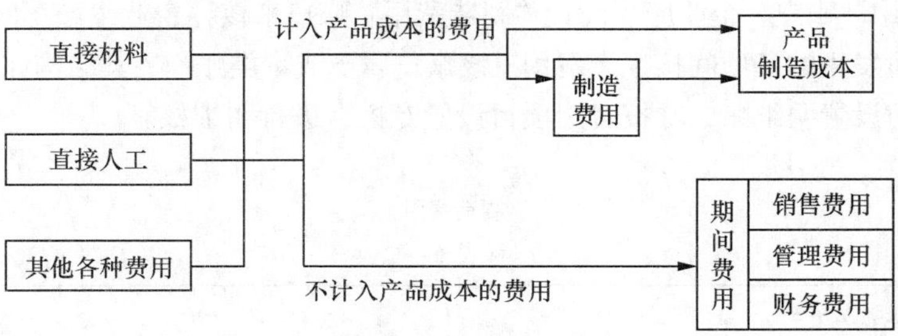

图 3–14　费用与成本之间的关系

2. 产品生产成本的构成

企业发生的生产费用有多种。为正确核算产品生产成本，企业应根据其生产特点和管理要求，并按生产费用的经济用途，将生产费用进一步划分为若干个项目，即形成产品生产成本项目，简称产品成本项目或成本项目。产品成本项目反映了产品生产成本的具体构成，一般设立以下三个产品成本项目。

（1）直接材料。它是指直接用于产品生产并构成产品实体的原料、主要材料以及有助于产品形成的辅助材料的各种费用等。

（2）直接人工。它是指直接参加产品生产的工人工资，以及企业为生产工人支付的医疗保险、失业保险、养老保险等社会保险费及职工福利等。

（3）制造费用。它是指直接用于产品生产但不便于直接计入产品成本（如机器设备折旧费用），以及间接用于产品生产的各种费用（如机物料消耗、车间厂房折旧费用等）。

微课：成本与费用

3.4.2 生产费用的核算

1. 账户设置

为加强生产费用的管理与控制，正确核算产品生产成本，企业需要设置和运用以下账户。

（1）“生产成本”账户。为核算企业进行工业性生产所发生的各项生产成本，企业应当设置“生产成本”账户。该账户属于成本类账户，其结构如图 3-15 所示。该账户应当按成本计算对象（如产品品种、批别、生产步骤等）设置生产成本明细账或成本计算单，并按产品成本项目（如直接材料、直接人工、制造费用等）设置专栏，进行生产费用的明细分类核算。

生产成本

借方	贷方
期初余额：期初在产品成本	
发生额：	发生额：
① 直接材料	结转的完工产品的实际生产成本
② 直接人工	
③ 制造费用	
期末余额：期末在产品成本	

图 3–15 “生产成本”账户结构

（2）“制造费用”账户。企业应当设置“制造费用”账户来核算企业生产车间（部门）为生产产品和提供劳务而发生的各项间接生产费用。该账户属于成本类账户，其结构如图 3-16 所示。该账户应按不同车间设置明细账，并按费用项目设置专栏，进行明细核算。

制造费用

借方	贷方
期初余额：无余额	
发生额：	发生额：
① 生产车间发生的机物料消耗	分配计入有关成本核算对象的制造费用
② 生产车间管理人员的工资等职工薪酬	
③ 生产车间计提的固定资产折旧	
④ 生产车间支付的办公费、水电费等	
期末余额：无余额	

图 3–16 “制造费用”账户结构

（3）“应付职工薪酬”账户。为核算企业根据有关规定应付给职工的各种薪酬，包括职工工资、职工福利、社会保险费等，企业应设置“应付职工薪酬”账户。该账户属于负债类账户，其结构如图 3-17 所示。该账户可按“职工工资”“职工福利”“社会保险费”等薪酬项目设置明细账，进行明细核算。

应付职工薪酬

借方	贷方
	期初余额：期初企业应付未付的职工薪酬
发生额： 企业发放的职工薪酬	发生额： 企业发生的应付职工薪酬
	期末余额：期末企业应付未付的职工薪酬

图 3–17　“应付职工薪酬”账户结构

（4）“累计折旧”账户。企业在生产过程中需要使用厂房、机器设备等使用寿命超过一个会计年度的有形资产，即固定资产。企业拥有的固定资产可以在较长的使用期限内使用，并保持其原有的实物形态，其价值会随着固定资产的损耗逐渐地转移到所生产的产品或所提供的劳务成本中去。这部分分期转移的价值就是固定资产折旧。

为核算固定资产因损耗而减少的价值，企业应设置“累计折旧”账户。该账户属于资产类账户。因该账户核算的是固定资产因损耗而减少的价值，是用以调减“固定资产”账户账面余额的调整账户，所以其结构与一般资产类账户有所不同，具体如图 3-18 所示。该账户通常不设明细账，不进行明细分类核算。

累计折旧

借方	贷方
	期初余额：期初固定资产的累计折旧额
发生额： 处置固定资产时结转的累计折旧	发生额： 按期（月）计提固定资产的折旧
	期末余额：期末固定资产的累计折旧额

图 3–18　“累计折旧”账户结构

2. 账务处理

（1）材料费用的归集和分配。企业在生产过程中必然要消耗材料。生产部门需要材料时，应填制有关领料凭证，向仓库办理手续，领用材料。月末，会计部门根据领料凭证编制发料凭证汇总表，并据以进行会计处理。

企业在生产经营过程中领用的各种材料，应当按照材料的具体用途，分别记入有关成本类账户和有关费用类账户。即按照领用材料的实际成本，借记“生产成本”“制造费用”“管理费用”“销售费用”等账户，贷记“原材料”等账户。

【例 3-15】乐华公司生产 A、B 两种产品，20××年 9 月 30 日，该公司根据当月领料凭证编制发料凭证汇总表，如表 3-4 所示。

表 3-4　　发料凭证汇总表

20××年 9 月 30 日　　单位：元

项目	原材料	辅助材料	外购半成品	修理备件	合计
生产产品耗用	116 000	27 500	20 400		163 900
其中：A 产品	39 000	8 000	6 700		53 700
B 产品	77 000	19 500	13 700		110 200
车间耗用	4 900	8 300		2 800	16 000
销售部门耗用	2 900				2 900
行政管理部门耗用	2 100				2 100
合计	125 900	35 800	20 400	2 800	184 900

03

业务分析

该项经济业务的发生，会引起企业资产要素和费用要素发生变化。一方面，企业的原材料减少了 184 900 元；另一方面，企业的生产费用增加了 179 900 元，期间费用增加了 5 000 元。

操作步骤

第一步，确定应借、应贷会计科目。生产费用的增加，应按其用途分别归集：用于 A 产品和 B 产品生产并构成其实体的材料费用，属于直接费用，分别记入“生产成本——A 产品”和“生产成本——B 产品”账户的借方；车间发生的一般消耗性材料，属于间接费用，应记入“制造费用”账户的借方；销售部门耗用的材料，应记入“销售费用”账户的借方；公司行政管理部门耗用的材料，应记入“管理费用”账户的借方。原材料的减少，应记入“原材料”账户的贷方。

第二步，编制会计分录。乐华公司根据发料凭证汇总表编制的会计分录如下。

借：生产成本——A 产品　　53 700
　　　　　　——B 产品　　110 200
　　制造费用　　16 000
　　销售费用　　2 900
　　管理费用　　2 100
　　贷：原材料　　184 900

（2）职工薪酬费用的归集和分配。职工薪酬是指企业支付给职工的各种报酬，包括职工工资、职工福利和社会保险费等。企业发生的薪酬费用应区分受益对象分别记入有关成本费用账户。即生产人员的职工薪酬，应作为直接费用，直接计入产品的生产成本；车间管理人员的职工薪酬，应作为间接费用，先通过“制造费用”账户归集，然后分配计入产品的生产成本；管理部门人员、销售人员的职工薪酬，则直接计入当期的管理费用和销售费用。

【例 3-16】20××年 9 月 30 日，乐华公司结算本月职工薪酬，并编制职工薪酬汇总分配表，如表 3-5 所示。

表 3-5　　职工薪酬汇总分配表

20××年 9 月 30 日　　单位：元

项目	职工工资	社会保险费	合计
生产工人工资	43 017	12 045	55 062
其中：A 产品	16 209	4 539	20 748
B 产品	26 808	7 506	34 314
车间管理人员工资	9 173	2 569	11 742
合计	52 190	14 614	66 804

业务分析

该项经济业务的发生，会引起企业负债要素和费用要素发生变化。一方面，企业的应付职工薪酬增加了52 190元，提取的应付社会保险费增加了14 614元；另一方面，企业的生产费用增加了66 804元。

操作步骤

第一步，确定应借、应贷会计科目。产品生产工人的工资及其社会保险费，应记入“生产成本”账户的借方；车间管理人员的工资及其社会保险费，应记入“制造费用”账户的借方；应付职工工资和应付社会保险费的增加，应记入“应付职工薪酬”账户的贷方。

第二步，编制会计分录。乐华公司根据职工薪酬汇总分配表编制的会计分录如下。

借：生产成本——A产品　　20 748
　　　　　　——B产品　　34 314
　　制造费用　　11 742
　　贷：应付职工薪酬——职工工资　　52 190
　　　　　　　　　　——社会保险费　　14 614

（3）制造费用的归集和分配。制造费用是指企业为生产产品和提供劳务而发生的各项间接费用，包括生产车间发生的机物料消耗，生产车间管理人员的工资等职工薪酬，生产车间计提的固定资产折旧及生产车间支付的办公费、水电费等。这些费用应先通过“制造费用”账户进行归集，月末再转入“生产成本”账户。对于生产多种产品的企业，归集的制造费用还需要按照一定的分配标准在各种产品之间进行分配。制造费用的分配方法有多种，主要有按生产工人工资分配、按生产工时分配、按机器工时分配、按耗用原材料的数量或成本分配、按直接成本分配和按产品产量分配等方法。企业应当选择恰当的分配方法，且分配方法一经确定不得随意变更。下面以按生产工时分配为例，说明制造费用的分配方法。

首先，计算分配率，即计算每一工时应分配的制造费用，计算公式如下。

分配率=制造费用总额÷生产工时总数

其次，计算各种产品应负担的制造费用，计算公式如下。

某产品应负担的制造费用=该产品耗用的生产工时数×分配率

现举例说明制造费用的归集和分配。

【例3-17】20××年9月30日，乐华公司计提本月车间使用厂房、机器设备等固定资产折旧费12 500元。

业务分析

由于厂房、机器设备等固定资产直接服务于产品生产，该固定资产计提的折旧费属于间接费用，应计入当期的制造费用，所以该项经济业务的发生将引起企业资产要素和费用要素发生变化。一方面，累计折旧增加了12 500元（即固定资产价值减少了12 500元）；另一方面，企业的生产费用增加了12 500元。

操作步骤

第一步，确定应借、应贷会计科目。企业间接生产费用的增加，应记入“制造费用”账户的借方；企业计提的固定资产折旧，应记入“累计折旧”账户的贷方。

第二步，编制会计分录。乐华公司编制的会计分录如下。

借：制造费用　　12 500
　　贷：累计折旧　　12 500

【例 3-18】20××年 9 月 30 日，乐华公司以银行存款支付车间电费 3 000 元、增值税税额 390 元。

业务分析

该项经济业务的发生，会引起企业资产、负债和费用要素发生变化。一方面，企业当期的生产费用增加了 3 000 元，增值税进项税额增加了 390 元；另一方面，企业的银行存款减少了 3 390 元。

操作步骤

第一步，确定应借、应贷会计科目。因车间电费属于间接生产费用，其增加应记入“制造费用”账户的借方；增值税进项税额的增加，应记入“应交税费——应交增值税（进项税额）”的借方；企业银行存款的减少，应记入“银行存款”账户的贷方。

第二步，编制会计分录。乐华公司编制的会计分录如下。

借：制造费用	3 000	
应交税费——应交增值税（进项税额）	390	
贷：银行存款		3 390

【例 3-19】20××年 9 月 30 日，乐华公司预提生产车间向南方公司租入设备的租金 1 200 元。

业务分析

因租入的设备为车间使用，故预提的设备租金应属于间接生产费用，计入当期的产品生产成本。该项经济业务的发生，会引起企业费用要素和负债要素发生变化。一方面，企业的生产费用增加了 1 200 元；另一方面，企业的负债也增加了 1 200 元。

操作步骤

第一步，确定应借、应贷会计科目。间接生产费用的增加，应记入“制造费用”账户的借方；企业预提的应付未付租金，应记入“其他应付款”账户的贷方。

第二步，编制会计分录。乐华公司编制的会计分录如下。

借：制造费用	1 200	
贷：其他应付款——南方公司		1 200

【例 3-20】20××年 9 月 30 日，乐华公司以银行存款支付生产车间的办公费 1 800 元、增值税税额 234 元。

业务分析

该项办公费用发生在生产车间，属于间接生产费用，应计入当期的生产成本。所以，该项经济业务的发生，会引起企业资产、负债和费用要素发生变化。一方面，企业的生产费用增加了 1 800 元，增值税进项税额增加了 234 元；另一方面，企业的银行存款减少了 2 034 元。

操作步骤

第一步，确定应借、应贷会计科目。间接生产费用的增加，应记入“制造费用”账户的借方；增值税进项税额的增加，应记入“应交税费——应交增值税（进项税额）”的借方；企业银行存款的减少，应记入“银行存款”账户的贷方。

第二步，编制会计分录。乐华公司编制的会计分录如下。

借：制造费用	1 800	
应交税费——应交增值税（进项税额）	234	
贷：银行存款		2 034

【例 3-21】20××年 9 月 30 日，乐华公司将该月发生的制造费用全部记入“制造费用明细账”，如表 3-6 所示。该公司的制造费用按生产工人工资进行分配。

表 3–6　　制造费用明细账　　单位：元

20××年		凭证号数	摘要	材料费	职工薪酬	折旧费	水电费	租赁费	办公费	合计
月	日									
9	30		材料费分配表（见表 3-4）	16 000						16 000
9	30		职工薪酬分配表（见表 3-5）		11 742					11 742
9	30		计提折旧费			12 500				12 500
9	30		支付水电费				3 000			3 000
9	30		预提租金					1 200		1 200
9	30		支付车间办公费						1 800	1 800
9	30		本月合计	16 000	11 742	12 500	3 000	1 200	1 800	46 242
9	30		分配转出	16 000	11 742	12 500	3 000	1 200	1 800	46 242

注：框内数字为红字，在会计上表示冲减或相反方向的记录（下同）。

业务分析

因乐华公司仅生产 A、B 两种产品，所以在生产过程中发生的制造费用应由 A 产品和 B 产品分别负担。A、B 产品应负担的制造费用经计算确定后，应将本期发生的制造费用分别转入 A、B 产品的生产成本。该项经济业务的发生，将引起企业费用要素项目间的增减变化。一方面，产品生产成本增加了 46 242 元；另一方面，制造费用因转入产品生产成本而减少了 46 242 元。

操作步骤

第一步，分配本月发生的制造费用，计算分配率。

分配率=46 242÷（18 200+30 100）=0.957 4

第二步，编制制造费用分配表，如表 3-7 所示。

表 3–7　　制造费用分配表

20××年 9 月 30 日　　单位：元

受益对象	生产工人工资总额	分配率	金额
A 产品	18 200		17 425
B 产品	30 100		28 817
合计	48 300	0.957 4	46 242

第三步，确定应借、应贷会计科目。产品生产成本的增加，应记入“生产成本”账户的借方；制造费用的减少，应记入“制造费用”账户的贷方。

第四步，编制会计分录。乐华公司编制的会计分录如下。

借：生产成本——A 产品　　17 425

　　　　　　——B 产品　　28 817

　贷：制造费用　　46 242

需要说明的是，在制造费用分配之前，企业已根据有关凭证将生产经营过程中发生的各项直接费用记入了生产成本明细账和其他相关账户。制造费用分配之后，企业也应及时将各产品应负担的制造费用根据有关凭证记入生产成本明细账和制造费用明细账。月末，制造费用分配转出后，

"制造费用"账户一般无余额，如表 3-6 所示。

3.4.3 产品生产成本的计算

1. 产品生产成本计算的一般程序

一般来说，产品生产成本的计算和生产费用的核算是同时进行的，产品生产成本的计算过程也就是生产费用的归集和分配过程。这一过程通常按照以下程序进行。

（1）确定成本计算对象。成本计算对象是生产费用的承担者，即归集和分配生产费用的对象。成本计算对象包括产品品种、产品批别和产品生产步骤等。企业应当根据自身的生产经营特点和管理要求确定适合的成本计算对象，并按照确定的成本计算对象开设生产成本明细账或成本计算单，归集生产费用，计算产品生产成本。

（2）确定成本项目。成本项目是生产费用按经济用途划分的项目。成本项目可以反映成本的经济构成，以及产品生产过程中不同的资产耗费情况。

（3）确定成本计算期。成本计算期是指成本计算的起止日期。成本计算期可以与会计报告期相同，也可以与产品生产周期相同。

（4）生产费用的审核。对生产费用进行审核，主要是确定各项费用的开支是否合理，开支的费用是否应该计入成本。

（5）生产费用的归集和分配。生产费用的归集和分配就是将应计入产品成本的各种要素在各有关产品之间按照成本项目进行归集和分配。对能够直接确认承担对象的直接费用，直接计入该对象；不能直接确认承担对象的间接费用，分配计入各对象。

（6）计算完工产品成本和期末在产品成本。对既有完工产品又有期末在产品的产品，应将计入该产品的生产费用，在其完工产品和期末在产品之间选用适当方法进行分配，计算完工产品成本和期末在产品成本。

2. 产品生产成本计算的一般方法

生产成本明细账按成本计算对象（如产品品种）对期初在产品成本和本期发生的材料费用、薪酬费用和制造费用等生产费用进行了归集，在期末没有在产品的情况下，归集到某一产品上的生产费用合计数，即为该产品本期完工产品的制造成本；在期末产品全部未完工的情况下，归集到某一产品上的生产费用合计数，全部为本期在产品的制造成本；在期末既有完工产品又有在产品的情况下，则需要采用一定的方法将归集到该产品上的生产费用在完工产品与在产品之间进行分配，计算完工产品成本和期末在产品成本。其计算公式如下。

$$\text{期初在产品成本}+\text{本期生产费用}=\text{本期完工产品成本}+\text{期末在产品成本}$$

或

$$\text{本期完工产品成本}=\text{期初在产品成本}+\text{本期生产费用}-\text{期末在产品成本}$$

其中，完工产品成本和期末在产品成本的计算方法有多种，将在后续的专业课程中介绍。这里仅举例说明期末产品全部完工和全部未完工的情况。

3. 账户设置

为核算已完工入库并可供销售产品的实际加工成本，企业应当设置"库存商品"账户。该账户属于资产类账户，其结构如图 3-19 所示。该账户应按商品的品种、规格、名称或类别设置明细账，进行明细核算。

库存商品

借方	贷方
期初余额：期初库存商品的实际成本	
发生额： 已完工并验收入库的各种产品的实际成本	发生额： 发出的各种产品的实际成本
期末余额：期末库存商品的实际成本	

图 3-19 “库存商品”账户结构

现举例说明。

【例 3-22】20××年 9 月 30 日，乐华公司生产的 500 件 A 产品全部完工并验收入库，1 000 件 B 产品均未完工。A、B 两种产品的月初成本资料如表 3-8 所示。

业务分析

乐华公司以产品品种为成本计算对象，成本项目包括直接材料、直接人工和制造费用，所以“生产成本”账户应按产品品种设置“A 产品”“B 产品”两个明细账，并按成本项目设置专栏归集生产费用。因 A 产品于本月全部完工，所以“生产成本——A 产品”明细账归集的生产费用为该产品的完工产品成本；而 B 产品均未完工，所以“生产成本——B 产品”明细账归集的生产费用为该产品的在产品成本。

表 3-8　　期初在产品成本资料

单位：元

产品名称	直接材料	直接人工	制造费用	合计
A 产品	26 000	5 000	2 000	33 000
B 产品	10 000	4 000	1 200	15 200
合计	36 000	9 000	3 200	48 200

操作步骤

第一步，按成本计算对象归集生产费用，即将本月发生的直接费用和分配的制造费用全部记入 A、B 产品的生产成本明细账。各产品生产成本明细账如表 3-9、表 3-10 所示。

表 3-9　　生产成本明细账（A 产品）

产品名称：A 产品

20××年		凭证号数	摘要	直接材料	直接人工	制造费用	…	合计
月	日							
9	30		月初在产品成本	26 000	5 000	2 000		33 000
9	30		领用材料（见表 3-4）	53 700				53 700
9	30		职工薪酬（见表 3-5）		20 748			20 748
9	30		分配制造费用（见表 3-7）			17 425		17 425
9	30		本月生产费用合计	79 700	25 748	19 425		124 873
9	30		结转本月完工产品成本	79 700	25 748	19 425		124 873

表 3-10　　生产成本明细账（B 产品）

产品名称：B 产品

20××年		凭证号数	摘要	直接材料	直接人工	制造费用	…	合计
月	日							
9	30		月初在产品成本	10 000	4 000	1 200		15 200
9	30		领用材料（见表 3-4）	110 200				110 200
9	30		职工薪酬（见表 3-5）		34 314			34 314
9	30		分配制造费用（见表 3-7）			28 817		28 817
9	30		本月生产费用合计	120 200	38 314	30 017		188 531

03

第二步，根据生产成本明细账编制成本计算单。因 B 产品在本月没有完工产品，所以应根据 A 产品生产成本明细账编制 A 产品成本计算单，计算完工 A 产品的总成本与单位成本，如表 3-11 所示。

表 3-11　　成本计算单

产品名称：A 产品

产　　量：500 件　　20××年 9 月 30 日　　单位：元

成本项目	本月生产费用合计	总成本	单位成本
直接材料	79 700	79 700	159.40
直接人工	25 748	25 748	51.50
制造费用	19 425	19 425	38.85
合计	124 873	124 873	249.75

第三步，进行具体的账务处理。该项经济业务的发生，会引起企业资产要素和费用要素发生变化。一方面，企业库存商品中的 A 产品增加了 124 873 元，应记入“库存商品”账户的借方；另一方面，企业的产品生产成本减少了 124 873 元，应记入“生产成本”账户的贷方。乐华公司编制的会计分录如下。

借：库存商品——A 产品　　124 873

　　贷：生产成本——A 产品　　124 873

综上所述，生产过程核算的账户对应关系如图 3-20 所示。

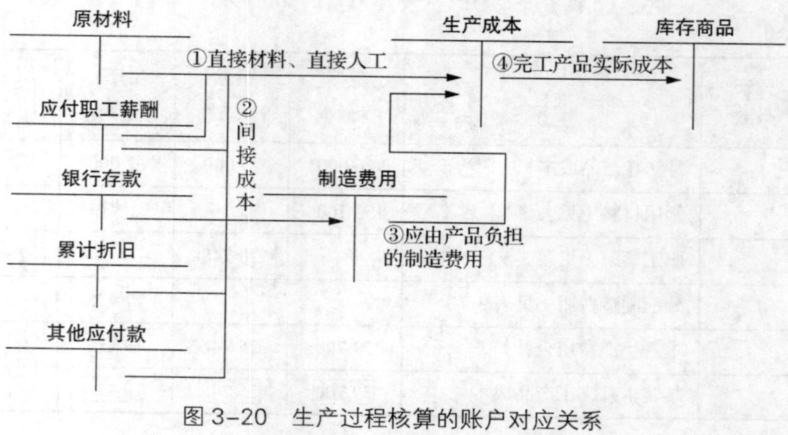

图 3-20　生产过程核算的账户对应关系

3.5 销售过程的核算

3.5.1 销售过程的核算内容

销售过程是企业生产经营过程的最后阶段。在销售过程中，企业一方面按照销售合同的规定出售产品，向客户收取货款；另一方面，销售过程中会发生一定的销售费用，还要按照税收法规的规定计算交纳相关税费。因此，确认销售收入的实现、办理货款结算、结转销售成本、计算交纳税费等是销售过程核算的主要内容。

1. 营业收入

收入是指企业在日常活动中形成的、会导致所有者权益增加的、与所有者投入资本无关的经济利益的总流入，包括主营业务收入和其他业务收入。其中，主营业务收入是指企业为完成经营目标而从事的经常性活动实现的收入，如工业企业生产并销售产品、商业企业销售商品、咨询公司提供咨询服务等实现的收入；其他业务收入是指企业发生的与经常性活动相关的其他活动所取得的收入，如工业企业对外出售不需用的原材料、出租资产使用权等实现的收入。主营业务收入和其他业务收入构成企业的营业收入。

2. 营业成本

企业在取得收入的同时必然会发生相应的成本。如为取得商品销售收入，企业必须放弃持有的商品，该商品的价值即为取得商品销售收入的成本；又如为取得租金收入，企业必须让渡资产的使用权，承担资产因使用而产生的折旧等费用，该费用即为取得租金收入的成本。与收入相对应，成本也包括主营业务成本和其他业务成本。为取得主营业务收入而支付的成本为主营业务成本，为取得其他业务收入而支付的成本为其他业务成本，它们共同组成了企业的营业成本。这就是会计上配比原则的具体应用。

3. 税金及附加

税金及附加是指企业经营活动应负担的、除增值税以外的相关税费，包括企业应缴纳的消费税、城市维护建设税、教育费附加、房产税、土地使用税、资源税、车船税、印花税等。这些税费必须从企业所得的收入中获得补偿，是企业日常经营活动所必须承担的重要费用之一。

4. 销售费用

销售费用是指企业在销售商品和材料、提供劳务过程中发生的各种费用，包括保险费、包装费、展览费和广告费、商品维修费、预计产品质量保证损失、运输费、装卸费等，以及为销售本企业商品而专设的销售机构（含销售网点、售后服务网点等）的职工薪酬、业务费、折旧费等经营费用。企业发生的与专设销售机构相关的固定资产修理费用等后续支出也属于销售费用。销售费用是与企业销售商品活动有关的费用，但不包括销售商品本身的成本。

3.5.2 营业收入的核算

1. 账户设置

为核算企业在日常活动中所取得的营业收入，应设置以下账户。

（1）“主营业务收入”账户。为核算企业确认的销售商品、提供劳务等主营业务的收入，企业应当设置“主营业务收入”账户。该账户属于损益类账户，其结构如图 3-21 所示。该账户可按主营业务的种类设置明细账，进行明细分类核算。

（2）“其他业务收入”账户。为核算企业确认的除主营业务活动以外的其他经营活动实现的收入，企业应当设置“其他业务收入”账户。该账户属于损益类账户，其结构如图 3-22 所示。该账户可按其他业务收入的种类设置明细账，进行明细分类核算。

主营业务收入

借方	贷方
发生额： 转入“本年利润”账户的收入总额	发生额： 企业从事主营业务活动实现的收入
	期末无余额

图 3-21 “主营业务收入”账户结构

其他业务收入

借方	贷方
发生额： 转入“本年利润”账户的其他业务收入	发生额： 企业确认的其他业务收入
	期末无余额

图 3-22 “其他业务收入”账户结构

（3）“应收账款”账户。为核算企业因销售商品、提供劳务等应向购货单位或接受劳务单位收取的款项，企业应当设置“应收账款”账户。该账户属于资产类账户，其结构如图 3-23 所示。该账户应按购货单位或接受劳务的单位设置明细账，进行明细核算。另外，如果该账户的期末余额在贷方，反映的则是企业预收的账款。

应收账款

借方	贷方
期初余额：期初企业尚未收回的应收账款	
发生额： 发生的应收账款	发生额： 收回的应收账款
期末余额：期末企业尚未收回的应收账款	

图 3-23 “应收账款”账户结构

（4）“应收票据”账户。为核算企业因销售商品、提供劳务等而收到的商业汇票，包括银行承兑汇票和商业承兑汇票，企业应当设置“应收票据”账户。该账户属于资产类账户，其结构如图 3-24 所示。企业应当设置“应收票据备查簿”，逐笔登记每一应收票据的种类，号数和出票日期，票面金额，票面利率，交易合同号，付款人、承兑人、背书人的姓名或单位名称，到期日，背书转让日，贴现日期，贴现率和贴现净额，未计提的利息，收款日和收回金额，退票情况等资料。应收票据到期结清票款或退票后，应当在备查簿内逐笔注销。

应收票据

借方	贷方
期初余额：期初企业持有商业汇票的票面金额	
发生额： 收到开出、承兑的商业汇票的票面金额	发生额： 到期商业汇票的票面金额
期末余额：期末企业持有商业汇票的票面金额	

图 3–24 “应收票据”账户结构

2. 账务处理

（1）产品销售收入的账务处理。对于符合收入确认条件的产品销售收入，应按实际收到或应收的价款确认为本期实现的产品销售收入。即企业应按实际收到或应收的价款，借记“银行存款”“应收账款”“应收票据”等账户；按实现的营业收入，贷记“主营业务收入”账户；按增值税专用发票上注明的增值税税额，贷记“应交税费——应交增值税（销项税额）”账户。

假定乐华公司 20××年 9 月发生的部分商品销售业务如下。

【例 3-23】 9 月 1 日，向北方公司销售 A 商品一批，价款为 20 000 元，增值税税额为 2 600 元。商品已经发出，货款已全部收到，并存入银行。

业务分析

该项经济业务的发生，使企业的收入和资产、负债要素产生变化。一方面，企业的银行存款增加了 22 600 元；另一方面，企业的营业收入增加了 20 000 元。同时，随着产品的销售，企业收取了增值税，即增值税销项税额也增加了 2 600 元。

操作步骤

第一步，确定应借、应贷会计科目。银行存款的增加应记入“银行存款”账户的借方；产品销售收入属于企业的主营业务收入，其增加应记入“主营业务收入”账户的贷方；增值税销项税额的增加，应记入“应交税费——应交增值税（销项税额）”账户的贷方。

第二步，编制会计分录。乐华公司编制的会计分录如下。

借：银行存款	22 600	
贷：主营业务收入		20 000
应交税费——应交增值税（销项税额）		2 600

【例 3-24】 9 月 5 日，向南方公司销售 A 商品一批，价款为 50 000 元，增值税税额为 6 500 元，货款尚未收到。

业务分析

该项经济业务的发生，使企业的收入要素和资产、负债要素均产生变化。一方面，企业的营业收入增加了 50 000 元，企业的增值税销项税额增加了 6 500 元；另一方面，企业按合同约定交货，取得收取货款的权利，使应收账款增加了 56 500 元。

操作步骤

第一步，确定应借、应贷会计科目。应收账款增加，应记入“应收账款”账户的借方；主营业务收入和增值税销项税额的增加，应分别记入“主营业务收入”和“应交税费——应交增值税（销项税额）”账户的贷方。

第二步，编制会计分录。乐华公司编制的会计分录如下。

借：应收账款——南方公司　56 500
　贷：主营业务收入　50 000
　　应交税费——应交增值税（销项税额）　6 500

【例 3-25】9 月 15 日，向北方公司销售 B 商品一批，价款为 80 000 元，增值税税额为 10 400 元。商品已经发出，同时收到北方公司开出并承兑的商业汇票一张，面值为 90 400 元。

业务分析

该项经济业务的发生，使企业的收入要素和资产、负债要素产生变化。一方面，企业的营业收入增加了 80 000 元，企业的增值税销项税额增加了 10 400 元；另一方面，企业应收的商业汇票增加了 90 400 元。

操作步骤

第一步，确定应借、应贷会计科目。企业持有的商业汇票面值的增加，应记入"应收票据"账户的借方；主营业务收入和增值税销项税额的增加，应分别记入"主营业务收入"和"应交税费——应交增值税（销项税额）"账户的贷方。

第二步，编制会计分录。乐华公司编制的会计分录如下。

借：应收票据——北方公司　90 400
　贷：主营业务收入　80 000
　　应交税费——应交增值税（销项税额）　10 400

（2）其他业务收入的账务处理。其他业务收入的账务处理可概括为：企业取得其他业务收入时，按应确认的收入，贷记"其他业务收入"账户，按增值税专用发票上注明的增值税税额，贷记"应交税费——应交增值税（销项税额）"账户；按实际收到或应收的金额，借记"银行存款""应收账款"等账户。

【例 3-26】乐华公司于 20××年 9 月 25 日销售本公司外购的乙材料一批，价款为 2 000 元，增值税税额为 260 元。贷款已全部收回，并存入银行。

业务分析

销售材料取得的收入是企业的其他业务收入，该项经济业务的发生使企业的收入要素和资产、负债要素产生变化。一方面，企业的银行存款增加了 2 260 元；另一方面，增值税销项税额增加了 260 元，其他业务收入增加了 2 000 元。

操作步骤

第一步，确定应借、应贷会计科目。银行存款的增加，应记入"银行存款"账户的借方；其他业务收入和增值税销项税额的增加，应分别记入"其他业务收入""应交税费——应交增值税（销项税额）"账户的贷方。

第二步，编制会计分录。乐华公司编制的会计分录如下。

借：银行存款　2 260
　贷：其他业务收入　2 000
　　应交税费——应交增值税（销项税额）　260

3.5.3　营业成本的核算

1. 账户设置

为核算企业在日常活动中为取得收入而发生的营业成本，应设置以下账户。

（1）“主营业务成本”账户。为核算企业确认销售商品、提供劳务等主营业务收入时应结转的成本，企业应当设置“主营业务成本”账户。该账户属于损益类账户，其结构如图 3-25 所示。该账户可按主营业务的种类设置明细账，进行明细分类核算。

主营业务成本

借方	贷方
发生额： 计算结转的主营业务成本	发生额： 转入“本年利润”账户的成本总额
期末无余额	

图 3–25　“主营业务成本”账户结构

（2）“其他业务成本”账户。为核算企业确认的除主营业务活动以外的其他经营活动所发生的支出，企业应当设置“其他业务成本”账户。该账户属于损益类账户，其结构如图 3-26 所示。该账户可按其他业务成本的种类设置明细账，进行明细分类核算。

其他业务成本

借方	贷方
发生额： 企业发生的其他业务成本	发生额： 转入“本年利润”账户的其他业务成本
期末无余额	

图 3–26　“其他业务成本”账户结构

2. 账务处理

（1）主营业务成本的账务处理。当企业计算并结转已销产品的实际成本时，应按计算确定的已销产品的实际成本，借记“主营业务成本”账户，贷记“库存商品”等账户。

【例 3-27】20××年 9 月 30 日，经计算，乐华公司本月已销 A 产品的生产成本为 380 000 元，B 产品的生产成本为 155 000 元。

业务分析

该项经济业务的发生，使企业的费用要素和资产要素发生变化。一方面，企业的主营业务成本增加了 535 000 元；另一方面，企业的库存商品减少了 535 000 元。

操作步骤

第一步，确定应借、应贷会计科目。主营业务成本的增加，应记入“主营业务成本”账户的借方；企业库存商品的减少，应记入“库存商品”账户的贷方。

第二步，编制会计分录。乐华公司编制的会计分录如下。

借：主营业务成本　　535 000
　　贷：库存商品——A 产品　　380 000
　　　　　　　　——B 产品　　155 000

（2）其他业务成本的账务处理。企业在计算结转其他业务成本时，应按出售原材料的实际成本，借记“其他业务成本”账户，贷记“原材料”账户。当企业为取得其他业务收入而发生其他支出时，应按实际支出额，借记“其他业务成本”账户，贷记“累计折旧”“银行存款”等账户。

假定乐华公司 20××年 9 月应确认的全部其他业务成本如下。

【例 3-28】9 月 30 日，经计算，乐华公司本月销售乙材料的成本为 1 000 元。

业务分析

材料销售不属于乐华公司的主营业务，公司因销售材料而取得的收入应确认为其他业务收入，由此发生的成本应确认为其他业务成本。该项经济业务的发生，使企业的费用要素和资产要素发生变化。一方面，企业的其他业务成本增加了 1 000 元；另一方面，企业的原材料减少了 1 000 元。

操作步骤

第一步，确定应借、应贷会计科目。其他业务成本的增加，应记入“其他业务成本”账户的借方；企业原材料的减少，应记入“原材料”账户的贷方。

第二步，编制会计分录。乐华公司应编制的会计分录如下。

借：其他业务成本　　　　1 000

　　贷：原材料——乙材料　　　　1 000

【例 3-29】9 月 30 日，经计算，乐华公司本月出租厂房应计提折旧 800 元。

业务分析

出租厂房不属于乐华公司的主营业务，公司因出租厂房而取得的租金收入应确认为其他业务收入，由此发生的相关成本（如折旧费等）应确认为其他业务成本。该项经济业务的发生，使企业的费用要素和资产要素发生变化。一方面，企业的其他业务成本增加了 800 元；另一方面，企业的累计折旧增加了 800 元。

操作步骤

第一步，确定应借、应贷会计科目。其他业务成本的增加，应记入“其他业务成本”账户的借方；企业累计折旧的增加（即固定资产价值的减少），应记入“累计折旧”账户的贷方。

第二步，编制会计分录。乐华公司编制的会计分录如下。

借：其他业务成本　　　　800

　　贷：累计折旧　　　　800

3.5.4 税金及附加的核算

1. 账户设置

为核算企业经营活动过程中发生的消费税、城市维护建设税、教育费附加等相关税费，企业应当设置“税金及附加”账户。该账户属于损益类账户，其结构如图 3-27 所示。该账户可按企业交纳税费的种类设置明细账，进行明细分类核算。

税金及附加

借方	贷方
发生额： 企业按规定计算确定的与经营活动相关的税费	发生额： 转入“本年利润”账户的税费总额
期末无余额	

图 3-27 “税金及附加”账户结构

2. 账务处理

企业按规定计算出应由主营业务和其他业务负担的相关税费时，应按计算确定的税费金额，借记“税金及附加”账户，贷记“应交税费”账户。实际交纳税款时，借记“应交税费”账户，贷记“银行存款”账户。

【例 3-30】 20××年 9 月 30 日，乐华公司计算出本月应交的城市维护建设税为 3 500 元，教育费附加为 1 500 元。

业务分析

城市维护建设税、教育费附加属于企业日常经营活动中产生的税费，应由主营业务和其他业务负担，是企业税金及附加的组成部分。该项经济业务的发生，使企业的费用要素和负债要素发生变化。一方面，企业的税金及附加增加了 5 000 元；另一方面，企业应交未交的税费也增加了 5 000 元。

操作步骤

第一步，确定应借、应贷会计科目。税金及附加的增加应记入“税金及附加”账户的借方，企业应交未交的税费增加应记入“应交税费”账户的贷方。

第二步，编制会计分录。乐华公司编制的会计分录如下。

会计分录	借方	贷方
借：税金及附加	5 000	
贷：应交税费——应交城市维护建设税		3 500
——应交教育费附加		1 500

10 月初实际交纳上述税费时，乐华公司应编制如下会计分录。

会计分录	借方	贷方
借：应交税费——应交城市维护建设税	3 500	
——应交教育费附加	1 500	
贷：银行存款		5 000

3.5.5　销售费用的核算

1．账户设置

为核算企业销售商品和材料、提供劳务过程中发生的各种经营费用，企业应当设置“销售费用”账户。该账户属于损益类账户，其结构如图 3-28 所示。该账户可按销售费用项目设置明细账，进行明细分类核算。

销售费用

借方	贷方
发生额： 企业发生的各项销售费用	发生额： 转入“本年利润”账户的销售费用余额
期末无余额	

图 3–28　“销售费用”账户结构

2．账务处理

企业发生销售费用时，应按实际发生额，借记“销售费用”账户，贷记“库存现金”“银行存款”“应付职工薪酬”等账户。

假定乐华公司 20××年 9 月发生的全部销售费用如下。

【例 3-31】 9 月 10 日，乐华公司销售部门领用甲材料一批，实际成本为 2 730 元。

业务分析

销售部门耗用材料所发生的费用，应确认为销售费用。该项经济业务的发生，会引起企业费用要素和资产要素发生变化。一方面，企业的销售费用增加了 2 730 元；另一方面，企业的原材料减少了 2 730 元。

操作步骤

第一步，确定应借、应贷会计科目。销售费用的增加，应记入“销售费用”账户的借方；原材料的减少，应记入“原材料”账户的贷方。

第二步，编制会计分录。乐华公司编制的会计分录如下。

借：销售费用——材料费　　2 730

　　贷：原材料——甲材料　　2 730

【例 3-32】9 月 15 日，以银行存款支付广告费 1 310 元、增值税税额 78.60 元和应由本公司销售机构负担的电费 1 140 元、增值税税额 148.20 元。

业务分析

广告费与企业的产品销售业务直接相关，应确认为销售费用。为销售本企业产品而专设的销售机构所发生的经营费用也是销售费用的组成部分，因而由销售机构负担的电费也应确认为销售费用。该项经济业务的发生，会引起企业费用要素和资产、负债要素发生变化。一方面，企业的销售费用增加了 2 450 元，增值税进项税额增加了 226.80 元；另一方面，企业的银行存款减少了 2 676.80 元。

操作步骤

第一步，确定应借、应贷会计科目。销售费用和增值税进项税额的增加，应分别记入“销售费用”“应交税费——应交增值税（进项税额）”账户的借方；银行存款的减少，应记入“银行存款”账户的贷方。

第二步，编制会计分录。乐华公司编制的会计分录如下。

借：销售费用——广告费　　1 310

　　　　　　——电费　　1 140

　　应交税费——应交增值税（进项税额）　　226.80

　　贷：银行存款　　2 676.80

【例 3-33】9 月 20 日，以现金支付本公司销售机构业务人员差旅费 470 元。

业务分析

为销售本企业产品而专设的销售机构所发生的经营费用是销售费用的组成部分，因而公司销售机构业务人员差旅费应确认为销售费用。该项经济业务的发生，会引起企业费用要素和资产要素发生变化。一方面，企业的销售费用增加了 470 元；另一方面，企业的库存现金减少了 470 元。

操作步骤

第一步，确定应借、应贷会计科目。销售费用的增加，应记入“销售费用”账户的借方；库存现金的减少，应记入“库存现金”账户的贷方。

第二步，编制会计分录。乐华公司编制的会计分录如下。

借：销售费用——差旅费　　470

　　贷：库存现金　　470

【例 3-34】9 月 30 日，分配本月职工薪酬。当月企业销售人员工资为 8 639 元，应计提的社会保险费为 2 419 元。

业务分析

销售人员工资及其他薪酬是销售费用的组成部分，应确认为销售费用。该项经济业务的发生，会引起企业费用要素和负债要素发生变化。一方面，企业的销售费用增加了 11 058 元（8 639 元+2 419 元）；另一方面，企业的应付职工薪酬增加了 11 058 元。

操作步骤

第一步，确定应借、应贷会计科目。销售费用的增加，应记入“销售费用”账户的借方；应付职工薪酬的增加，应记入“应付职工薪酬”账户的贷方。

第二步，编制会计分录。乐华公司编制的会计分录如下。

借：销售费用——职工工资　　8 639

　　　　　　——社会保险费　　2 419

　贷：应付职工薪酬——职工工资　　8 639

　　　　　　　　　——社会保险费　　2 419

【例 3-35】9 月 30 日，计提本月本公司销售部门使用的固定资产折旧费 1 800 元。

业务分析

为销售本企业产品而专设的销售机构所使用的固定资产应计提的折旧费，是销售费用的组成部分，应确认为销售费用。该项经济业务的发生，会引起企业费用要素和资产要素发生变化。一方面，企业的销售费用增加了 1 800 元；另一方面，企业的累计折旧增加了 1 800 元。

操作步骤

第一步，确定应借、应贷会计科目。销售费用的增加，应记入“销售费用”账户的借方；累计折旧的增加（即固定资产价值的减少），应记入“累计折旧”账户的贷方。

第二步，编制会计分录。乐华公司编制的会计分录如下。

借：销售费用——折旧费　　1 800

　贷：累计折旧　　1 800

该公司将本月发生的所有销售费用记入“销售费用明细账”，如表 3-12 所示。

表 3-12　销售费用明细账

20××年		凭证号数	摘要	材料费	工资	社会保险费	折旧费	广告费	其他	合计
月	日									
9	10		领用材料	2 730						2 730
9	15		支付广告费、水电费					1 310	1 140	2 450
9	20		支付差旅费						470	470
9	30		分配职工薪酬		8 639	2 419				11 058
9	30		计提折旧费				1 800			1 800
9	30		本月合计	2 730	8 639	2 419	1 800	1 310	1 610	18 508

综上所述，销售过程核算的账户对应关系如图 3-29 所示。

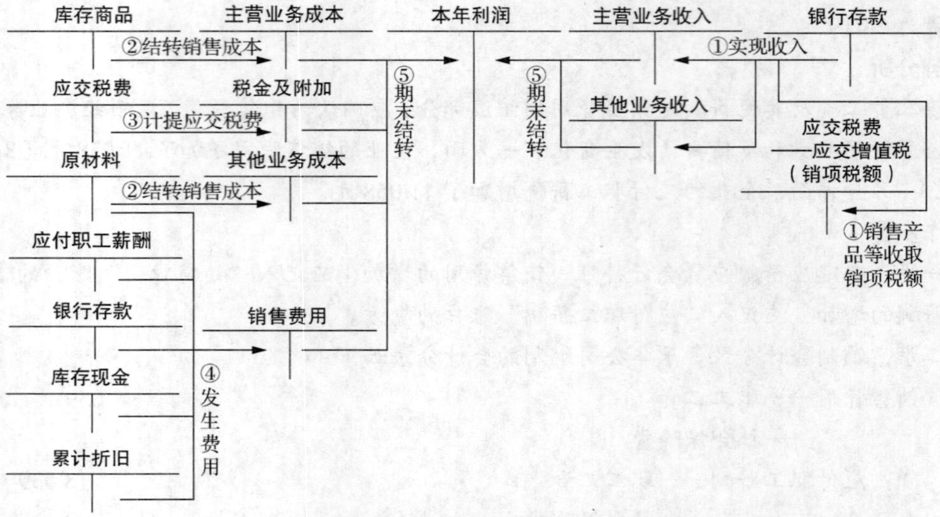

图 3-29　销售过程核算的账户对应关系

3.6　利润形成与分配的核算

3.6.1　利润的构成

利润是指企业在一定会计期间的经营成果，包括收入减去费用后的净额、直接计入当期利润的利得和损失等。具体来说，利润是由营业利润、利润总额和净利润 3 个层次构成的。

1. 营业利润

营业利润是指企业从事日常经营活动所取得的收入减去费用后的净额，是反映企业管理者经营业绩的指标。其计算公式为：

营业利润=营业收入-营业成本-税金及附加-销售费用-管理费用-财务费用-信用减值损失-资产减值损失+公允价值变动收益（-公允价值变动损失）+资产处置收益（-资产处置损失）+投资收益（-投资损失）+其他收益

其中：

营业收入=主营业务收入+其他业务收入

营业成本=主营业务成本+其他业务成本

2. 利润总额

利润总额又称税前利润，是营业利润加上营业外收入减去营业外支出后的金额。其计算公式为：

利润总额=营业利润+营业外收入-营业外支出

3. 净利润

净利润又称税后利润，是利润总额扣除所得税费用后的净额。其计算公式为：

净利润=利润总额-所得税费用

3.6.2 管理费用和财务费用的核算

1. 账户设置

（1）“管理费用”账户。管理费用是指企业为组织和管理企业生产经营所发生的各种费用，包括企业董事会和行政管理部门在企业的经营管理中发生的或者应由企业统一负担的公司经费（包括行政管理部门职工薪酬、物料消耗、低值易耗品摊销、办公费和差旅费等）、工会经费、董事会会费（包括董事会成员津贴、会议费和差旅费等）、聘请中介机构费、咨询费（含顾问费）、诉讼费、业务招待费、技术转让费、矿产资源补偿费、研究费用、排污费等。企业生产车间（部门）和行政管理部门发生的固定资产修理费用等后续支出也属于管理费用。

为核算企业为组织和管理企业生产经营所发生的管理费用，企业应当设置“管理费用”账户。该账户属于损益类账户，其结构如图 3-30 所示。该账户可按管理费用项目设置明细账，进行明细分类核算。

管理费用

借方	贷方
发生额： 企业发生的各项管理费用	发生额： 转入“本年利润”账户的管理费用余额
期末无余额	

图 3-30 “管理费用”账户结构

（2）“财务费用”账户。财务费用是指企业为筹集生产经营所需资金而发生的筹资费用，包括利息支出（减利息收入）、汇兑损益以及相关的手续费等。企业为购建固定资产进行专门借款所发生的借款费用，在固定资产达到预定可使用状态前按规定应予以资本化的部分，不包括在财务费用之中。所谓资本化，是指将符合资本化条件的费用计入资产的成本。

为核算企业为筹集生产经营所需资金而发生的筹资费用，企业应当设置“财务费用”账户。该账户属于损益类账户，其结构如图 3-31 所示。该账户可按财务费用项目设置明细账，进行明细分类核算。

财务费用

借方	贷方
发生额： 企业发生的各项财务费用	发生额： ① 应冲减财务费用的利息收入 ② 转入“本年利润”账户的财务费用余额
期末无余额	

图 3-31 “财务费用”账户结构

2. 账务处理

（1）管理费用的账务处理。当企业发生管理费用时，应按实际发生额，借记“管理费用”账户，贷记“库存现金”“银行存款”“应付职工薪酬”“累计折旧”等账户。

假定乐华公司 20××年 9 月发生的全部管理费用如下。

【例 3-36】9 月 5 日，企业行政管理部门以现金 580 元购买办公用品（未取得增值税专用发票）。

业务分析

企业行政管理部门的办公费属于管理费用，因此该项经济业务的发生，会使企业的资产和费用要素发生变化。一方面，企业管理费用中的公司经费增加了 580 元；另一方面，企业的库存现金减少了 580 元。因购买办公用品时未取得增值税专用发票，支付的增值税不能从当期的销项税额中抵扣，所以该业务不涉及增值税进项税额的核算。

操作步骤

第一步，确定应借、应贷会计科目。管理费用的增加，应记入“管理费用”账户的借方；库存现金的减少，应记入“库存现金”账户的贷方。

第二步，编制会计分录。乐华公司编制的会计分录如下。

借：管理费用——公司经费	580	
贷：库存现金		580

【例 3-37】9 月 15 日，以银行存款支付应由企业行政管理部门负担的水电费 1 200 元、增值税税额合计 136 元。

业务分析

应由企业行政管理部门负担的水电费属于管理费用，因此该项经济业务的发生，会使企业的资产、负债和费用要素发生变化。一方面，企业管理费用中的公司经费增加了 1 200 元，增值税进项税额增加了 136 元；另一方面，企业的银行存款减少了 1 336 元。

操作步骤

第一步，确定应借、应贷会计科目。管理费用和增值税进项税额的增加，应分别记入“管理费用”“应交税费——应交增值税（进项税额）”账户的借方；银行存款的减少，应记入“银行存款”账户的贷方。

第二步，编制会计分录。乐华公司编制的会计分录如下。

借：管理费用——公司经费	1 200	
应交税费——应交增值税（进项税额）	136	
贷：银行存款		1 336

【例 3-38】9 月 20 日，以银行存款支付法律顾问费 1 500 元、增值税税额 90 元。同日，转账支付业务招待费 5 400 元。

业务分析

企业支付的法律顾问费和业务招待费属于管理费用，因此该项经济业务的发生，会使企业的资产和费用要素发生变化。一方面，企业管理费用中的咨询费（法律顾问费）增加了 1 500 元，业务招待费增加了 5 400 元，增值税进项税额增加了 90 元；另一方面，企业的银行存款减少了 6 990 元。税收法规规定，生活服务的增值税进项税额不得抵扣，因此业务招待费的核算不涉及增值税进项税额的处理。

操作步骤

第一步，确定应借、应贷会计科目。管理费用和增值税进项税额的增加，应分别记入“管理费用”“应交税费——应交增值税（进项税额）”账户的借方；银行存款的减少，应记入“银行存款”账户的贷方。

第二步，编制会计分录。乐华公司编制的会计分录如下。

借：管理费用——咨询费　　1 500
　　　　　　——业务招待费　　5 400
　　应交税费——应交增值税（进项税额）　　90
　　贷：银行存款　　6 990

【例 3-39】9 月 30 日，分配本月职工薪酬。其中，应付企业行政管理人员工资为 14 339 元，应付社会保险费为 4 015 元。

业务分析

企业行政管理人员工资及其他薪酬属于管理费用，因此该项经济业务的发生，会使企业的费用要素和负债要素发生变化。一方面，企业管理费用中的职工工资增加了 14 339 元，社会保险费增加了 4 015 元；另一方面，企业应付职工薪酬增加了 18 354 元（14 339 元+4 015 元）。

操作步骤

第一步，确定应借、应贷会计科目。管理费用的增加，应记入“管理费用”账户的借方；应付职工薪酬的增加，应记入“应付职工薪酬”账户的贷方。

第二步，编制会计分录。乐华公司编制的会计分录如下。

借：管理费用——职工工资　　14 339
　　　　　　——社会保险费　　4 015
　　贷：应付职工薪酬——职工工资　　14 339
　　　　　　　　　　——社会保险费　　4 015

【例 3-40】9 月 30 日，企业行政管理部门计提固定资产折旧费 4 100 元。

业务分析

企业行政管理部门使用的固定资产计提的折旧费属于管理费用，因此该项经济业务的发生，会使企业的费用要素和资产要素发生变化。一方面，企业管理费用中的折旧费增加了 4 100元；另一方面，企业的累计折旧增加了 4 100 元。

操作步骤

第一步，确定应借、应贷会计科目。管理费用的增加，应记入“管理费用”账户的借方；累计折旧的增加（即固定资产价值的减少），应记入“累计折旧”账户的贷方。

第二步，编制会计分录。乐华公司编制的会计分录如下。

借：管理费用——折旧费　　4 100
　　贷：累计折旧　　4 100

【例 3-41】9 月 30 日，本月无形资产价值应摊销 9 000 元。

业务分析

无形资产的摊销是指企业采用一定的方法将无形资产的成本合理且系统地分配到各期的成本费用中去，通常计入管理费用。因此，该项经济业务的发生，会使企业的费用要素和资产要素发生变化。一方面，企业管理费用中的无形资产摊销增加了 9 000 元；另一方面，企业无形资产的价值减少了 9 000 元。为核算无形资产价值的减少（即无形资产的摊销额），企业应设置“累计摊销”账户。

操作步骤

第一步，确定应借、应贷会计科目。管理费用的增加，应记入“管理费用”账户的借方；无形资产价值的减少，应记入“累计摊销”账户的贷方。

第二步，编制会计分录。乐华公司编制的会计分录如下。

借：管理费用——无形资产摊销　　9 000

　　贷：累计摊销　　9 000

月末，乐华公司应将本月发生的全部管理费用记入“管理费用明细账”，如表 3-13 所示。

表 3-13　　管理费用明细账

20××年		凭证号数	摘要	公司经费	工资	社会保险费	咨询费	业务招待费	无形资产摊销	折旧费	合计
月	日										
9	5		购买办公用品	580							580
9	15		支付水电费	1 200							1 200
9	20		支付法律顾问费				1 500				1 500
9	20		支付业务招待费					5 400			5 400
9	30		分配工资费、计提福利费		14 339	4 015					18 354
9	30		计提固定资产折旧费							4 100	4 100
9	30		无形资产摊销						9 000		9 000
9	30		本月费用合计	1 780	14 339	4 015	1 500	5 400	9 000	4 100	40 134

（2）财务费用的账务处理。企业发生财务费用时，应借记“财务费用”账户，贷记“应付利息”“银行存款”等账户。取得利息收入、汇兑收益时，应冲减财务费用，借记“银行存款”账户，贷记“财务费用”账户。

假定乐华公司 20××年 9 月发生的全部财务费用如下。

【例 3-42】 9 月 20 日，以银行存款支付本季度的短期借款利息 3 500 元，已知 7 月和 8 月各预提 1 000 元。

业务分析

企业于本期发生的借款利息应计入财务费用，其中前期已预提的部分应冲减相应的应付未付利息。因此，该项经济业务的发生，会使企业的费用、资产和负债要素发生变化。一方面，企业当月的财务费用增加了 1 500 元（3 500 元-1 000 元×2）；另一方面，企业的应付未付利息减少了 2 000 元，银行存款减少了 3 500 元。

操作步骤

第一步，确定应借、应贷会计科目。财务费用的增加和前期计提的应付未付利息的减少，应分别记入“管理费用”“应付利息”账户的借方；银行存款的减少，应记入“银行存款”账户的贷方。

第二步，编制会计分录。乐华公司编制的会计分录如下。

借：财务费用　　1 500

　　应付利息　　2 000

　　贷：银行存款　　3 500

【例 3-43】 9 月 22 日，收到银行转来的结息通知，银行结付企业存款利息 500 元，并转为企业的银行存款。

业务分析

企业收到的利息收入应冲减财务费用，因此该项经济业务的发生，会使企业的费用要素和资产要素发生变化。一方面，企业银行存款增加了 500 元；另一方面，企业的财务费用减少了 500 元。

操作步骤

第一步，确定应借、应贷会计科目。银行存款的增加，应记入“银行存款”账户的借方；财务费用的减少，应记入“财务费用”账户的贷方。

第二步，编制会计分录。乐华公司编制的会计分录如下。

借：银行存款　　500

　　贷：财务费用　　500

【例 3-44】 9 月 25 日，以银行存款支付银行转账结算手续费，共计 450 元。

业务分析

企业支付的银行转账结算手续费应计入财务费用，因此该项经济业务的发生，会使企业的费用要素和资产要素发生变化。一方面，财务费用增加了 450 元；另一方面，企业的银行存款减少了 450 元。

操作步骤

第一步，确定应借、应贷会计科目。财务费用的增加，应记入“财务费用”账户的借方；银行存款的减少，应记入“银行存款”账户的贷方。

第二步，编制会计分录。乐华公司编制的会计分录如下。

借：财务费用　　450

　　贷：银行存款　　450

【例 3-45】 9 月 30 日，计提企业本月长期借款利息 7 100 元。该项长期借款用于企业生产线的购建，该生产线已于 8 月正式投产使用。

业务分析

该笔长期借款利息发生在所购建的生产线达到预计可使用状态之后，按规定应计入财务费用。因此，该项经济业务的发生，会使企业的费用要素和负债要素发生变化。一方面，财务费用增加了 7 100 元；另一方面，企业的应付未付利息增加了 7 100 元。

操作步骤

第一步，确定应借、应贷会计科目。财务费用的增加，应记入“财务费用”账户的借方；应付未付利息的增加，应记入“应付利息”账户的贷方。

第二步，编制会计分录。乐华公司编制的会计分录如下。

借：财务费用　　7 100

　　贷：应付利息　　7 100

乐华公司将本月发生的财务费用全部记入“财务费用明细账”，如表 3-14 所示。

表 3–14　　财务费用明细账

20××年		凭证号数	摘要	利息支出	汇兑损益	手续费	利息收入	合计
月	日							
9	20		付借款利息	1 500				1 500
9	22		收存款利息				500	500
9	25		付银行手续费			450		450
9	30		计提长期借款利息	7 100				7 100
9	30		本月费用合计	8 600		450	500	8 550

注：因财务费用明细账采用的是借方多栏式账页，而利息收入为贷方发生额，因此登记账簿时应采用红字登记。

3.6.3 营业外收支的核算

1. 账户设置

营业外收支是指企业发生的营业利润以外的收益和支出，包括营业外收入、营业外支出。其中，营业外收入是指企业发生的营业利润以外的收益，主要包括债务重组利得、与企业日常活动无关的政府补助、盘盈利得、捐赠利得等；营业外支出是指企业发生的营业利润以外的支出，主要包括债务重组损失、公益性捐赠支出、非常损失、盘亏损失、非流动资产毁损报废损失等。

为核算企业发生的各项营业外收支，企业应当设置“营业外收入”“营业外支出”账户。这些账户属于损益类账户，账户结构如图 3-32 和图 3-33 所示。上述账户可按营业外收支项目设置明细账，进行明细分类核算。

营业外收入

借方	贷方
发生额： 转入“本年利润”账户的营业外收入	发生额： 企业确认的营业外收入
	期末无余额

图 3-32 “营业外收入”账户结构

营业外支出

借方	贷方
发生额： 企业确认的营业外支出	发生额： 转入“本年利润”账户的营业外支出
期末无余额	

图 3-33 “营业外支出”账户结构

2. 账务处理

企业发生营业外收入时，应借记“银行存款”“固定资产”“应付账款”等账户，贷记“营业外收入”账户。发生营业外支出时，应借记“营业外支出”账户，贷记“银行存款”等账户。

假定乐华公司 20××年 9 月发生的营业外收支业务如下。

【例 3-46】9 月 20 日，乐华公司清理长期无法支付的应付账款一笔，账面价值为 4 050 元，经批准转作企业的营业外收入。

业务分析

企业无法偿还的应付款项属于营业外收入，应直接计入所有者权益（即利润要素），所以该项经济业务的发生，会使企业的利润要素和负债要素发生变化。一方面，企业应付账款的账面价值减少了 4 050 元；另一方面，营业外收入增加了 4 050 元。

操作步骤

第一步，确定应借、应贷会计科目。应付账款的减少，应记入“应付账款”账户的借方；营业外收入的增加，应记入“营业外收入”账户的贷方。

第二步，编制会计分录。乐华公司编制的会计分录如下。

借：应付账款　　　　　　　　　　4 050

　　贷：营业外收入　　　　　　　　　　4 050

【例 3-47】9 月 26 日，乐华公司开出支票，向希望工程捐赠 5 500 元。

业务分析

企业发生的公益性捐赠支出属于营业外支出，应直接计入所有者权益（即利润要素），所以该项经济业务的发生，会使企业的利润要素和资产要素发生变化。一方面，企业的营业外支出增加了 5 500 元；另一方面，企业的银行存款减少了 5 500 元。

操作步骤

第一步，确定应借、应贷会计科目。营业外支出的增加，应记入"营业外支出"账户的借方；银行存款的减少，应记入"银行存款"账户的贷方。

第二步，编制会计分录。乐华公司编制的会计分录如下。

借：营业外支出　　　　　　　　　　5 500

　　贷：银行存款　　　　　　　　　　5 500

3.6.4　利润形成的核算

1. 利润总额形成的核算

（1）账户设置。为核算企业实现的净利润（或发生的净亏损），企业应设置"本年利润"账户。该账户属于所有者权益类账户，其结构如图 3-34 所示。

值得说明的是，企业于期（月）末结转利润后，"本年利润"账户若为贷方余额，则为当期实现的净利润；若为借方余额，则为当期发生的净亏损。年度终了，企业应当将本年实现的净利润（或发生的净亏损）转入"利润分配"账户，结转后"本年利润"账户应无余额。

本年利润

借方	贷方
或期初余额：本年累计发生的净亏损 发生额： ① 由损益类账户转入的本期发生的成本、费用和损失 ② 年末，转入"利润分配"账户的净利润	期初余额：本年累计实现的净利润 发生额： ① 由损益类账户转入的本期实现的收入、利得 ② 年末，转入"利润分配"账户的净亏损
	年末结转后无余额

图 3-34　"本年利润"账户结构

（2）账务处理。企业应将当期发生的各项收入、利得及成本、费用、损失全部登记入账后，于期末结出各损益类账户的贷方余额或借方余额，并将所有收入类账户的贷方余额转入"本年利润"账户的贷方，将所有费用类账户的借方余额转入"本年利润"账户的借方。结转后各损益类账户应无余额。此时，"本年利润"账户若为贷方余额，则为企业当期实现的利润总额；若为借方余额，则为企业当期发生的亏损总额。

【例 3-48】乐华公司 20××年 9 月所有收入类账户和费用类账户的余额如表 3-15 所示。

表 3-15 损益类账户余额表

20××年 9 月 30 日

单位：元

会计科目	借方	贷方
主营业务收入		958 000
其他业务收入		17 500
营业外收入		4 050
主营业务成本	535 000	
其他业务成本	1 800	
税金及附加	5 000	
销售费用	18 508	
管理费用	40 134	
财务费用	8 550	
营业外支出	5 500	

业务分析

上述各损益类账户的余额反映的是本月已实现的各项收入、利得全额和发生的各项成本、费用、损失全额，通过计算即可得出本月实现的利润总额。

操作步骤

第一步，将各项收入、利得转入“本年利润”账户的贷方。编制的会计分录如下。

借：主营业务收入 958 000
　　其他业务收入 17 500
　　营业外收入 4 050
　　贷：本年利润 979 550

第二步，将各项成本、费用和损失转入“本年利润”账户的借方。编制的会计分录如下。

借：本年利润 614 492
　　贷：主营业务成本 535 000
　　　　其他业务成本 1 800
　　　　税金及附加 5 000
　　　　销售费用 18 508
　　　　管理费用 40 134
　　　　财务费用 8 550
　　　　营业外支出 5 500

第三步，计算确定本期实现的利润总额。结转后，即将本期发生的全部收入、利得与全部成本、费用和损失都汇集到了“本年利润”账户中，结出该账户的余额，即可计算出本公司 9 月实现的利润总额为 365 058 元（979 550 元-614 492 元）。

2. 净利润形成的核算

（1）账户设置。按照《企业所得税法》的规定，企业的生产经营所得和其他所得应交纳企业所得税。企业交纳的所得税即为所得税费用。为核算该项费用，企业应设置“所得税费用”账户。该账户属于损益类账户，用于核算企业按规定从当期利润总额中扣除的所得税费用，结构如图 3-35 所示。

所得税费用

借方	贷方
发生额： 资产负债表日企业确认的所得税费用	发生额： 期末转入“本年利润”账户的所得税费用
期末无余额	

图 3–35　“所得税费用”账户结构

（2）账务处理。企业应于期末（月末、季末或年末）计算出所得税费用，借记“所得税费用”账户，贷记“应交税费——应交所得税”账户。实际交纳所得税时，按实际交纳金额，借记“应交税费——应交所得税”账户，贷记“银行存款”账户。企业将“所得税费用”账户的借方余额转入“本年利润”账户借方时，借记“本年利润”账户，贷记“所得税费用”账户。

【例 3-49】乐华公司 20××年 9 月实现利润总额 365 058 元，适用的企业所得税税率为 25%。

业务分析

企业根据税法规定计算交纳的所得税是费用要素的组成部分，因此该项经济业务的发生，会引起企业费用要素和负债要素发生变化。一方面，企业的所得税费用增加，应借记“所得税费用”账户；另一方面，企业应交未交的所得税增加，应贷记“应交税费——应交所得税”账户。

操作步骤

第一步，计算当期应交所得税。

当月应纳所得税=365 058×25%=91 264.50（元）

第二步，进行所得税费用的账务处理。企业的所得税费用增加，应记入“所得税费用”账户的借方；企业应交所得税增加，应记入“应交税费——应交所得税”账户的贷方。编制的会计分录如下。

借：所得税费用　　91 264.50

　　贷：应交税费——应交所得税　　91 264.50

第三步，结转当期的所得税费用。20××年 9 月 30 日，乐华公司应将本月发生的所得税费用 91 264.50 元转入“本年利润”账户。编制的会计分录如下。

借：本年利润　　91 264.50

　　贷：所得税费用　　91 264.50

第四步，计算确定当期实现的净利润。结转当期的所得税费用后，乐华公司“本年利润”账户的贷方余额为 273 793.50 元（365 058 元-91 264.50 元），即为该公司 9 月实现的净利润。

3.6.5　利润分配的核算

1. 利润分配的顺序

企业取得净利润后一般按下列顺序进行分配：①按净利润的 10%提取法定盈余公积；②向投资者分配利润。

其中，股份制企业向投资者分配利润时，按下列顺序进行：①支付优先股股利；②提取任意盈余公积；③支付现金股利。

2. 账户设置

为核算企业利润分配（或亏损弥补）及其结果，企业应当设置以下账户。

（1）“利润分配”账户。为核算企业利润的分配（或亏损的弥补）和历年分配（或弥补）后的余额，企业应设置“利润分配”账户。该账户属于所有者权益类账户，其结构如图 3-36 所示。该账户应当分别按“提取法定盈余公积”“应付现金股利或利润”“未分配利润”等设置明细账，进行明细分类核算。

利润分配

借方	贷方
或期初余额：期初企业累计未弥补亏损	期初余额：期初企业累计未分配利润
发生额： ① 由“本年利润”账户转入的本年发生的净亏损 ② 提取的盈余公积 ③ 分配给投资者的利润或现金股利	发生额： 由“本年利润”账户转入的本年实现的净利润
或期末余额：期末企业累计未弥补亏损	期末余额：期末企业累计未分配利润

图 3-36 “利润分配”账户结构

（2）“盈余公积”账户。为核算企业从净利润中提取的盈余公积，企业应当设置“盈余公积”账户。该账户属于所有者权益类账户，其结构如图 3-37 所示。

盈余公积

借方	贷方
发生额： 已使用的盈余公积	期初余额：期初企业的盈余公积 发生额： 按规定提取的盈余公积
	期末余额：期末企业的盈余公积

图 3-37 “盈余公积”账户结构

（3）“应付股利”账户。为核算企业向投资者分配的现金股利或利润，企业应当设置“应付股利”账户。该账户属于负债类账户，其结构如图 3-38 所示。该账户可按投资者设置明细账，进行明细分类核算。

应付股利

借方	贷方
发生额： 实际支付的现金股利或利润	期初余额：期初企业应付未付的现金股利或利润 发生额： 根据利润分配方案，企业应支付的现金股利或利润
	期末余额：期末企业应付未付的现金股利或利润

图 3-38 “应付股利”账户结构

3. 账务处理

（1）利润分配的账务处理。企业按规定提取法定盈余公积时，应按提取金额，借记“利润分配——提取法定盈余公积”账户，贷记“盈余公积——法定盈余公积”账户；企业根据利润分配方案向投资者分配现金股利或利润时，应按实际分配的现金股利或利润金额，借记“利润分配——应付现金股利（或利润）”账户，贷记“应付股利”账户。

【例 3-50】假定乐华公司 20××年度实现净利润 3 000 000 元，根据董事会通过的利润分配方案，按净利润的 10%提取法定盈余公积 300 000 元（3 000 000 元×10%），向投资者分配现金股利 1 000 000 元。

业务分析

提取法定盈余公积将使企业的所有者权益要素项目间产生增减变化。一方面，企业提取的法定盈余公积增加了 300 000 元；另一方面，企业实现的净利润因提取法定盈余公积而减少了 300 000 元。向投资者分配现金股利，则会引起企业的所有者权益要素和负债要素发生变化。一方面，企业应付未付的现金股利增加了 1 000 000 元；另一方面，企业实现的净利润因分配现金股利而减少了 1 000 000 元。

03

操作步骤

第一步，提取法定盈余公积。企业因提取法定盈余公积而引起的盈余公积的增加，应记入“盈余公积”账户的贷方；因提取了盈余公积，企业可供分配的利润减少，应记入“利润分配——提取法定盈余公积”账户的借方。编制的会计分录如下。

借：利润分配——提取法定盈余公积　　300 000

　　贷：盈余公积——法定盈余公积　　300 000

第二步，向投资者分配现金股利。企业因向投资者分配现金股利而产生的应付未付现金股利的增加，应记入“应付股利”账户的贷方；企业因向投资者分配了股利或利润，使企业可供分配的利润减少，应记入“利润分配——应付现金股利”账户的借方。编制的会计分录如下。

借：利润分配——应付现金股利　　1 000 000

　　贷：应付股利　　1 000 000

（2）结转未分配利润的账务处理。年度终了，企业应将当年实现的净利润或亏损转入“利润分配——未分配利润”账户。结转净利润时，按实际的净利润额，借记“本年利润”账户，贷记“利润分配——未分配利润”账户；结转亏损时，则按实际亏损额，借记“利润分配——未分配利润”账户，贷记“本年利润”账户。年末，企业还需将“利润分配”账户的其他明细账户的余额转入“利润分配——未分配利润”账户。账务处理主要为：借记“利润分配——未分配利润”账户，贷记“利润分配——提取法定盈余公积”“利润分配——应付现金股利或利润”等账户。

【例 3-51】20××年 12 月 31 日，乐华公司结转本年度实现的净利润和本年度的利润分配。

业务分析

年度终了，企业应将本年度实现的净利润（或亏损）及利润分配其他明细账户的余额转入“利润分配——未分配利润”账户，这是一个会计年度核算工作的终结。该项经济业务的发生，将引起企业所有者权益要素项目间的增减变化，即一项所有者权益增加的同时，另一项所有者权益减少。

操作步骤

第一步，将本年度实现的净利润转入“利润分配——未分配利润”账户。编制的会计分录如下。

借：本年利润　　　　　　　　　　　　　　　　3 000 000

　　贷：利润分配——未分配利润　　　　　　　　　　3 000 000

第二步，将“利润分配”账户其他明细账户的余额转入“利润分配——未分配利润”账户。编制的会计分录如下。

借：利润分配——未分配利润　　　　　　　　　　1 300 000

　　贷：利润分配——提取法定盈余公积　　　　　　　300 000

　　　　　　　——应付现金股　　　　　　　　　　1 000 000

第三步，登记入账，结出期末累计未分配利润。假定乐华公司本年度期初“利润分配——未分配利润”账户贷方余额为 1 500 000 元，那么本年度结转未分配利润后，该账户的贷方余额为 3 200 000 元（1 500 000 元+3 000 000 元-1 300 000 元），为该公司截至 20××年 12 月 31 日的累计未分配利润。

微课：结转

03

综上所述，利润形成与分配核算的账户对应关系如图 3-39 所示。

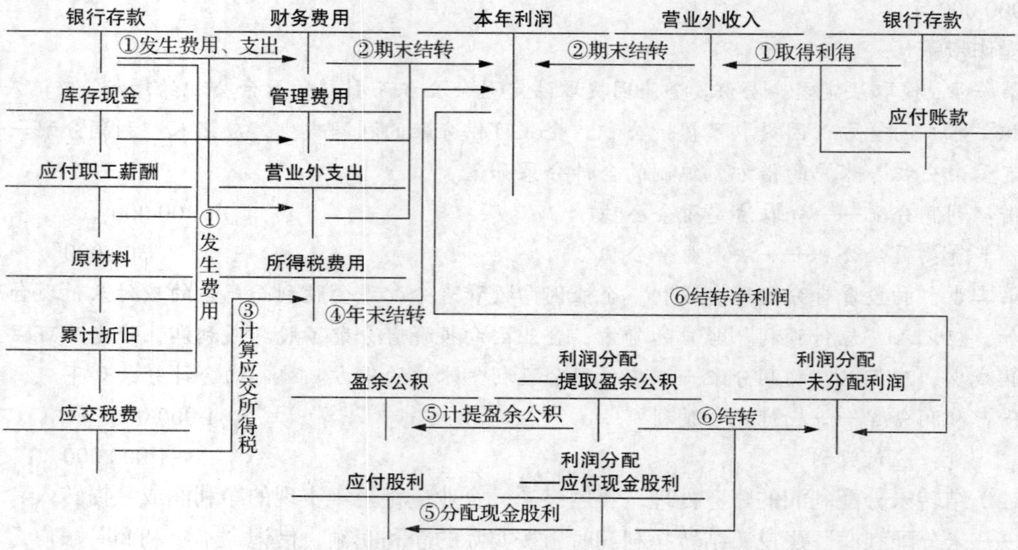

图 3-39　利润形成与分配核算的账户对应关系

本章小结

工业企业的经济业务活动主要包括资金筹集、供应、生产、销售、利润形成与分配等。其中，资金筹集是企业资金运动的起点，企业通过接受投资者投入资本或负债筹集生产经营所需资金；在供应过程中，企业须用筹资的货币资金购买生产经营所需的原材料、机器设备等，为生产经营做好准备；在生产过程中，企业将耗用原材料，支付人员工资，机器设备等固定资产会产生磨损，通过物化劳动和活劳动的消耗生产出可供销售的产成品；在销售过程中，企业须通过产成品的销售实现营业收入，并按照税收法规的规定交纳各项税费。在生产经营过程中，企业将会发生销售费用、管理费用和财务费用等期间费用，还可能会发生利得和损失。通过收入、利得、成本、费用和损失的核算，企业即可核算出一定会计期间的经营成果——净利润。通过利润分配，一部分净利润留存于企业，形成企业的经营积累；另一部分净利润则以应付股利或利润的形式退出企业，发生资金退出。

企业主要经济业务的核算内容如图 3-40 所示。

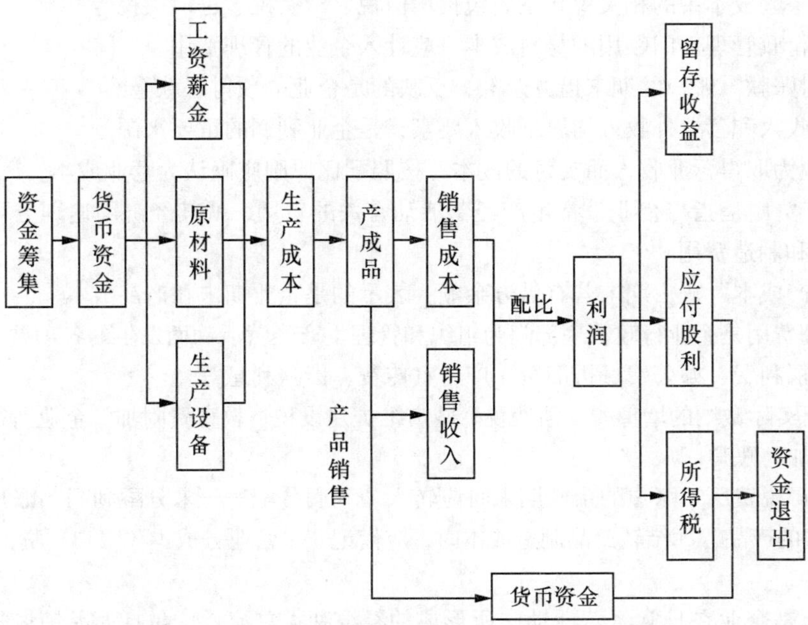

图 3-40　企业主要经济业务的核算内容

本章以工业企业的经济业务活动为基础，着重阐述了账户与借贷记账法在企业主要经济业务事项核算中的应用，体现了会计的基本职能与作用。

思考与练习

一、思考题

（1）查阅资料，试比较不同行业的经济业务有何不同？对会计核算有何影响？

（2）投资投入资本包括哪几类？实收资本（或股本）与注册资本有何区别和联系？

（3）材料采购成本由哪些内容构成？材料采购成本是如何计算的？

（4）费用与成本之间有何区别与联系？产品生产成本是由哪些项目构成的？产品成本计算的一般程序是什么？

（5）利润是由哪些层次构成的？利润分配的顺序是什么？利润形成与分配是如何进行账务处理的？

二、判断题

（1）企业的资金筹集渠道通常包括所有者权益筹资和负债筹资。（　　）

（2）设立企业时必须拥有一定数量的资本金，但企业设立后投资人可随时抽回所投资本金。（　　）

（3）负债筹资主要包括短期借款、长期借款以及结算形成的负债等。（ ）

（4）短期借款的利息不可以预提，应在实际支付时直接计入当期损益。（ ）

（5）材料的采购成本应包括从采购到入库前所发生的全部支出，包括购买价款、相关税额、运输费、装卸费、保险费，以及其他可归属于采购成本的费用。（ ）

（6）材料采购成本中的相关税费主要包括增值税、消费税、进口关税等。（ ）

（7）企业行政管理部门领用的材料成本，应计入企业的管理费用。（ ）

（8）"应付账款"账户的期末借方余额，反映的是企业的预付账款金额。（ ）

（9）营业收入和营业外收入均属于收入要素，是企业利润的重要来源。（ ）

（10）企业为取得营业收入而支付的成本，按照配比原则应确认为营业成本。（ ）

03

（11）生产费用是指与企业日常生产经营活动有关的费用，就其经济用途划分可分为直接材料、直接人工和制造费用。（ ）

（12）"生产成本"账户期末若有借方余额，表示的是企业期末在产品成本。（ ）

（13）管理费用是企业行政管理部门为组织和管理生产经营活动而发生的各项费用，包括行政人员的工资和福利费、办公费、折旧费、广告宣传费、借款利息等。（ ）

（14）企业实际缴纳的增值税、消费税、城市维护建设税、教育费附加、企业所得税等均应记入"税金及附加"账户。（ ）

（15）"所得税费用"账户的余额期末时应转入"利润分配——未分配利润"账户。（ ）

（16）完工的产品入库结转产品制造成本时，应借记"主营业务成本"账户，贷记"生产成本"账户。（ ）

（17）收入是企业在日常经营活动中所形成的经济利益总流入，包括商品销售收入、材料销售收入以及营业外收入等。（ ）

（18）确实无法支付的应付账款，经批准后应转入资本公积。（ ）

（19）向投资者支付已经宣告分配的现金股利，将导致企业的资产和负债同时减少。（ ）

（20）年末结转后，"利润分配——未分配利润"账户的借方余额即企业历年积存的未分配利润。（ ）

三、单项选择题

（1）A公司以银行存款偿还到期的短期借款50 000元，同时支付本期借款利息3 000元。下列关于该项经济业务的账务处理中，正确的是（ ）。

A. 借：短期借款 53 000
　　贷：银行存款 53 000

B. 借：应付账款 53 000
　　贷：银行存款 53 000

C. 借：短期借款 50 000
　　　应付账款 3 000
　　贷：银行存款 53 000

D. 借：短期借款 50 000
　　　财务费用 3 000
　　贷：银行存款 53 000

（2）A公司月初有短期借款60万元，本月向银行借入短期借款20万元，以银行存款偿还短期借款 40 万元，则月末“短期借款”账户的余额为（　　）元。

A. 借方 40 万　　B. 贷方 80 万　　C. 借方 80 万　　D. 贷方 40 万

（3）A 公司 20××年 7 月 1 日从银行借入 3 个月的短期借款 10 000 000 元，年利率为 12%。20××年 7 月 31 日企业对该短期借款计提月利息时，正确的账务处理是（　　）。

A. 借：短期借款　100 000
　　贷：应付利息　100 000

B. 借：财务费用　100 000
　　贷：应付利息　100 000

C. 借：财务费用　100 000
　　贷：短期借款　100 000

D. 借：财务费用　120 000
　　贷：应付利息　120 000

（4）采用一般计税方法的纳税人当期应纳增值税税额，应为（　　）。

A. 增值税进项税额

B. 增值税销项税额

C. “应交税费——应交增值税”账户的贷方余额

D. “应交税费——应交增值税”账户的借方余额

（5）“应付账款”账户期初贷方余额为 30 000 元，本期贷方发生额为 26 300 元，本期借方发生额为 17 900 元，则该账户的期末余额为（　　）。

A. 贷方 38 400 元　　B. 借方 27 000 元　　C. 贷方 21 600 元　　D. 贷方 27 000 元

（6）A 公司某车间月初在产品成本为 3 000 元，本月生产产品耗用材料 80 000 元，生产工人工资及福利费 16 000 元，该车间管理人员工资及福利费 8 000 元，车间水电等费用 8 000 元，月末在产品成本为 5 800 元，则该车间本月完工产品生产成本总额为（　　）元。

A. 115 000　　B. 109 200　　C. 107 200　　D. 107 600

（7）下列不应记入“生产成本”账户的费用是（　　）。

A. 生产工人工资　　B. 制造费用　　C. 税金及附加　　D. 直接材料

（8）A 公司计提 20××年 9 月车间管理人员工资时，应记入的借方账户是（　　）。

A. 生产成本　　B. 管理费用　　C. 财务费用　　D. 制造费用

（9）下列各项支出中，在工业企业中不能作为营业外支出的是（　　）。

A. 希望工程捐款　　B. 固定资产盘亏损失

C. 材料销售成本　　D. 罚款

（10）期末应转入“本年利润”账户借方的是（　　）。

A. “主营业务收入”账户余额　　B. “其他业务成本”账户余额

C. “营业外收入”账户余额　　D. “制造费用”账户余额

四、多项选择题

（1）下列各项中，（　　）属于按照投资主体不同划分的投入资本金。

A. 国家资本金　　B. 法人资本金　　C. 个人资本金　　D. 外商资本金

（2）当投资者实际出资超过其在注册资本中认缴的资本数额时，应贷记的账户包括（　　）。

A. “实收资本”账户　　B. “资本公积”账户

C. “盈余公积”账户　　D. “营业外收入”账户

（3）外购原材料的采购成本包括（　　）。

A. 买价　　B. 入库前的挑选整理费

C. 运输途中的合理损耗　　D. 入库后的挑选整理费

03

（4）采购费用的分配标准可以是（　　）。

A. 外购存货的重量　　B. 外购存货的买价

C. 外购存货的生产工时　　D. 外购存货的人工费用

（5）材料发出的核算可能涉及（　　）账户。

A. 原材料　　B. 材料采购　　C. 生产成本　　D. 制造费用

（6）企业在核算生产业务时通常应设置的账户包括（　　）。

A. 生产成本　　B. 制造费用　　C. 库存商品　　D. 应付职工薪酬

（7）计提固定资产折旧时，借方可能记入的账户有（　　）。

A. 制造费用　　B. 管理费用　　C. 销售费用　　D. 财务费用

（8）下列选项中，可以记入“制造费用”账户的有（　　）。

A. 生产工人工资　　B. 车间管理人员工资

C. 管理部门耗用的原材料　　D. 生产设备计提的折旧

（9）应计入产品成本的费用包括（　　）。

A. 生产工人工资　　B. 销售部门固定资产折旧费

C. 车间耗用的水电费　　D. 车间固定资产折旧费

（10）下列选项中，应记入“管理费用”账户的有（　　）。

A. 厂部固定资产折旧费　　B. 行政管理部门办公费

C. 业务招待费　　D. 专设销售机构的固定资产修理费

（11）属于营业利润构成要素的项目有（　　）。

A. 主营业务收入　　B. 营业外收入　　C. 销售费用　　D. 主营业务成本

（12）不计入生产成本，应当计入当期损益的费用有（　　）。

A. 支付的广告费　　B. 计提的管理部门固定资产折旧

C. 支付的利息费用　　D. 支付的车间办公用品费

（13）下列交易或事项中，不确认为收入的有（　　）。

A. 销售商品取得的收入　　B. 企业取得的罚款收入

C. 出售固定资产利得　　D. 销售材料收入

（14）下列各项中，对企业营业利润产生影响的有（　　）。

A. 资本公积　　B. 税金及附加　　C. 营业外收入　　D. 投资收益

（15）下列关于“本年利润”账户的表述中，正确的有（　　）。

A. 借方登记期末转入的各项费用　　B. 贷方登记期末转入的各项收入

C. 贷方余额为本年实现的净利润　　D. 借方余额为本年发生的亏损

五、业务题

习题一

1. 目的

练习筹资业务的核算。

2. 资料

美达公司20××年3月发生如下经济业务。

（1）5日，收到国家投入的货币资金1 000 000元，存入银行。

（2）5日，A公司以机器设备一台作为对美达公司的投资，双方协商作价180 000元（不考虑增值税)。

(3)8 日，B 公司以专利一项作为对美达公司的投资，该专利的公允价值为 150 000 元(不考虑增值税)。

(4)10 日，向银行取得为期 3 个月的借款 120 000 元，款项已转存银行。

(5)15 日，向银行取得为期 2 年的借款 250 000 元，款项已转存银行。

(6)20 日，以银行存款 3 200 元支付短期借款利息。

3. 要求

根据上述资料编制会计分录。

习题二

1. 目的

练习材料采购成本的计算。

2. 资料

永胜公司 20××年 9 月发生如下材料采购业务。

(1)1 日，购入 A、B 两种材料，价款 150 000 元，增值税专用发票上注明的税款为 19 500 元。货款已付，材料未到。材料采购明细表如表 3-16 所示。

表 3–16 材料采购明细

品种	体积	重量	买价
A 材料	100 立方米	2 000 千克	60 000 元
B 材料	200 立方米	6 000 千克	90 000 元

(2)10 日，以银行存款支付 A、B 材料的运杂费 3 000 元、增值税税额 270 元，按材料的体积分配该项采购费用。

(3)25 日，上述材料验收入库，按实际采购成本入账。

3. 要求

编制材料采购成本计算表并做出相关会计分录。A、B 材料采购成本计算表如表 3-17 所示。

表 3–17 A、B 材料采购成本计算表

年 月 日 金额单位：元

品种	分配标准	分配率	采购费用分配额	买价	总成本	单位成本
A 材料						
B 材料						
合计						

习题三

1. 目的

练习原材料收发业务的核算。

2. 资料

长城公司 20××年 9 月发生的原材料收入、发出业务资料如下。

（1）购入甲材料2 000千克，单价10元，计买价20 000元，增值税税额2 600元，货款以银行存款支付。同时，以银行存款支付运杂费500元、增值税税额45元，但材料尚未收到。

（2）购入乙材料1 500千克，单价12元，计买价18 000元，增值税税额2 340元，公司开出承兑商业汇票一张，材料尚未验收入库。

（3）收到以上购入的甲、乙两种材料，并如数验收入库，结转该批材料的采购成本。

（4）以银行存款预付丙材料的货款30 000元。

（5）收到购入的丙材料3 000千克，单价15元，计价款45 000元，增值税税额5 850元。当即以银行存款补付不足货款，材料验收入库。

（6）生产车间领用甲材料一批，成本4 500元。其中，直接用于A产品生产的有4 000元，生产车间一般耗用500元。

（7）行政管理部门领用乙材料一批，成本3 000元。

3. 要求

根据上述资料编制会计分录。

习题四

1. 目的

练习直接人工成本的分配。

2. 资料

星辉公司生产甲、乙两种产品，20××年9月共发生应付生产工人薪酬60 000元。有关甲、乙两种产品的统计资料如下。

（1）本月甲、乙两种产品的产量分别为2 000千克和4 000千克。

（2）本月甲、乙两种产品的实际生产工时分别为2 000工时和3 000工时。

3. 要求

（1）按产品产量的比例分配生产工人薪酬并编制会计分录。

（2）按产品实际生产工时的比例分配生产工人薪酬并编制会计分录。

习题五

1. 目的

练习制造费用的归集与分配。

2. 资料

国元公司20××年9月发生的制造费用如下。

（1）以银行存款支付生产部门电费2 000元，增值税税额260元。

（2）计提本月生产部门固定资产折旧费8 000元。

（3）计提本月应付生产部门管理人员薪酬3 200元。

（4）以现金支付生产车间的办公费用1 000元。

（5）车间管理人员出差归来报销差旅费800元。

（6）按产品生产工时的比例分配制造费用。甲、乙、丙3种产品的本月生产工时分别为1 000工时、2 000工时和3 000工时。

3. 要求

编制制造费用分配表并根据上述经济业务编制会计分录。制造费用分配表如表3-18所示。

表 3–18　制造费用分配表

年　　月

金额单位：元

受益对象	工时总额	分配率	金额
甲产品			
乙产品			
丙产品			
合计			

习题六

1. 目的

练习销售业务的核算。

2. 资料

胜达公司 20××年 9 月发生的与销售有关的业务如下。

（1）销售 A 产品 3 000 件，每件售价 200 元，适用的增值税税率为 13%。

（2）销售 B 产品 1 000 件，每件售价 350 元，适用的增值税税率为 13%。

（3）以银行存款支付产品广告费 3 500 元、增值税税额 210 元。

（4）结转已销产品的生产成本：A 产品的单位生产成本为每件 120 元，B 产品的单位生产成本为每件 210 元。

（5）结转“本年利润”账户。

3. 要求

根据上述资料编制相应的会计分录。

习题七

1. 目的

练习费用的核算。

2. 资料

安诚公司 20××年 9 月发生如下经济业务。

（1）以银行存款支付本月短期借款利息 5 000 元。

（2）以银行存款支付咨询费用 1 000 元、增值税税额 60 元。

（3）计提专设销售机构固定资产折旧费 4 000 元、管理部门固定资产折旧费 2 500 元。

（4）业务部门报销业务招待费用 2 400 元，款项以银行存款支付。

（5）以银行存款支付产品广告费 5 500 元、增值税税额 330 元。

（6）收到银行存款利息 1 280 元，款项已妥收。

（7）向地震灾区捐款 50 000 元，以银行存款支付。

（8）计提本月应负担的长期借款利息 4 800 元。根据规定，该利息支出符合资本化条件，应计入工程成本。

（9）分配职工工资 68 000 元。其中，生产 A 产品工人的工资为 30 000 元，生产 B 产品工人的工资为 20 000 元，车间管理人员工资为 10 000 元，公司管理人员工资为 8 000 元。

（10）按上述工资总额的 28%计提社会保险费。

3. 要求

根据上述资料编制相应的会计分录。

习题八

1. 目的

练习利润形成及利润分配的核算。

2. 资料

嘉华公司20××年年初未分配利润为3 000 000元，盈余公积为2 000 000元。20××年1—11月累计实现净利润9 900 000元。该公司20××年12月各损益类账户结转前余额如表3-19所示。

表3-19　　嘉华公司20××年12月各损益类账户结转前余额　　单位：元

科目名称	借或贷	结转前余额
主营业务收入	贷	6 000 000
其他业务收入	贷	700 000
投资收益	贷	600 000
营业外收入	贷	50 000
主营业务成本	借	4 000 000
其他业务成本	借	400 000
税金及附加	借	80 000
销售费用	借	500 000
管理费用	借	770 000
财务费用	借	200 000
营业外支出	借	250 000

3. 要求

（1）编制结转本年利润的会计分录，并计算该公司20××年12月实现的利润总额。

（2）按该公司20××年12月利润总额的25%计算当月应纳所得税税额，并编制相应的会计分录，同时计算本月实现的净利润。

（3）按本年度实现净利润的10%计提盈余公积，并编制相应的会计分录。

（4）按本年度实现净利润的15%向投资者分配现金股利，并编制相应的会计分录。

（5）编制该公司20××年12月31日结转未分配利润的会计分录。

习题九

1. 目的

综合练习。

2. 资料

北方公司20××年12月发生如下经济业务。

（1）向银行借入3个月后偿还的借款50 000元，存入银行。

（2）采购材料一批，买价为300 000元，增值税税额为39 000元，货款未付；同时以银行存款支付上述材料的运费2 500元、增值税税额225元。该批材料已验收入库。

（3）领用材料一批。其中，生产A产品耗用200 000元，生产B产品耗用100 000元，厂部管理部门耗用40 000元。

（4）结转本月应付工资。其中，生产A产品工人的工资为240 000元，生产B产品工人的工资为150 000元，车间管理部门人员的工资为50 000元，厂部管理人员的工资为60 000元。

（5）以银行存款支付职工福利费 50 000 元。其中，生产 A 产品工人的福利费为 24 000 元，生产 B 产品工人的福利费为 15 000 元，车间管理部门人员的福利费为 5 000 元，厂部管理人员的福利费为 6 000 元。

（6）以银行存款支付车间管理部门电费 32 000 元、增值税税额 4 160 元，支付厂部管理部门的零星支出 4 000 元。

（7）计提固定资产折旧。应由生产车间负担的折旧费为 36 000 元，应由行政管理部门负担的折旧费为 12 000 元。

（8）月末以银行存款支付四季度应付的利息 24 000 元，10 月、11 月已预提银行借款利息 16 000 元。

（9）结转制造费用，按生产工人工时的比例分配。其中，A 产品耗费工时 3 000 工时，B 产品耗费工时 2 000 工时。

（10）期末，投入的产品全部完工，结转完工产品成本。

（11）销售产品一批，价款 5 000 000 元，增值税税额 650 000 元，货款尚未收到。

（12）结转已销售产品成本 900 000 元。

（13）以银行存款支付产品广告费 80 000 元、增值税税额 4 800 元。

（14）向希望工程捐款 10 000 元。

（15）按销售收入的 10%计算应交消费税。

（16）根据上述资料结转本期损益类账户。

（17）按实现利润总额的 25%计算并结转应交所得税，同时结转本月实现的净利润。

（18）结转本年度实现净利润 1 250 000 元。

（19）根据经批准的利润分配方案，本年度计提法定盈余公积 125 000 元，向投资者分配利润 200 000 元。

（20）将“利润分配”账户其他明细账户的余额转入“利润分配——未分配利润”账户。

3. 要求

（1）根据上述经济业务编制会计分录。

（2）开设“生产成本”“制造费用”的 T 型账户，并根据编制的会计分录进行登记（假定 A、B 产品期初均无未完工产品）。

第 4 章

填制和审核会计凭证

学习目标

- 掌握会计凭证的概念和种类，了解填制、审核会计凭证的重要意义
- 掌握会计凭证的填制、审核、传递的基本要求和方法
- 学会正确使用会计凭证

导入案例

何教授是某大学生命科学系的教授，是魔芋种植研究领域的专家。一天，何教授来到财务处报销相关的科研费用。主办会计张军在审核单据时发现 3 张收条，内容为在山区进行魔芋种植实验期间支付给当地农民的住宿费、农具租用费和伙食费等。张军抽出这 3 张收条，递给何教授，说："收条不能作为报销凭证。"何教授一听很生气，反问道："为什么不能？这又不是伪造的！"何教授坚持要报销，还严厉地批评了张军。张军无奈，只好照办。

通过本章学习，请你回答：张军的处理恰当吗？如果你遇到类似情况，该如何处理呢？

4.1 会计凭证及其种类

4.1.1 会计凭证的概念

1. 会计凭证的定义

会计凭证简称凭证，是记录经济业务、明确经济责任的书面证明，也是登记账簿的依据。

会计管理工作要求会计核算提供真实的会计资料，强调记录的经济业务必须有根有据。因此，对于任何单位，每发生一笔经济业务，都必须由执行或完成该项经济业务的有关人员取得或填制会计凭证，并在凭证上签名或盖章，以对凭证上所记载的内容负责。例如，购买商品、材料时应由供货方开出发票，支出款项时由收款方出具收款收据，接收商品、材料入库时要有收货单，发出商品时要有发货单，发出材料时要有领料单等。这些发票、收据、收货单、发货单、领料单都是会计凭证。

所有会计凭证都必须认真填制，同时还须经过财会部门严格审核。只有审核无误的会计凭证才能作为经济业务发生或完成的证明，才能作为登记账簿的依据。

2. 会计凭证的作用

填制和审核会计凭证是会计核算方法之一，也是会计核算工作的基础。填制和审核会计凭证在经济管理中具有重要作用，具体表现在以下几个方面。

（1）会计凭证是提供原始资料、传导经济信息的工具。会计信息是经济信息的重要组成部分，它一般通过数据，以凭证、账簿、报表等形式反映出来。随着经济的发展，及时、准确的会计信息在经济管理中的作用越来越重要。任何一项经济业务的发生，都要编制或取得会计凭证。会计凭证是记录经济活动的最原始资料，是经济信息的载体。通过会计凭证的填制、整理和传递，会计主体可以直接取得和传递经济信息。这既协调了会计主体内部各部门、各单位之间的经济活动，保证了生产经营各个环节的正常运转，又为会计分析和会计检查提供了基础资料。

（2）会计凭证是登记账簿的依据。任何单位每发生一项经济业务，如现金的收付、商品的收发及往来款项的结算等，都必须通过填制会计凭证来如实记录经济业务的内容、数量和金额，然后经过审核无误才能登记入账。如果没有合法的凭证作为依据，任何经济业务都不能登记到账簿中去。因此，做好会计凭证的填制和审核工作，是保证会计账簿资料真实性、正确性的重要条件。

（3）会计凭证是明确经济责任的手段。会计凭证记录了每项经济业务的内容，并要由有关部门和经办人员签章，这就要求有关部门和经办人员对经济活动的真实性、正确性、合法性负责。这样，无疑会增强有关部门和经办人员的责任感，促使其严格按照有关政策、法令、制度、计划或预算办事。如发生违法乱纪或经济纠纷事件，也可借助于会计凭证确定各有关部门和经办人员所应负的经济责任，并据以进行正确的裁决和处理，从而强化了内部控制。

（4）会计凭证是实行会计监督的基础。审核会计凭证可以查明各项经济业务是否符合法规、制度的规定，是否符合计划和预算进度，是否有违法乱纪和铺张浪费行为等。对于查出的问题，应当积极采取措施予以纠正，从而实现了对经济活动的控制，保证了经济活动的正常运行。

4.1.2　会计凭证的种类

经济业务的纷繁复杂决定了会计凭证的多种多样。为了正确地使用和填制会计凭证，必须对会计凭证进行分类。会计凭证按照编制程序和用途的不同，分为原始凭证和记账凭证。

1. 原始凭证

原始凭证也称单据，是在经济业务发生或完成时由相关人员取得或填制，用以记录或证明经济业务发生或完成情况并明确有关经济责任的一种原始凭据。任何经济业务的发生都必须填制或取得原始凭证，原始凭证是会计核算的原始依据。

原始凭证的作用主要是记载经济业务的发生过程和具体内容。原始凭证记载的信息是整个企业会计信息系统运行的起点，原始凭证的质量将影响会计信息的质量。常用的原始凭证有现金收据、发货单、银行进账单、差旅费报销单、产品入库单、领料单等。

2. 记账凭证

记账凭证又称记账凭单，是会计人员根据审核无误的原始凭证，按照经济业务的内容加以归类、整理并据以确定会计分录后所填制的会计凭证。记账凭证是登记会计账簿的直接依据。

记账凭证根据复式记账法的基本原理，确定了应借、应贷的会计科目及其金额，将原始凭证中的经济信息转化为会计语言，是介于原始凭证与账簿之间的中间环节。记账凭证的主要作用是确定会计分录，进行账簿登记。记账凭证是登记总分类账户和明细分类账户的依据，能反映经济业务的发生或完成情况，监督企业的经济活动，明确相关人员的责任。

原始凭证和记账凭证都是会计凭证，但两者有所不同。

原始凭证记录的是经济信息，它是编制记账凭证的依据，是会计核算的基础。原始凭证由经济交易与事项的经办人员填制或取得，内容与格式各异，种类繁多，对应关系也不直观。如果直接根据原始凭证记账，则容易发生差错，也不便于查账。因此，应先根据原始凭证或汇总原始凭证编制记账凭证，在记账凭证摘要中说明经济业务的内容，确定应借、应贷的会计科目名称及金额，并将原始凭证作为附件，然后根据记账凭证登记账簿。这样可以减少记账错误，便于核对和查账，保证会计信息的质量。

4.2 原始凭证的填制与审核

4.2.1 原始凭证的种类

原始凭证是证明经济业务发生的原始依据，具有较强的法律效力，是一种很重要的会计凭证，如销货发票、银行结算凭证、借款单、差旅费报销单、收料单和领料单等。纷繁复杂的经济业务导致原始凭证的种类繁多，为了更好地认识和利用原始凭证，必须按照一定标准对原始凭证进行分类。原始凭证按照不同的分类标准，可以划分为不同的种类。

（1）原始凭证按其来源不同，可以分为外来原始凭证和自制原始凭证。

① 外来原始凭证。外来原始凭证是在经济业务活动发生或完成时，从其他单位或个人处直接取得的原始凭证，如增值税专用发票、普通发票、飞机票、车船票、住宿发票等。

外来原始凭证应在会计主体同外单位发生经济业务时，由外单位的相关人员填制完成。外来原始凭证一般由税务机关等部门统一印制，或经税务机关等部门批准由经营单位印制，在填制时加盖出具凭证单位公章方为有效。对于一式多联的原始凭证，必须用复写纸套写或打印机套打。

外来原始凭证的样式举例（增值税电子普通发票）如图 4-1 所示。

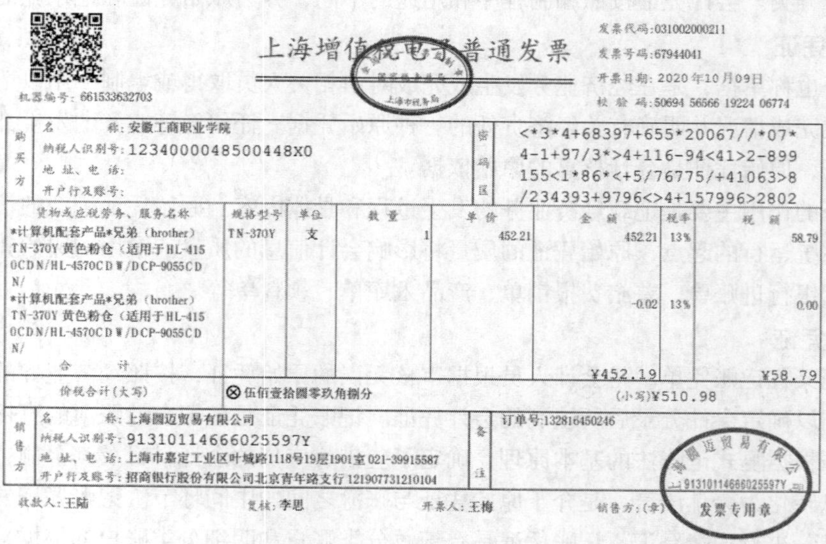

上海增值税电子普通发票

发票代码:031002000211
发票号码:67944041
开票日期: 2020年10月09日
校 验 码:50694 56566 19224 06774
机器编号: 661533632703

购买方　名　　称: 安徽工商职业学院
纳税人识别号: 1234000048500448X0
地 址、电 话:
开户行及账号:

密码区
<*3*4+68397+655*20067//*07*
4-1+97/3*>4+116-94<41>2-899
155<1*86*<+5/76775/+41063>8
/234393+9796<>4+157996>2802

货物或应税劳务、服务名称	规格型号	单位	数量	单价	金额	税率	税额
*计算机配套产品*兄弟（brother）TN-370Y 黄色粉仓（适用于HL-4150CDN/HL-4570CDW/DCP-9055CDN/	TN-370Y	支	1	452.21	452.21	13%	58.79
*计算机配套产品*兄弟（brother）TN-370Y 黄色粉仓（适用于HL-4150CDN/HL-4570CDW/DCP-9055CDN/					-0.02	13%	0.00
合　　计					¥452.19		¥58.79
价税合计（大写）	⊗伍佰壹拾圆零玖角捌分				（小写）¥510.98		

销售方　名　　称: 上海圆迈贸易有限公司
纳税人识别号: 91310114666025597Y
地 址、电 话: 上海市嘉定工业区叶城路1118号19层1901室 021-39915587
开户行及账号: 招商银行股份有限公司北京青年路支行 121907731210104

备注　订单号:132816450246

收款人: 王陆　复核: 李思　开票人: 王梅　销售方:（章）

图 4-1　增值税电子普通发票

知识链接

发票是指在购销商品、提供或者接受服务以及其他经营活动中开具、收取的收付款凭证。它是确定经济收支行为发生的法定凭证，是会计核算的原始依据。

发票包括增值税专用发票、增值税普通发票和其他发票 3 种。其中，增值税普通发票，包括增值税普通发票（折叠票）、增值税电子普通发票和增值税普通发票（卷票）；其他发票，包括农产品收购发票、农产品销售发票、门票、过路（过桥）费发票、定额发票、客运发票和二手车销售统一发票等。

② 自制原始凭证。自制原始凭证是指本单位内部具体经办业务的部门和人员，在执行或完成各项经济业务时所填制的原始凭证，如“收料单”“领料单”“销货发票”“产品入库单”“工资结算表”等。

自制原始凭证的样式举例（领料单）如表 4-1 所示。

表 4-1　领料单

领料部门　　　　　　　　　　　　　　　　　　　凭证编号
领料用途　　　　　　　　年　月　日　　　　　　收料仓库

材料编号	材料名称及规格	计量单位	数量		单价	金额
			请领	实领		
备注					合计	

第　联

审批人：　　　　领料人：　　　　记账：

（2）原始凭证按其填制方法不同，可以分为一次凭证、累计凭证和汇总凭证。

① 一次凭证。一次凭证是指一次填制完成的原始凭证。它反映一项经济业务或同时反映若干项同类经济业务的内容。外来原始凭证一般均属一次凭证，自制原始凭证中大多数也是一次凭证。日常的原始凭证多属此类，如“收据”“发货单”“收料单”等。一次凭证能够清晰地反映经济业务活动情况，使用方便灵活，但数量较多。

一次凭证的样式举例（借款单）如表 4-2 所示。

表 4-2　借款单

资金性质________　　　　年　月　日

借款部门：		
借款理由：		
借款金额：人民币（大写）		¥________
本部门负责人意见		借款人（签章）
领导批示：	会计主管核批：	付款记录： 年　月　日以第　号 支票或现金支出凭单付给

② 累计凭证。累计凭证是指在一张凭证上连续登记一定时期内不断重复发生的若干同类经济

业务，直到期末才能填制完毕的原始凭证。累计凭证可以连续登记相同性质的经济业务，随时计算出累计数及结余数，期末按实际发生额记账。累计凭证是可多次使用的原始凭证，且一般为自制原始凭证。如“费用限额卡”“限额领料单”等。其中，以工业企业的“限额领料单”最为典型。

累计凭证的样式举例（限额领料单）如表 4-3 所示。

表 4-3　　限额领料单

领料部门　　　　　　　　　　　　　　　　　　　　　　领料编号

领料用途　　　　　　　　年　月　日　　　　　　　　　发料仓库

<table>
<tr><td>材料类别</td><td>材料编号</td><td>材料名称及规格</td><td>计量单位</td><td>领用限额</td><td>实际领用</td><td>单价</td><td>金额</td><td>备注</td></tr>
<tr><td></td><td></td><td></td><td></td><td></td><td></td><td></td><td></td><td></td></tr>
<tr><td colspan="4">供应部门负责人：</td><td colspan="5">生产计划部门负责人：</td></tr>
<tr><td rowspan="2">日期</td><td colspan="4">领用</td><td colspan="3">退料</td><td rowspan="2">限额结余</td></tr>
<tr><td>请领数量</td><td>实发数量</td><td>发料人签章</td><td>领料人签章</td><td>退料数量</td><td>退料人签章</td><td>收料人签章</td></tr>
<tr><td></td><td></td><td></td><td></td><td></td><td></td><td></td><td></td><td></td></tr>
<tr><td></td><td></td><td></td><td></td><td></td><td></td><td></td><td></td><td></td></tr>
<tr><td></td><td></td><td></td><td></td><td></td><td></td><td></td><td></td><td></td></tr>
<tr><td></td><td></td><td></td><td></td><td></td><td></td><td></td><td></td><td></td></tr>
</table>

③ 汇总凭证。汇总凭证也叫原始凭证汇总表，是对同类经济业务的原始凭证或会计核算资料定期汇总而重新编制的原始凭证。这种凭证的作用主要是对同类经济业务进行汇总后一次记账，以简化会计工作。汇总凭证既可以提供总量指标，又可以简化核算手续。但汇总凭证所汇总的内容只能是同类经济业务，不能汇总两类或两类以上的经济业务。它也是一种自制的原始凭证，如“收料凭证汇总表”“发出材料汇总表”“工资结算汇总表”“差旅费报销单”“销售日报”等。

汇总凭证的样式举例（发出材料汇总表）如表 4-4 所示。

表 4-4　　发出材料汇总表

年　月　日

<table>
<tr><td rowspan="2">会计科目</td><td rowspan="2">领料部门</td><td colspan="4">领用材料</td></tr>
<tr><td>原材料</td><td>燃料</td><td>周转材料</td><td>合计</td></tr>
<tr><td rowspan="6">生产成本</td><td>一车间</td><td></td><td></td><td></td><td></td></tr>
<tr><td>二车间</td><td></td><td></td><td></td><td></td></tr>
<tr><td>小计</td><td></td><td></td><td></td><td></td></tr>
<tr><td>供电车间</td><td></td><td></td><td></td><td></td></tr>
<tr><td>供气车间</td><td></td><td></td><td></td><td></td></tr>
<tr><td>小计</td><td></td><td></td><td></td><td></td></tr>
<tr><td rowspan="3">制造费用</td><td>一车间</td><td></td><td></td><td></td><td></td></tr>
<tr><td>二车间</td><td></td><td></td><td></td><td></td></tr>
<tr><td>小计</td><td></td><td></td><td></td><td></td></tr>
<tr><td>管理费用</td><td>行政部门</td><td></td><td></td><td></td><td></td></tr>
<tr><td>合计</td><td></td><td></td><td></td><td></td><td></td></tr>
</table>

会计主管：　　　　　　　　复核：　　　　　　　　制表：

值得注意的是，有些凭证不是原始凭证，它们不能证明经济业务已经发生或完成的情况，不能作为编制记账凭证和登记账簿的依据，如用工计划表、经济合同、银行余额调节表、派工单等。

（3）原始凭证按其格式不同，可以分为通用凭证和专用凭证。

① 通用凭证。通用凭证是指由有关部门统一印制、在一定范围内使用、具有统一格式和使用方法的原始凭证。通用凭证的使用范围因制作部门不同而异，可以是某一地区、某一行业，也可以是全国通用，如银行统一印制的银行汇票、转账支票和现金支票等，由铁路部门统一印制的火车票，由税务部门统一印制的发票，由财政部门统一印制的收款收据等。这样不但可以使原始凭证的内容格式统一、规范，便于加强监督管理，而且可以节省各会计主体的印刷费用。

② 专用凭证。专用凭证是指由单位自行印制、仅在本单位内部使用的原始凭证，如领料单、差旅费报销单、折旧计算表、借款单、工薪费用分配表等。

以上是按不同标准对原始凭证进行的分类。它们之间是相互依存、密切联系的，有些原始凭证按照不同的分类标准分别属于不同的种类。如现金收据对出具收据的单位来说是自制原始凭证，而对接收收据的单位来说则是外来原始凭证；同时，它既是一次凭证，又是专用凭证。外来凭证大多为一次凭证，累计凭证、汇总凭证大多为自制原始凭证。

4.2.2　原始凭证的基本内容

各种原始凭证尽管名称和格式不同，但具备一些共同的基本内容。这些基本内容就是每一张原始凭证所具备的要素，具体包括以下几个方面。

（1）原始凭证的名称。

（2）填制原始凭证的日期和凭证编号。

（3）接收凭证的单位名称。

（4）经济业务内容，如品名、数量、单价、金额（大小写）。

（5）填制原始凭证的单位名称和填制人姓名。

（6）经办人员的签名或盖章。

有些原始凭证不仅要满足会计工作的需要，还应满足其他管理工作的需要。因此，在有些凭证上，除具备上述内容外，还具备一些其他项目，如与业务有关的经济合同编号、结算方式、费用预算等，以更加完整、清晰地反映经济业务内容，便于一证多用，充分发挥其作用。

4.2.3　原始凭证的填制

填制原始凭证时，要由填制人员将各项原始凭证要素按规定方法填写齐全，办妥签章手续，明确经济责任。

1. 原始凭证的填制时间

由于各种凭证的内容和格式千差万别，因此，原始凭证的具体填制时间也不同。一般来说，自制原始凭证通常在以下 3 种情况下填制。

（1）根据经济业务执行和完成的实际情况直接填列，如根据实际领用的材料品名和数量填制领料单等。

（2）根据账簿记录对某项经济业务进行加工整理后填列。如月末计算产品成本时，先要根据“制造费用”账户本月借方发生额填制“制造费用分配表”，将本月发生的制造费用按照一定的分配标准分配到有关产品成本中去。

（3）根据若干张反映同类经济业务的原始凭证定期汇总填列，如“发出材料汇总表”“销售日报”等。外来原始凭证是由其他单位或个人填制的，它同自制原始凭证一样，也要具备能证明经济业务完成情况和明确经济责任所必需的内容。

2. 原始凭证的填制要求

原始凭证是具有法律效力的证明文件，是进行会计核算的依据，必须认真填制。为了保证原始凭证能清晰地反映各项经济业务的真实情况，原始凭证的填制必须符合以下要求。

（1）记录真实。原始凭证中填列的经济业务内容和数字必须真实可靠，符合实际情况。

（2）内容完整。原始凭证中要求填列的项目必须逐项填列齐全，不得遗漏或省略。原始凭证中的年、月、日要按照填制原始凭证的实际日期填写；名称要齐全，不能简化；品名或用途要填写明确，不能含糊不清；有关人员的签章必须齐全。

（3）手续完备。单位自制的原始凭证必须有经办单位相关负责人的签名盖章；对外开出的原始凭证必须加盖本单位公章，如发票专用章、财务专用章等；从外部取得的原始凭证必须有填制单位公章；从个人处取得的原始凭证，必须有填制人员的签名盖章。总之，取得的原始凭证必须符合手续完备的要求，以明确经济责任，确保凭证合法、真实。

（4）书写清楚、规范。原始凭证要按规定填写，文字要简明，字迹要清楚、易于辨认，不得使用未经国务院公布的简化汉字。大小写金额必须符合填写规定，小写金额用阿拉伯数字逐个书写，不得写连笔字。在小写金额前要填写人民币符号“¥”，且与阿拉伯数字之间不得留有空白。小写金额一律填写到角分，无角无分的，写“00”或符号“—”；有角无分的，分位写“0”，不得用符号“—”。大写金额用汉字壹、贰、叁、肆、伍、陆、柒、捌、玖、拾、佰、仟、万、亿、元、角、分、零、整或正等表示，一律用正楷或行书体填写。大写金额前未印有“人民币”字样的，应加写“人民币”三个字且和大写金额之间不得留有空白。大写金额到元为止的，后面要写“整”或“正”字；有角或分的，不写“整”或“正”字。如小写金额为¥1 007.00，大写金额应写成“壹仟零柒元整”。

（5）编号连续。各种凭证要连续编号，以便检查。如果凭证已预先印定编号，如发票、支票等重要凭证，在因错作废时，应加盖“作废”戳记，妥善保管，不得撕毁。

（6）不得涂改、刮擦、挖补。原始凭证上的金额有错误的，应当由出具单位重开，不得在原始凭证上更正。原始凭证有其他错误的，应当由出具单位重开或更正，更正处应当加盖出具单位印章。

（7）填制及时。各种原始凭证一定要及时填写，并按规定的程序及时送交会计部门审核。

4.2.4 原始凭证的审核与审核后的处理

1. 原始凭证的审核

任何原始凭证都必须经过严格的审核后才能作为记账的依据，这是保证会计核算真实、正确的基础。根据国家统一会计制度的规定，审核原始凭证主要从以下几个方面着手。

（1）真实性审核。真实性审核包括审核原始凭证本身是否真实以及原始凭证反映的经济业务事项是否真实两方面。即确定原始凭证是否虚假、是否存在伪造或者涂改等情况；核实原始凭证所反映的经济业务是否发生过，是否反映了经济业务事项的本来面目等。

（2）合法性审核。合法性审核主要是审核原始凭证所反映的经济业务事项是否符合国家有关法律、法规、政策和国家统一会计制度的规定，是否符合有关审批权限和手续的规定，以及是否符合单位的有关规章制度，有无违法乱纪、弄虚作假等现象发生。

（3）完整性审核。完整性审核主要是根据原始凭证所反映的经济业务内容，审核原始凭证各项基本要素是否齐全，手续是否齐备，字迹是否清晰、工整，有关签章是否完备，凭证联次是否正确等。

（4）正确性审核。正确性审核主要是审核接收原始凭证单位的名称是否正确，原始凭证的摘要和数字是否填写清楚、正确，数量、单价、金额有无错误，大小写金额是否相符。经更正的原始凭证，还应审核更正是否正确，是否符合规范要求。

（5）合理性审核。合理性审核主要是审核原始凭证所记录的经济业务是否符合企业经济活动的需要，是否符合有关的计划和预算等。

2. 原始凭证审核后的处理

原始凭证经会计机构、会计人员审核后，核对无误的可以作为编制记账凭证的依据。对于审核中发现的问题，采取以下方法进行处理。

（1）对于不真实、不合法的原始凭证有权不予接受，并应当报告单位负责人，要求查明原因，做出处理。

（2）对于记载不准确、不完整的原始凭证予以退回，并要求有关经济业务事项的经办人员按国家统一会计制度的规定更正、补充，待内容补充完整、手续完备后，再予以办理。

只有经审核无误的原始凭证，才可据以编制记账凭证和登记账簿。原始凭证的审核是一项十分严肃、重要的工作，会计人员必须熟悉国家有关法规、制度及本单位的有关规定，才能掌握审核和判断是非的标准，确定经济业务是否合理、合法，从而做好原始凭证的审核工作，实现正确有效的会计监督。

微课：原始凭证

课程思政点睛：

增值税是我国 1994 年开始全面实施的税种，至今已有近三十年的历史，并成为我国普遍征收的大税种。增值税的开征，对于减少征税环节，避免重复征税，组织财政收入，促进经济发展等均发挥了重要作用，具有十分重要的意义。但在增值税实施过程中，长期存在虚开增值税专用发票骗取出口退税、抵扣税款等违法行为，如 2018 年 12 月 20 日，湖南常德市津市公安局通报，成功破获一起涉及江苏、河北、江西等 10 个省份 30 多家企业的特大虚开增值税专用发票案，涉案金额上亿元。

为打击犯罪，维护国家利益，《中华人民共和国刑法》第二百零五条规定：虚开增值税专用发票或者虚开用于骗取出口退税、抵扣税款的其他发票的，处三年以下有期徒刑或者拘役，并处二万元以上二十万元以下罚金；虚开的税款数额较大或者有其他严重情节的，处三年以上十年以下有期徒刑，并处五万元以上五十万元以下罚金；虚开的税款数额巨大或者有其他特别严重情节的，处十年以上有期徒刑或者无期徒刑，并处五万元以上五十万元以下罚金或者没收财产。

有前款行为骗取国家税款，数额特别巨大，情节特别严重，给国家利益造成特别重大损失的，处无期徒刑或死刑，并处没收财产。

单位犯本条规定之罪的，对单位判处罚金，并对其直接负责的主管人员和其他直接责任人员，处三年以下有期徒刑或者拘役；虚开的税款数额较大或者有其他严重情节的，处三年以上十年以下有期徒刑；虚开的税款数额巨大或者有其他特别严重情节的，处十年以上有期徒刑或者无期徒刑。

虚开增值税专用发票或者虚开用于骗取出口退税、抵扣税款的其他发票，是指有为他人虚开、为自己虚开、让他人为自己虚开、介绍他人虚开行为之一的。

因此，虚开增值税发票是违法行为，将会承担刑事责任。作为会计人员一定要树立牢固的守法意识；作为会计专业的学习者，在学习会计专业知识的同时，更要认真学习相关法律法规，树立法治观念，养成守法自觉。

4.3 记账凭证的填制与审核

4.3.1 记账凭证的种类

记账凭证可按不同的标准进行分类。按照其反映经济业务内容的不同，可分为收款凭证、付款凭证和转账凭证；按其填列方式不同，可分为单式凭证和复式凭证。

1. 按记账凭证反映的经济业务内容分类

（1）收款凭证。收款凭证是用于记录库存现金和银行存款收款业务的会计凭证。收款凭证是根据有关库存现金和银行存款收入业务的原始凭证填制的，是登记库存现金日记账、银行存款日记账及有关明细账和总账等账簿的依据，也是出纳人员收讫款项的依据。

收款凭证又可以分为现金收款凭证与银行存款收款凭证。现金收款凭证是根据库存现金收入业务的原始凭证（如库存现金结算的发票联等）编制的收款凭证，银行存款收款凭证是根据银行存款收入业务的原始凭证（如银行进账通知单等）编制的收款凭证。

收款凭证的格式如表 4-5 所示。

表 4-5　　收款凭证

借方科目：　　　　年　月　日　　　　____字第____号

摘　要	贷方科目		金　额										√
	总账科目	明细科目	千	百	十	万	千	百	十	元	角	分	
合　计													

附件　张

会计主管：　　记账：　　复核：　　出纳：　　制证：

（2）付款凭证。付款凭证是用于记录库存现金和银行存款付款业务的会计凭证。它是根据库存现金和银行存款付出业务的原始凭证填制的，既是出纳人员付款的依据，又是企业据以登记库存现金、银行存款日记账和有关明细账和总账等账簿的依据。

付款凭证又可分为现金付款凭证和银行存款付款凭证。现金付款凭证是根据库存现金付出业务的原始凭证（如库存现金结算的发票联等）编制的付款凭证，银行存款付款凭证是根据银行存款付出业务的原始凭证（如现金支票、转账支票存根等）编制的付款凭证。

付款凭证的格式如表 4-6 所示。

表 4-6　　　　　　　　　付款凭证

贷方科目：　　　　　　　年　月　日　　　　　　　　____字第____号

摘　要	借方科目		金　额										√
	总账科目	明细科目	千	百	十	万	千	百	十	元	角	分	
合　计													

附件　张

会计主管：　　　记账：　　　复核：　　　出纳：　　　制证：

（3）转账凭证。转账凭证是用于记录不涉及库存现金和银行存款业务的会计凭证。它是根据有关转账业务（即在经济业务发生时，不需要收付现金或银行存款的业务）的原始凭证（如企业内部的领料单、出库单等）填制的，计提固定资产折旧、期末结转成本等也属于转账业务事项。

转账凭证的格式如表 4-7 所示。

表 4-7　　　　　　　　　转账凭证

年　月　日　　　　　　　　____字第____号

摘　要	总账科目	明细科目	借　方										贷　方										√
			千	百	十	万	千	百	十	元	角	分	千	百	十	万	千	百	十	元	角	分	
合　计																							

附件　张

会计主管：　　　记账：　　　复核：　　　出纳：　　　制证：

收款凭证、付款凭证和转账凭证分别用以记录货币资金收入、货币资金支出和转账业务。为了便于识别，各种记账凭证一般印制成不同颜色。

将记账凭证划分为收款凭证、付款凭证和转账凭证 3 种，这为记账工作带来了方便，但工作量较大。对于经济业务较简单、规模较小、收付业务较少的单位，为了简化核算，可以采用通用凭证来记录所有经济业务。采用通用凭证时，不再区分收款、付款及转账业务，而是将所有经济业务统一编号，在同一格式的凭证中进行记录。通用凭证的格式与转账凭证基本相同。

2. 按记账凭证填列方式分类

（1）复式凭证。复式凭证是一种将每一项经济业务事项涉及的全部会计科目及其发生额在同一张记账凭证中反映的凭证。它是实际工作中应用最普遍的记账凭证。上述收款凭证、付款凭证和转账凭证均为复式凭证。应用复式凭证可以集中反映账户的对应关系，便于了解经济业务的全貌，而且减少了凭证数量。但采用复式凭证不便于同时汇总计算每一账户的发生额，也不利于会计人员分工记账。

（2）单式凭证。单式凭证是一种每一张记账凭证只填列经济业务事项所涉及的一个会计科目及其金额的记账凭证。填列借方科目的称为借项记账凭证，填列贷方科目的称为贷项记账凭证。它将一项经济业务事项涉及的会计科目及其对应关系，通过借项记账凭证、贷项记账凭证分别予以反映。采用单式凭证便于汇总计算每一会计科目的发生额和分工记账，方便了记账凭证汇总表的编制。但是采用单式凭证不能在一张凭证上反映对应关系和经济业务的全貌，也不便于查账，一般适用于业务量较大、会计部门内部分工较细的单位，如商业银行。

单式凭证的一般格式如表 4-8 和表 4-9 所示。

表 4-8　　　　借项记账凭证

对应科目：　　　　年　月　日　　　　凭证编号：

摘要	一级科目	明细科目	金额	账页
合计				

会计主管：　　记账：　　复核：　　制单：

表 4-9　　　　贷项记账凭证

对应科目：　　　　年　月　日　　　　凭证编号：

摘要	一级科目	明细科目	金额	账页
合计				

会计主管：　　记账：　　复核：　　制单：

4.3.2　记账凭证的基本内容

记账凭证是登记账簿的依据，因其反映经济业务的内容不同，各单位规模大小及其对会计核算繁简程度的要求不同，其内容会有所差异，但记账凭证应当具备以下基本内容。

（1）记账凭证的名称。

（2）填制凭证的日期、凭证编号。

（3）经济业务的内容摘要。

（4）经济业务应记入账户的名称、记账方向和金额。

（5）所附原始凭证的张数和其他附件资料。

（6）填制凭证人员、稽核人员、记账人员、会计机构负责人、会计主管人员签名或盖章。收款凭证和付款凭证还应当由出纳人员签名或盖章。

以自制的原始凭证或者原始凭证汇总表代替记账凭证的，也必须具备记账凭证应有的项目。

4.3.3　记账凭证的填制

1. 记账凭证填制的基本要求

记账凭证根据审核无误的原始凭证或者汇总原始凭证填制。记账凭证填制正确与否，直接影响整个会计信息质量。为提供高质量的会计信息，记账凭证的填制应当符合以下基本要求。

（1）记账凭证的各项内容必须完整。

（2）记账凭证的书写应当清楚、规范。

（3）除结账和更正错账可以不附原始凭证外，其他记账凭证必须附原始凭证。

（4）记账凭证可以根据每一张原始凭证填制，也可以根据若干张同类原始凭证汇总填制，还可以根据原始凭证汇总表填制，但不得将不同内容和类别的原始凭证汇总填制在一张记账凭证上。

（5）记账凭证应连续编号。为了分清会计事项处理的先后顺序，以便记账凭证与会计账簿之间的核对，确保记账凭证完整无缺，填制记账凭证时，应当对记账凭证连续编号。记账凭证应由主管该业务的会计人员，按业务发生的顺序并按不同种类的记账凭证采用“字号编号法”连续编号，如“银收字 1 号”“现收字 2 号”“现付字 1 号”“银付字 2 号”“转字 1 号”“记字 2 号”等。如果一项经济业务需要填制两张或两张以上的记账凭证，可以采用“分数编号法”进行编号。例如，有一项结账业务需要填制 3 张记账凭证，凭证顺序号为 6，则凭证编号为“转字 $6\frac{1}{3}$ 号”“转字 $6\frac{2}{3}$ 号”“转字 $6\frac{3}{3}$ 号”。

（6）填制记账凭证时，如果发生错误，应当重新填制。已经登记入账的记账凭证在当年内发现填写错误时，可以用红字填制一张与原内容相同的记账凭证，在摘要栏内注明“注销某月某日某号凭证”字样，同时再用蓝字重新填制一张正确的记账凭证，注明“更正某月某日某号凭证”字样。如果会计科目没有错误，只是金额错误，也可以按正确数字和错误数字之间的差额另编一张调整的记账凭证，调增金额用蓝字，调减金额用红字。发现以前年度记账凭证有错误的，应当用蓝字填制一张更正的记账凭证。

（7）记账凭证填制完成后，如有空行，应当自金额栏最后一笔金额数字下的空行处至合计数上的空行处划线注销。

2. 记账凭证的填制方法

（1）收款凭证的填制。收款凭证是根据有关库存现金和银行存款收款业务的原始凭证填制的。收款凭证左上角处的“借方科目”应填写“库存现金”或“银行存款”科目；右上角应填写凭证的编号；“摘要”栏应填写所记录经济业务的简要内容；“贷方科目”栏应填写与库存现金收入或银行存款收入相对应的一级科目和二级科目或明细科目；“金额”栏应填写库存现金或银行存款的收入金额；入账后要在“过账”栏内打“√”或注明登记入账的页数，以防止重复记账或漏记；“附件张数”栏记录记账凭证所附的原始凭证张数；凭证最下边分别由有关人员签章，以明确经济责任。

【例 4-1】乐华公司 20××年 9 月 10 日销售甲产品一批，价款 40 000 元，增值税税额 5 200 元。货款已收到并存入银行。

对于该项经济业务，企业应编制的会计分录如下。

借：银行存款　　　　　　　　　　　　　　　　　45 200

　　贷：主营业务收入——甲产品　　　　　　　　　　　　40 000

　　　　应交税费——应交增值税（销项税额）　　　　　　　5 200

由于该项经济业务的发生导致银行存款增加，故上述会计分录需要记载在收款凭证中。根据审核无误的原始凭证填制银行存款收款凭证，如表 4-10 所示。

表 4-10　　　　收款凭证（【例 4-1】）

借方科目：银行存款　　　　20××年9月10日　　　　银收 字第 15 号

摘要	贷方科目		金额										✓
	总账科目	明细科目	千	百	十	万	千	百	十	元	角	分	
销售甲产品	主营业务收入	甲产品				4	0	0	0	0	0	0	
	应交税费	应交增值税（销项）					5	2	0	0	0	0	
合计					¥	4	5	2	0	0	0	0	

附件 3 张

会计主管：　　记账：　　复核：　　出纳：　　制证：×××

（2）付款凭证的填制。付款凭证是根据有关库存现金和银行存款付款业务的原始凭证填制的。付款凭证的填制方法与收款凭证基本相同，不同的是凭证左上角处应填写相应的贷方科目（“库存现金”或“银行存款”科目），“借方科目”栏应填写与库存现金或银行存款付出相对应的一级科目和二级科目或明细科目。

04

【例 4-2】乐华公司 20××年 9 月 20 日购入 A 材料一批，买价 30 000 元，增值税税额 3 900 元。材料已验收入库，购料款已转账支付。

对于该项经济业务，企业应编制如下会计分录。

借：原材料——A 材料　　30 000
　　应交税费——应交增值税（进项税额）　　3 900
　　贷：银行存款　　33 900

由于该项经济业务使得企业的银行存款减少，因而应当填制付款凭证。即根据审核无误的原始凭证填制银行存款付款凭证，如表 4-11 所示。

表 4-11　　　　付款凭证（【例 4-2】）

贷方科目：银行存款　　　　20××年9月20日　　　　银付 字第 18 号

摘要	借方科目		金额										✓
	总账科目	明细科目	千	百	十	万	千	百	十	元	角	分	
购入A材料一批	原材料	A材料				3	0	0	0	0	0	0	
	应交税费	应交增值税（进项）					3	9	0	0	0	0	
合计					¥	3	3	9	0	0	0	0	

附件 4 张

会计主管：　　记账：　　复核：　　出纳：　　制证：×××

另外，为了避免重复记账，对于涉及库存现金和银行存款之间相互划转的经济业务，如从银行提取现金或将现金送存银行，统一只编制付款凭证，不编制收款凭证。即当发生从银行提取现金的业务时，只编制银行存款付款凭证，而不编制库存现金收款凭证；当发生把现金存入银行的业务时，只编制库存现金付款凭证，而不编制银行存款收款凭证。

出纳人员在办理收款或付款业务后，应在原始凭证上加盖“收讫”或“付讫”的戳记，以免重收重付。

【例 4-3】 20××年 9 月 25 日，乐华公司将现金 35 000 元存入银行。此时，企业应编制库存现金付款凭证，如表 4-12 所示。

表 4–12　　付款凭证（【例 4–3】）

贷方科目：库存现金　　20××年9月25日　　现付 字第 3 号

摘　要	借方科目		金　额										√
	总账科目	明细科目	千	百	十	万	千	百	十	元	角	分	
将现金送存银行	银行存款					3	5	0	0	0	0	0	
合　计					¥	3	5	0	0	0	0	0	

附件 1 张

会计主管：　　记账：　　复核：　　出纳：　　制证：×××

（3）转账凭证的填制。转账凭证是根据审核无误的不涉及库存现金和银行存款收付的转账业务的原始凭证填制的。转账凭证的会计科目栏应按照先借后贷的顺序分别填写应借应贷的总账科目及所辖的明细科目；借方总账科目及所辖明细科目的应记金额，应在与科目同一行的借方金额栏内的相应栏次中填写，贷方总账科目及所辖明细科目的应记金额，应在与科目同一行的贷方金额栏内的相应栏次中填写；“合计”行只合计借方总账科目金额和贷方总账科目金额，借方总账科目金额合计数与贷方总账科目金额合计数应相等。

转账凭证除了可根据有关转账业务的原始凭证填制外，有的是根据账簿记录填制的。如将收入、费用类账户的月末余额转入“本年利润”账户，将“本年利润”账户的年末余额转入“利润分配”账户等。根据账簿记录填制的记账凭证可以不附原始凭证。

【例 4-4】 20××年 9 月 30 日，乐华公司计提当月固定资产折旧 20 000 元。其中，生产车间计提折旧 15 000 元，厂部管理部门计提折旧 5 000 元。

对于该项经济业务事项，企业应编制如下会计分录。

借：制造费用　　15 000

　　管理费用　　5 000

　　贷：累计折旧　　20 000

该经济事项属于不涉及库存现金和银行存款的转账业务，因此，应当填制转账凭证。即根据折旧提取计算表填制转账凭证，如表 4-13 所示。

表 4-13　　　　　　　　转账凭证（【例 4-4】）

20××年9月30日　　　　　　　　转 字第 5 号

摘　要	总账科目	明细科目	借方										贷方										✓
			千	百	十	万	千	百	十	元	角	分	千	百	十	万	千	百	十	元	角	分	
计提本月折旧	制造费用					1	5	0	0	0	0	0											
	管理费用						5	0	0	0	0	0											
	累计折旧															2	0	0	0	0	0	0	
合　计					¥	2	0	0	0	0	0	0			¥	2	0	0	0	0	0	0	

附件 1 张

会计主管：　　　记账：　　　复核：　　　出纳：　　　制证：×××

当一项经济业务既涉及库存现金和银行存款收付业务，又涉及转账业务时，可分开填制不同类型的记账凭证。

【例 4-5】20××年 10 月 25 日，乐华公司购买生产设备一台，价值 600 000 元，用银行存款支付 400 000 元，余款签发 3 个月商业汇票一张，不考虑增值税。

该项经济业务的发生，使企业的固定资产增加 600 000 元，同时银行存款减少 400 000 元，应付票据增加 200 000 元。企业可以编制如下会计分录。

① 借：固定资产——生产设备　　　　400 000

　　贷：银行存款　　　　　　　　　　400 000

② 借：固定资产——生产设备　　　　200 000

　　贷：应付票据　　　　　　　　　　200 000

经济业务①属于涉及银行存款减少的交易，应当填制付款凭证；经济业务②属于不涉及库存现金和银行存款的转账交易，应当填制转账凭证。根据审核无误的原始凭证分别填制银行存款付款凭证和转账凭证，其填写内容与格式如表 4-14 和表 4-15 所示。

表 4-14　　　　　　　　付款凭证（【例 4-5】）

贷方科目：银行存款　　　20××年10月25日　　　银付 字第 5 号

摘　要	借方科目		金额										✓
	总账科目	明细科目	千	百	十	万	千	百	十	元	角	分	
购买生产设备一台	固定资产	生产设备			4	0	0	0	0	0	0	0	
合　计				¥	4	0	0	0	0	0	0	0	

附件 2 张

会计主管：　　　记账：　　　复核：　　　出纳：　　　制证：×××

表 4-15　　　　　　　　转账凭证（【例 4-5】）

20××年10月25日　　　　　　　　转 字第 10 号

摘　要	总账科目	明细科目	借方										贷方										√
			千	百	十	万	千	百	十	元	角	分	千	百	十	万	千	百	十	元	角	分	
购买生产设备一台	固定资产	生产设备			2	0	0	0	0	0	0	0											
	应付票据														2	0	0	0	0	0	0	0	
合　计				¥	2	0	0	0	0	0	0	0		¥	2	0	0	0	0	0	0	0	

附件 2 张

会计主管：　　记账：　　复核：　　出纳：　　制证：×××

会计实务中，也有很多单位不采用收款凭证、付款凭证和转账凭证这种分类反映经济业务的专用记账凭证，而是采用通用凭证。通用凭证是指用来反映所有经济业务的记账凭证，为各类经济业务所共同使用。通用凭证的格式与转账凭证基本相同，如表 4-16 所示。

表 4-16　　　　　　　　记账凭证（通用）

年　月　日　　　　　　　　___字第___号

摘　要	总账科目	明细科目	借方										贷方										√
			千	百	十	万	千	百	十	元	角	分	千	百	十	万	千	百	十	元	角	分	
合　计																							

附件　张

会计主管：　　记账：　　复核：　　出纳：　　制证：×××

通用凭证的填制方法与转账凭证基本一致。现举例说明如下。

【例 4-6】以【例 4-5】资料为例，若该企业采用通用凭证，则填制的记账凭证如表 4-17 所示。

表 4-17　　　　　　　　记账凭证（【例 4-5】）

20××年10月25日　　　　　　　　记 字第 75 号

摘　要	总账科目	明细科目	借方										贷方										√
			千	百	十	万	千	百	十	元	角	分	千	百	十	万	千	百	十	元	角	分	
购买生产设备一台	固定资产	生产设备			6	0	0	0	0	0	0	0											
	银行存款														4	0	0	0	0	0	0	0	
	应付票据														2	0	0	0	0	0	0	0	
合　计				¥	6	0	0	0	0	0	0	0		¥	6	0	0	0	0	0	0	0	

附件 4 张

会计主管：　　记账：　　复核：　　出纳：　　制证：×××

4.3.4 记账凭证的审核

为保证会计信息的质量，记账前应由有关稽核人员对记账凭证进行严格审核。审核内容主要包括以下几个部分。

（1）内容是否真实。审核记账凭证是否有原始凭证为依据，所附原始凭证的内容是否与记账凭证的内容一致，记账凭证汇总表的内容与其所依据的记账凭证的内容是否一致等。

（2）项目是否齐全。审核记账凭证填写的各项目是否齐全，如日期、凭证编号、摘要、金额、所附原始凭证张数及有关人员签章等。

（3）科目是否准确。审核记账凭证的应借、应贷科目是否正确，是否有明确的账户对应关系，所使用的会计科目是否符合国家统一会计制度的规定等。

（4）金额是否正确。审核记账凭证中记录的金额与原始凭证中的有关金额是否一致，计算是否正确，记账凭证汇总表的金额与记账凭证的金额合计是否一致等。

（5）书写是否规范。审核记账凭证中的记录是否文字工整、数字清晰，是否按规定进行更正等。

（6）手续是否完备。审核出纳人员在办理收款或付款业务后，是否已在原始凭证上加盖了“收讫”或“付讫”的戳记。

在审核过程中，如果发现不符合要求的地方，应要求有关人员采取正确的方法进行更正。只有经过审核无误的记账凭证，才能作为登记账簿的依据。

微课：记账凭证

4.4 会计凭证的传递与保管

4.4.1 会计凭证的传递

会计凭证的传递，是指从会计凭证取得或填制时起至归档保管时止，在单位内部有关部门和人员之间按照规定的时间、程序进行处理的过程。各种会计凭证记载的经济业务不同，涉及的部门和人员不同，办理的手续也不同，因此，应当为各种会计凭证规定一个合理的传递程序。即一张会计凭证填制后应交到哪个部门、哪个岗位，由谁办理业务手续等，直到归档保管为止。会计凭证的传递是会计制度的重要组成部分，应在会计制度中做出明确的规定。

1. 会计凭证传递的意义

正确组织会计凭证的传递，对于提高会计核算的及时性，正确组织经济活动，加强经济责任，实行会计监督具有重要意义。

（1）正确组织会计凭证的传递，有利于提高工作效率。正确组织会计凭证的传递，能够及时、真实地反映和监督各项经济业务的发生和完成情况，为经济管理提供可靠的经济信息。例如，材料运到企业后，仓库保管员应在规定的时间内将材料验收入库，填制“收料单”，注明实收数量等情况，并将“收料单”及时送到财务部门及其他有关部门。财务部门接到“收料单”后，经审核无误，应及时编制记账凭证和登记账簿。生产部门得到该批材料已验收入库凭证后，便可办理有关领料手续，用于产品生产等。如果仓库保管员未按时填写“收料单”或虽填写了“收料单”，但没有及时送到有关部门，就不能及时传递材料已入库的信息，就会影响正常的生产经营活动。

（2）正确组织会计凭证的传递，能更好地发挥会计监督作用。正确组织会计凭证的传递，便于有关部门和人员分工协作，相互牵制，加强岗位责任制，更好地发挥会计监督作用。例如，从材料运到企业验收入库，需要多长时间，由谁填制"收料单"，何时将"收料单"送到供应部门和财务部门，财务部门收到"收料单"后由谁进行审核，由谁于何时编制记账凭证和登记账簿，由谁负责整理保管凭证等。这样，就把材料收入业务从验收入库到登记入账的全部工作在本单位内部进行了分工。同时，可以考核经办业务的有关部门和人员是否按规定的会计手续进行了办理，从而可加强内部监督，提高工作质量。

2. 会计凭证传递的基本要求

各单位经济业务的性质是不同的，各种经济业务有其各自的特点，所以，办理各项经济业务的部门和人员以及办理凭证所需要的时间、传递程序也必然各不相同。这就要求每个单位都必须根据自己的业务特点和管理需要，设计出合理有效的会计凭证传递程序，使会计凭证的传递既能够符合内部控制的要求，又能够节约传递时间，减少传递的工作量。应具体注意以下几个问题。

（1）根据经济业务的特点、机构设置和人员分工情况，明确会计凭证的传递程序。企业生产经营业务的内容不同，企业管理的要求也不尽相同。在会计凭证的传递过程中，要根据具体情况，确定每一种凭证的传递程序和方法。合理制定会计凭证所经过的环节，规定每个环节负责传递的相关责任人员，规定会计凭证的联数以及每一联凭证的用途。做到既可使各有关部门和人员了解经济活动情况、及时办理手续，又可避免凭证经过不必要的环节，以提高工作效率。

（2）规定会计凭证经过每个环节所需要的时间，以保证凭证传递的及时性。会计凭证的传递时间，应在考虑各部门和有关人员正常情况下工作内容和工作量的基础上确定。要明确规定各种凭证在各个环节上停留的最长时间，不能拖延和积压会计凭证，以免影响会计工作的正常程序。一切会计凭证的传递和处理都应在报告期内完成，以保证会计核算的准确性和及时性。

（3）建立严格的会计凭证交接和签收制度，保证会计凭证的安全完整，做到责任明确，手续齐全、严密。会计凭证在传递过程中的衔接手续应该做到既完备、严密，又简单易行。凭证的收发、交接都应当按一定的制度办理，以保证会计凭证的安全和完整。会计凭证的传递程序、传递时间和衔接手续明确后，可以绘制会计凭证传递流程图，制定会计凭证传递程序，规定会计凭证传递路线、环节及在各个环节上的时间、处理内容及交接手续，以使凭证传递工作有条不紊、迅速而有效地进行。

4.4.2　会计凭证的保管

会计凭证的保管是指会计凭证记账后的整理、装订、归档和存查工作。作为记账的依据，会计凭证是重要的经济资料和会计档案。每个单位在完成经济业务手续和记账后，必须将会计凭证按规定的立卷归档制度形成会计档案资料，以便日后随时查阅。

对会计凭证的保管，既要做到完整无缺，又要便于翻阅查找。其主要要求如下。

（1）会计凭证应定期装订成册，防止散失。会计部门在依据会计凭证记账以后，应定期（每旬或每月）对各种会计凭证加以分类整理，按照编号顺序，将各种记账凭证连同所附的原始凭证或者原始凭证汇总表和银行对账单等折叠整齐，按期装订成册，并加具封面封底，由装订人在装订线封签处签名或盖章。

从外单位取得的原始凭证遗失时，应取得原签发单位盖有公章的证明，并注明原始凭证的号码、金额、内容等，经经办单位会计机构负责人、会计主管人员和单位负责人批准后，才能代作原始凭证。若确实无法取得证明，如车票丢失，则应由当事人写明详细情况，经经办单位会计机构负责人、会计主管人员和单位负责人批准后，代作原始凭证。

（2）会计凭证封面应注明单位名称、凭证种类、凭证张数、起止号数、年度、月份、会计主管人员、装订人员等有关事项，会计主管人员和保管人员应在封面上签章。会计凭证封面的一般样式如图 4-2 所示。

（3）会计凭证应加贴封条，以防止抽换凭证。原始凭证不得外借，其他单位如有特殊原因确实需要使用时，经本单位会计机构负责人、会计主管人员批准后可以复制。向外单位提供的原始凭证复制件，应在专设的登记簿上登记，并由提供人员和收取人员共同签名、盖章。

（4）原始凭证较多时，可单独装订，但应在凭证封面上注明所属记账凭证的日期、编号和种类，同时应在所属的记账凭证上注明“附件另订”及原始凭证的名称和编号，以便查阅。

（企业名称）

年　　月份共　　册第　　册

收款　　凭证第　　号至第　　号　共　　张

付款　　附：原始凭证　　张

转账

会计主管（签章）　　保管（签章）

图 4–2　会计凭证封面的一般样式

存出保证金收据以及涉外文件等重要的原始凭证应另编目录，单独登记保管，并在有关的记账凭证和原始凭证上相互注明日期和编号。

当年装订成册的会计凭证，在年度终了时可暂由单位会计机构保管一年，期满后应当移交本单位档案机构统一保管；未设立档案机构的，应当在会计机构内部指定专人保管。出纳人员不得兼管会计档案。

（5）严格遵守会计凭证的保管期限要求，期满前不得任意销毁。会计凭证的保管期限和销毁手续，必须严格按照会计制度的有关规定执行。《会计档案管理办法》规定，会计凭证的保管期限为 30 年。会计凭证保管期满需销毁时，应编造清册，按照规定的程序报经批准后方能销毁。任何单位不得擅自销毁会计凭证。

微课：装订会计凭证

本章小结

会计凭证是记录经济业务发生或完成情况的书面证明，是登记账簿的依据。会计凭证的种类如表 4-18 所示。

表 4–18　　　会计凭证的种类

<table>
<tr><td rowspan="12">会计凭证</td><td rowspan="7">原始凭证</td><td rowspan="2">按来源划分</td><td>外来原始凭证</td></tr>
<tr><td>自制原始凭证</td></tr>
<tr><td rowspan="3">按填制手续及内容划分</td><td>一次凭证</td></tr>
<tr><td>累计凭证</td></tr>
<tr><td>汇总凭证</td></tr>
<tr><td rowspan="2">按格式划分</td><td>通用凭证</td></tr>
<tr><td>专用凭证</td></tr>
<tr><td rowspan="5">记账凭证</td><td rowspan="3">按内容划分</td><td>收款凭证</td></tr>
<tr><td>付款凭证</td></tr>
<tr><td>转账凭证</td></tr>
<tr><td rowspan="2">按填列方式划分</td><td>复式凭证</td></tr>
<tr><td>单式凭证</td></tr>
</table>

原始凭证是经济业务发生时填制或取得的会计凭证，记录的是经济信息，是会计核算的原始依据。记账凭证是根据审核无误的原始凭证填制的，记录的是会计信息，是会计核算的起点。会计人员必须加强对会计凭证真实性、完整性、正确性、合法性的审核，以保证会计信息的质量。

会计凭证是在经济活动中形成的，是单位内部控制的重要手段。各单位应根据经营业务特点、岗位设置和管理需要，科学规划设计会计凭证的传递程序、时间和工作内容，使之既有利于提高工作效率，又能充分发挥会计监督职能。此外，会计凭证是重要的会计档案，各单位应当按规定及时整理、装订、归档会计凭证，并按规定期限和要求妥善保管。

思考与练习

一、思考题

（1）填制审核会计凭证有什么作用?

（2）会计凭证的种类有哪些?

（3）原始凭证应具备哪些内容?

（4）填制原始凭证时应符合哪些基本要求?

（5）审核原始凭证时，主要审核哪些内容?

（6）记账凭证应具备哪些内容?填制记账凭证有哪些具体要求?

（7）如何审核记账凭证?

（8）设计会计凭证传递程序时应该考虑哪些因素?

二、判断题

（1）会计凭证按照填制程序和用途可分为原始凭证和记账凭证。（　　）

（2）原始凭证是由会计部门填制的，是登记账簿的直接依据。（　　）

（3）记账凭证是介于原始凭证与账簿之间的中间环节。（　　）

（4）库存现金收款凭证和库存现金付款凭证不仅是记账的依据，而且是出纳人员办理现金收款、付款业务的依据。（　　）

（5）库存现金与银行存款之间的相互划转业务一般只编制付款凭证，不编制收款凭证。 （ ）

（6）单式凭证可以填列经济业务所涉及的多个会计科目。 （ ）

（7）记账凭证必须附有原始凭证。 （ ）

（8）对于不真实、不合法的原始凭证，会计人员有权不予接受。 （ ）

（9）记账凭证应连续编号。一项经济业务需要填制两张以上（含两张）记账凭证的，可以采用"分数编号法"编号。 （ ）

（10）出纳人员在办理收款或付款业务后，应在原始凭证上加盖"收讫"或"付讫"的戳记，以免重收重付。 （ ）

（11）会计凭证的传递仅包括传递程序。 （ ）

（12）从外单位取得的原始凭证遗失时，应取得原签发单位盖有公章的证明，并注明原始凭证的号码、金额、内容等，经经办单位会计机构负责人（会计主管人员）或单位负责人批准后，才能代作原始凭证。 （ ）

三、单项选择题

（1）下列凭证中，属于外来原始凭证的是（ ）。

A. 购货发票　　B. 领料单　　C. 销货发票　　D. 工资结算单

（2）下列凭证中，属于自制原始凭证的是（ ）。

A. 银行付款通知单　　B. 购货发票　　C. 销货发票　　D. 入库单

（3）"材料耗用汇总表"是一种（ ）。

A. 一次凭证　　B. 累计凭证　　C. 原始凭证汇总表　　D. 复式凭证

（4）原始凭证上的小写金额为¥1 008.00，大写金额应为（ ）。

A. 一千零八元　　B. 壹仟零捌元　　C. 一千零八元整　　D. 壹仟零捌元整

（5）会计人员在审核原始凭证时，发现某原始凭证内容合理、合法，但不够完整、准确。下列处理办法中，正确的是（ ）。

A. 拒绝办理　　B. 及时办理

C. 交给上级　　D. 予以退回，要求补办手续

（6）销售产品收到商业汇票一张，应该填制（ ）。

A. 银收字记账凭证　　B. 现付字记账凭证

C. 转账凭证　　D. 单式凭证

（7）审核记账凭证时，内容一般不包括（ ）。

A. 记账凭证是否附有原始凭证，是否同所附原始凭证的内容相符合

B. 记账凭证的时间是否与原始凭证的时间一致

C. 根据原始凭证做的会计科目和金额是否正确

D. 规定的项目是否填列齐全，有关负责人是否签名或盖章

（8）下列不能作为会计核算原始凭证的是（ ）。

A. 发票单　　B. 合同书　　C. 入库单　　D. 领料单

（9）下列关于企业从银行提取现金或将现金存入银行时所需填制的凭证的表述中，正确的是（ ）。

A. 只填制收款凭证，不填制付款凭证

B. 只填制付款凭证，不填制收款凭证

C. 既填制付款凭证，又填制收款凭证

D. 既填制转账凭证，又填制收、付款凭证

（10）下列各项中，属于记录库存现金和银行存款收入业务记账凭证的是（　　）。

A. 付款凭证　　B. 转账凭证

C. 收款凭证　　D. 单式记账凭证

四、多项选择题

（1）下列各项中，（　　）属于按照取得来源对原始凭证进行的分类。

A. 专用凭证　　B. 自制原始凭证　　C. 一次凭证　　D. 外来原始凭证

（2）“限额领料单”属于（　　）。

A. 外来原始凭证　　B. 自制原始凭证　　C. 一次凭证　　D. 累计凭证

（3）下列各项中，符合原始凭证填制要求的有（　　）。

A. 记录真实　　B. 手续完备　　C. 连续编号　　D. 书写清楚规范

（4）下列各项中，属于原始凭证审核内容的有（　　）。

A. 审核原始凭证的真实性　　B. 审核原始凭证的合法性

C. 审核原始凭证的完整性　　D. 审核原始凭证的正确性

（5）单式凭证一般有（　　）。

A. 通用凭证　　B. 转账凭证　　C. 借项记账凭证　　D. 贷项记账凭证

（6）如果某一笔结账业务需填制两张记账凭证，该凭证的顺序号为 70 号，则这两张记账凭证的编号应为（　　）。

A. 转字 70（1）号　　B. 转字 70（2）号

C. 转字 $70\frac{1}{2}$ 号　　D. 转字 $70\frac{2}{2}$ 号

（7）记账凭证的编制依据有（　　）。

A. 原始凭证　　B. 原始凭证汇总表　　C. 账簿记录　　D. 累计凭证

（8）下列各项中，属于记账凭证基本内容的有（　　）。

A. 金额　　B. 凭证编号　　C. 会计科目　　D. 经济业务摘要

（9）下列经济业务中，应填制付款凭证的有（　　）。

A. 提取现金备用　　B. 将现金存入银行

C. 购买材料未付款　　D. 以存款支付前欠某单位账款

（10）下列各项中，属于记账凭证审核内容的有（　　）。

A. 内容是否真实　　B. 项目是否齐全　　C. 科目是否正确　　D. 金额是否正确

五、业务题

习题一

1. 目的

练习原始凭证的填制。

2. 资料

天新公司 2021 年 8 月发生下列经济业务。

（1）8 月 2 日，财务部开出现金支票提取现金 5 000 元作为备用金。该公司账号为 22401037288，

开户银行为中国工商银行青年路支行。

（2）8月8日，财务部开出转账支票，支付本市大华公司货款15 000元。大华公司的开户银行是中国工商银行长江支行，账号是22401045999。

（3）8月20日，销售给东方公司A产品2 000件，售价为1.50元/件，计价款3 000元；B产品4 000千克，售价为1.80元/千克，价款7 200元，适用的增值税税率为13%。货款尚未收到（东方公司地址：A市中山路288号；开户银行：中国建设银行中山路支行；账号：2800661088；纳税人登记号：28907396710666。本公司地址：B市青年路99号；开户银行：中国工商银行青年路支行；账号：22401037288；纳税人登记号：224001012386559）。

3. 要求

（1）根据资料（1），填制现金支票，如图4-3所示。

中国工商银行
现金支票存根
IV V00287398
附加信息
出票日期 年 月 日
收款人：
金 额：
用 途：
单位主管 会计

中国工商银行现金支票 IV V00287398

出票日期（大写） 年 月 日 付款行名称：
收款人： 出票人账号：

人民币（大写）	亿	千	百	十	万	千	百	十	元	角	分

本支票付款期限十天

用途
上列款项请从
我账户内支付
出票人签章 复核 记账

图4-3 现金支票

（2）根据资料（2），填制转账支票和银行进账单，如图4-4和图4-5所示。

中国工商银行
转账支票存根
IV V00287799
附加信息
出票日期 年 月 日
收款人：
金 额：
用 途：
单位主管 会计

中国工商银行转账支票 IV V00287799

出票日期（大写） 年 月 日 付款行名称：
收款人： 出票人账号：

人民币（大写）	亿	千	百	十	万	千	百	十	元	角	分

本支票付款期限十天

用途
上列款项请从
我账户内支付
出票人签章 复核 记账

图4-4 转账支票

中国工商银行　进账单　（回　单）　1

年　月　日

<table>
<tr><td rowspan="3">出票人</td><td>全　称</td><td></td><td rowspan="3">收款人</td><td>全　称</td><td colspan="11"></td></tr>
<tr><td>账　号</td><td></td><td>账　号</td><td colspan="11"></td></tr>
<tr><td>开户银行</td><td></td><td>开户银行</td><td colspan="11"></td></tr>
<tr><td rowspan="2">金额</td><td colspan="4" rowspan="2">人民币（大写）</td><td>亿</td><td>千</td><td>百</td><td>十</td><td>万</td><td>千</td><td>百</td><td>十</td><td>元</td><td>角</td><td>分</td></tr>
<tr><td></td><td></td><td></td><td></td><td></td><td></td><td></td><td></td><td></td><td></td><td></td></tr>
<tr><td colspan="2">票据种类</td><td>票据张数</td><td></td><td colspan="12" rowspan="3">收款人开户银行签章</td></tr>
<tr><td colspan="2">票据号码</td><td colspan="2"></td></tr>
<tr><td colspan="2">复核</td><td colspan="2">记账</td></tr>
</table>

图 4–5　进账单

（3）根据资料（3），填写增值税专用发票，如图 4-6 所示。

0000000000　　**× × 省增值税专用发票**　　No. 00000000

此联不作为报销、扣税凭证使用　　开票日期：　年　月　日

<table>
<tr><td>购买方</td><td colspan="4">名　称：
纳税人识别号：
地址、　电话：
开户行及账号：</td><td>密码区</td><td colspan="4"></td><td rowspan="4">第一联　记账联　销售方记账凭证</td></tr>
<tr><td colspan="2">货物或应税劳务、服务名称</td><td>规格型号</td><td>单位</td><td>数　量</td><td>单　价</td><td>金　额</td><td>税率</td><td>税　额</td></tr>
<tr><td colspan="2">合　计</td><td></td><td></td><td></td><td></td><td></td><td></td><td></td></tr>
<tr><td colspan="2">价税合计（大写）</td><td colspan="7">（小写）</td></tr>
<tr><td>销售方</td><td colspan="4">名　称：
纳税人识别号：
地址、　电话：
开户行及账号：</td><td>备注</td><td colspan="4"></td></tr>
</table>

收款人：　　复核：　　开票人：　　销售方：（章）

图 4–6　增值税专用发票

习题二

1. 目的

练习编制记账凭证。

2. 资料

浦江公司采用的记账凭证是收款凭证、付款凭证和转账凭证。2021 年 9 月 1 日—15 日发生的经济业务如下。

（1）1 日，接受股东货币资金投资 100 000 元，存入银行。

（2）4 日，以银行存款支付 8 月购料款 20 000 元。

（3）5 日，收回客户支付的销货款 4 200 元，存入银行。

（4）7 日，将现金 15 000 元存入银行。

（5）8 日，购入设备一台，价款 50 000 元、增值税税额 6 500 元。该设备不需安装，已验收使用，设备款尚未支付。

（6）8 日，生产车间领用材料 140 000 元，用于产品生产。

（7）10 日，8 月购进的材料到货并验收入库，实际采购成本为 24 800 元。

（8）11 日，向银行取得短期借款 30 000 元，存入银行。

（9）12 日，以库存现金支付零星修理费 350 元。

（10）15 日，购入材料一批，价款 180 000 元、增值税税额 23 400 元，材料已验收入库，货款以银行存款支付 150 000 元，余款暂欠。

3. 要求

根据上述资料分别编制收款凭证、付款凭证和转账凭证。

第 5 章

登记账簿

学习目标

- 了解会计账簿的含义、作用、种类
- 掌握会计账簿的设置和登记方法
- 熟悉错账查找方法，掌握更正错账、对账和结账的方法

导入案例

为进一步扩大销售，提高公司的竞争力，蓝天服饰有限公司管理层做出决定，从 20××年 1 月 1 日起对进货量大且信誉良好的老客户提供为期 30 天的商业信用期，改变当前百分之百的现销政策。因公司信用政策的改变，对部分客户实行了赊销，势必导致应收账款的产生。为此，公司需要设置“应收账款”账户，对因赊销而产生的应收未收的货款进行分类核算。那么，公司该如何核算才能获取管理上所需要的应收账款数据呢？实际上，这一问题的解决有赖于以下三个技术层面问题的解决。

（1）“应收账款”总账和明细账该如何设置？该采用什么格式的账页？

（2）“应收账款”总账和明细账该如何登记？

（3）“应收账款”总账和明细账之间该如何核对？

通过本章学习，你将系统了解会计信息的生成过程，掌握解决上述问题的基本方法。

5.1 会计账簿及其分类

5.1.1 会计账簿的概念

1. 会计账簿的定义

会计账簿是指由一定格式的账页组成，以审核无误的会计凭证为依据，用以全面、系统、连续地记录各项经济业务事项的簿籍。对于账簿的概念，可以从两方面来理解：一是从外在形式上看，账簿是由具有一定格式的账页联结而成的簿籍；二是从记录的内容上看，账簿是对各项经济业务进行分类和序时记录的簿籍。

会计账簿和会计凭证虽然都是记录经济业务的会计资料，但二者记录的方式不同。会计凭证对经济业务的记录是零散的，不能全面、连续、系统地反映和监督经济业务的内容；而会计账簿

对经济业务的记录是分类、序时、全面、连续的，能够把分散在会计凭证中的大量核算信息集中起来，为经营管理提供系统、完整的核算资料。各单位应当按照国家统一会计制度的规定和经营管理的需要设置会计账簿，以便系统地归纳会计信息，全面、系统、连续地核算和监督单位的经济活动及财务收支情况。

2. 会计账簿与账户的关系

账户是根据会计科目开设的，存在于账簿之中，账簿中的每一账页就是账户的存在形式和载体，没有账簿，账户就无法存在；账簿序时、分类地记载经济业务，是在账户中完成的。因此，账簿只是一个外在形式，账户才是它的实质内容。账簿与账户的关系是形式和内容的关系。

3. 设置和登记账簿的作用

设置和登记账簿，既是填制和审核会计凭证的延伸，又是编制财务报表的基础，是连接会计凭证与财务报表的中间环节。设置和登记账簿具有以下重要作用。

（1）记载和储存会计信息。将会计凭证中记录的经济业务记入有关账簿，可以全面反映会计主体在一定时期内发生的各项资金运动，储存所需要的各项会计信息。

（2）分类和汇总会计信息。账簿由不同的相互关联的账户构成。一方面，账簿记录可以分门别类地反映各项会计信息，提供一定时期内经济活动的详细情况；另一方面，可以通过发生额、余额的计算，提供各方面需要的总括会计信息，反映财务状况、经营成果和现金流量的综合价值指标。

05

（3）检查和校正会计信息。账簿记录是会计凭证信息的进一步整理，是会计分析、会计检查的重要依据。如在永续盘存制下，通过有关盘存账户余额与实际盘点或核查结果的核对，可以确认财产的盘盈或盘亏，并可根据实际结存数额调整账簿记录，做到账实相符，提供真实可靠的会计信息。

（4）编报和输出会计信息。为了及时反映企业的财务状况、经营成果和现金流量，应定期进行结账工作，进行有关账簿之间的核对，计算出本期发生额和余额，据以编制财务报表，向有关各方提供所需要的会计信息。

5.1.2 会计账簿的分类

会计核算中使用的账簿很多，不同账簿的用途、形式、内容和登记方法不同。为了更好地了解和使用各种账簿，通常对账簿做以下分类。

（1）账簿按照用途不同，可分为序时账簿、分类账簿和备查账簿。

① 序时账簿也称日记账，是按照经济业务完成时间的先后顺序进行逐日逐笔登记的账簿。日记账又可分为普通日记账和特种日记账。

普通日记账也称分录簿，是将企业每天发生的所有经济业务，不论其性质如何，按其发生的先后顺序编成会计分录记入账簿，其格式如表 5-1 所示。登记普通日记账只能由一个人负责，并且每笔会计分录都需要逐笔分别转记到分类账中，工作量很大。随着企业规模的扩大、经济业务的增多及记账凭证的出现，普通日记账不便于登记分类账和登账工作量较大的缺点逐渐显露。此外，普通日记账不是分类记录经济业务，不便于日后的查阅，不利于对重要经济业务进行严格管理。因此，目前已较少使用普通日记账。

表 5-1　　普通日记账

年		凭证		会计科目	摘要	借方金额	贷方金额	过账
月	日	字	号					

特种日记账是对某一特定种类的经济业务按其发生时间的先后顺序逐日、逐笔登记的账簿。通常对那些发生频繁、需要严格管理和控制的业务，应设置特种日记账。在我国，各单位一般必须设置库存现金日记账和银行存款日记账，对库存现金和银行存款的收付及结存情况进行序时登记。当然，各单位还可以根据自身的业务特点和管理需要来确定是否需要设置其他特种日记账，如为登记采购业务而设置的采购日记账，为登记产品销售业务而设置的销售日记账等。

② 分类账簿也称为分类账，是按照分类账户设置登记的账簿。按反映内容详细程度的不同，分类账簿又可以分为总分类账簿和明细分类账簿。

总分类账簿简称总账，是根据总分类账户开设的，用于总括地反映某类经济活动。总分类账簿主要为财务报表提供直接数据资料。明细分类账簿简称明细账，是根据明细分类账户开设的，用来提供明细的核算资料。总账对所辖的明细账起统驭作用，明细账对所属总账进行补充和说明。分类账簿是会计账簿的主体，也是编制财务报表的主要依据。

③ 备查账簿也称辅助账簿，是指对某些在序时账簿和分类账簿中未能记载或记载不全的经济业务进行补充登记的账簿，如用于反映为其他企业代管商品的“代管商品物资登记簿”，用于反映企业应收票据的“应收票据备查簿”等。

备查账簿只是对其他账簿记录的一种补充，与其他账簿之间不存在严密的依存和勾稽关系。备查账簿根据企业的实际需要设置，没有固定的格式要求。

（2）账簿按其外表形式不同，可分为订本式账簿、活页式账簿和卡片式账簿。

① 订本式账簿简称订本账，是在使用前把连续编号的若干账页装订成册的账簿。采用这种账簿可以避免账页散失，防止账页被人为抽换。但采用订本账也有缺陷：同一本账簿在同一时间内只能由一人登记，不能分工记账；同时，订本账的账页固定，不能根据需要增减，因而必须预先估计每一个账户需要的页数，以保留空白账页。如保留的空白账页不够，就会影响账户登记的连续性；如保留空白账页太多，又会造成不必要的浪费。在实际工作中，总账、库存现金日记账和银行存款日记账一般采用订本式账簿。

② 活页式账簿简称活页账，是在账簿登记完毕前不装订在一起，而是装在活页账夹中，当账簿登记完毕之后（通常是一个会计年度结束之后）才将账页予以装订，加具封面，并对各账页连续编号的账簿。这类账簿的优点是便于分工记账，可以根据记账的需要随时增减账页，因而比较方便灵活；缺点是账页容易散失和被抽换。活页式账簿一般适用于明细分类账。

③ 卡片式账簿又称卡片账，是由许多分散的、具有账户格式的卡片组成的账簿。严格地说，卡片账也是一种活页账，只不过它不是装在活页账夹中，而是存放在卡片箱内，使用时按类别排列、按顺序编号，并加盖有关人员的印章。卡片式账簿应由专人保管，以保证其安全。卡片式账簿的优缺点与活页式账簿大体相同。卡片账不用装订成册，随时可取、可放、可移动，也可跨年

度长期使用，但卡片容易丢失。一般情况下，固定资产的明细账采用卡片账。

（3）账簿按账页格式不同，可以分为两栏式账簿、三栏式账簿、多栏式账簿、数量金额式账簿和横线登记式账簿。

① 两栏式账簿是指只有借方和贷方两个基本金额栏目的账簿，格式如表 5-1 所示。普通日记账一般采用两栏式账簿。

② 三栏式账簿是指其账页的主要部分为借方、贷方和余额三个金额栏或者收入、支出和余额三个金额栏的账簿。三栏式账簿又可分为设对方科目和不设对方科目两种，区别是在摘要栏和借方科目栏之间是否设有“对方科目”栏。有“对方科目”栏的，称为设对方科目的三栏式账簿；不设“对方科目”栏的，称为不设对方科目的三栏式账簿。三栏式账簿主要适用于库存现金日记账，银行存款日记账，总账以及资本、债权债务明细账等。

③ 多栏式账簿是指在账页的“借方”和“贷方”两个金额栏内按需要分设若干专栏的账簿。这种账簿可以按“借方”和“贷方”分别设专栏，也可以只设“借方”或“贷方”专栏，设多少栏则根据需要确定。收入、成本、费用明细账一般采用多栏式账簿。

④ 数量金额式账簿是指分别在账页的“借方”“贷方”和“余额”或者“收入”“发出”和“结存”三个栏目内再分设数量、单价和金额三小栏，借以反映财产物资的实物数量和价值量的账簿。原材料、库存商品等明细账一般采用数量金额式账簿。

⑤ 横线登记式账簿又称平行式账簿，是指将前后密切相关的经济业务登记在同一行上，以便检查每笔业务发生和完成情况的账簿。材料采购、在途物资、应收票据等明细账一般采用横线登记式账簿。

综上所述，会计账簿体系如图 5-1 所示。

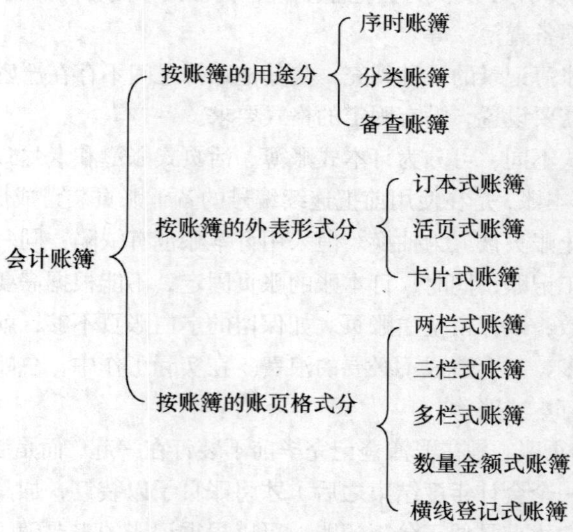

图 5-1 会计账簿体系

课程思政点睛：

会计实务中，“两本账”“账外账”为私设会计账簿行为的俗称，是指不在依法设置的会计账簿上对经济业务事项进行统一登记核算，而是在另外私自设置的会计账簿上进行登记核算的行为。现实中有的单位将发生的经济业务事项和财务收支不通过法定会计账簿进行统一核算，而是登记在私设的会计账簿，形成“小金库”。该行为违反了《会计法》，对该违法行为应追究其法律责任。

私设会计账簿不仅违反了会计职业道德，而且也是违反《会计法》的行为。根据《会计法》的规定，私设会计账簿的行为，由县级以上人民政府财政部门责令限期改正，并可以对单位处 3 000 元以上 5 万元以下的罚款；对其直接负责的主管人员和其他直接责任人员，可以处 2 000 元以上 2 万元以下的罚款；属于国家工作人员的，还应当由其所在单位或者有关单位依法给予行政处分。

因此，会计人员在工作中必须自觉遵守会计职业道德，坚守诚实守信、客观公正、坚持准则的道德要求，严格遵照《会计法》和国家统一的会计制度的规定设置会计账簿，进行会计核算。

5.2 会计账簿的启用与登记

5.2.1 会计账簿的启用

启用账簿时，应在账簿封面上写明单位名称和账簿名称；在账簿扉页上的账簿启用和经管人员一览表上填明单位名称、账簿名称、账簿编号、账簿页数、启用日期、记账人员和会计主管人员姓名，并请有关人员签章，加盖单位公章，按税法规定贴足印花税票。启用订本式账簿时应当从第一页到最后一页按顺序编定页数，不得跳页、缺号。使用活页式账簿时应当按账户顺序编号，并须定期装订成册，装订后再按实际使用的账页顺序编定页码，另加目录，以便记明每个账户的名称和页次。

在年度开始启用新账簿时，应把上年度的年末余额记入新账簿的第一行，并在摘要栏中注明“上年结转”或“年初余额”。

记账人员或会计主管人员调动工作时，应按规定办理交接手续，在交接记录内填明移交日期、接管日期、移交人员、接管人员和监交人员姓名，并由移交、接管和监交人员签名或盖章。

5.2.2 日记账的登记

日记账是按照经济业务发生或完成时间的先后顺序逐笔进行登记的账簿。设置日记账的目的是将经济业务的时间顺序清晰地反映在账簿记录中。在我国，大多数企业只设库存现金日记账和银行存款日记账。

1. 库存现金日记账的格式和登记方法

（1）库存现金日记账的格式。库存现金日记账是用来核算和监督库存现金每天的收入、支出和结存情况的账簿，其格式有三栏式和多栏式两种。无论采用三栏式还是多栏式库存现金日记账，都必须使用订本账。

三栏式库存现金日记账中设有收入、付出和结余三个基本栏目。在金额栏与摘要栏之间通常插入“对方科目”栏，以便记账时标明现金收入的来源和现金支出的用途。三栏式库存现金日记账的格式如表 5-2 所示。

表 5-2　　库存现金日记账（三栏式）

20××年		凭证		摘要	对方科目	收入	付出	结余
月	日	字	号					
9	1			月初余额				1 500
9	2	银付	1	提取备用金	银行存款	5 000		6 500
9	2	现付	1	预支差旅费	其他应收款		2 000	4 500
9	2	现收	3	出售废旧物资	其他业务收入	200		1 688
9	2			本日合计		5 388	5 200	1 688

多栏式库存现金日记账是在三栏式库存现金日记账的基础上发展起来的，日记账的借方（收入）和贷方（支出）金额栏都按对方科目设专栏，也就是按收入的来源和支出的用途设专栏。多栏式库存现金日记账的格式如表 5-3 所示。

表 5-3　　库存现金日记账（多栏式）

年		凭证号数	摘要	收入				支出				结余
月	日			应贷科目			合计	应借科目			合计	
				银行存款	主营业务收入	…		其他应收款	管理费用	…		

（2）库存现金日记账的登记方法。库存现金日记账由出纳人员根据同库存现金收付有关的记账凭证，按时间顺序逐日逐笔进行登记，并根据“上日余额+本日收入-本日支出=本日余额”的公式，逐日结出库存现金余额，与库存现金实存数核对，以检查每日库存现金收付是否有误。

三栏式库存现金日记账的栏目说明如下。

① 日期栏：用于记录记账凭证的日期，应与库存现金实际收付日期一致。

② 凭证栏：用于记录登记入账的收付款凭证的种类和编号，如库存现金收（付）款凭证（简写为“现收（付）”）、银行存款收（付）款凭证（简写为“银收（付）”）。凭证栏内还应登记凭证的编号数，以便于查账和核对。

③ 摘要栏：摘要栏用于说明登记入账的经济业务的内容。文字要简练，但要能说明问题。

④ 对方科目栏：用于记录库存现金收入的来源科目或支出的用途科目。如从银行提取现金，其来源科目（即对方科目）为“银行存款”。其作用在于了解经济业务的来龙去脉。

⑤ 收入、支出（或借方、贷方）栏：用于记录库存现金实际收付的金额。每日终了，应分别计算库存现金收入和支出的合计数，结出余额，同时将余额与出纳人员的库存现金进行核对，即通常所说的“日清”。如账款不符应查明原因，并记录备案。月终同样要计算库存现金收、付和结存的合计数，通常称为“月结”。

在实际工作中，如果要设多栏式库存现金日记账，一般把库存现金收入业务和支出业务分设为“库存现金收入日记账”和“库存现金支出日记账”两本账。其中，库存现金收入日记账按对应的贷方科目设置专栏，另设“支出合计”栏和“结余”栏；库存现金支出日记账则只按支出的对方科目设专栏，不设“收入合计”栏和“结余”栏。库存现金收入日记账和库存现金支出日记账的格式如表 5-4 和表 5-5 所示。

表 5-4　库存现金收入日记账

20××年		收款凭证		摘要	贷方科目			收入合计	支出合计	余额
月	日	字	号		银行存款	其他应收款	营业外收入			
9	1			月初余额						1 500
9	2	银付	1	从银行提现	800			800		2 300
9	2			转记					600	1 700
9	6	现收	5	出售废旧物资				80		1 780
9	6	现收	6	交回差旅费余额		50		50		1 830

表 5-5　库存现金支出日记账

20××年		付款凭证		摘要	结算凭证		借方科目		
月	日	字	号		种类	号数	其他应收款	管理费用	支出合计
9	2	现付	2	预支差旅费			500		500
9	2	现付	2	购买办公用品				100	600

借贷方分设的多栏式库存现金日记账的登记方法如下。

首先，根据有关库存现金收入业务的记账凭证登记库存现金收入日记账，根据有关库存现金支出业务的记账凭证登记库存现金支出日记账。

其次，每日营业终了，根据库存现金支出日记账结计的支出合计数，一笔转入库存现金收入日记账的“支出合计”栏中，并结出当日余额。

2. 银行存款日记账的格式和登记方法

银行存款日记账是用来核算和监督银行存款每日的收入、支出和结余情况的账簿。银行存款日记账应按企业在银行开立的账户和币种分别设置，每个银行账户设置一本日记账，由出纳人员根据与银行存款收付业务有关的记账凭证，按时间先后顺序逐日逐笔进行登记。

（1）银行存款日记账的格式。银行存款日记账的格式与库存现金日记账相同，既可以采用三栏式，又可以采用多栏式。多栏式可以将收入和支出在一本账上进行核算，也可以分设“银行存款收入日记账”和“银行存款支出日记账”，其格式与表 5-4、表 5-5 相似。三栏式银行存款日记账的格式如表 5-6 所示。

（2）银行存款日记账的登记方法。银行存款日记账的登记方法与库存现金日记账的登记方法基本相同，栏目说明如下。

① 日期栏：用于记录记账凭证的日期。

表 5-6　　银行存款日记账（三栏式）

20××年		凭证		摘要	对方科目	收入	付出	结余
月	日	字	号					
9	1			期初余额				15 000
9	2	现付	1	存入销货款	库存现金	25 000		40 000
9	2	银行	1	支付购料款	在途物资		23 000	17 000
9	2	银行	5	支付修理费	管理费用		1 250	18 350
9	2			本日合计		41 500	38 150	18 350

② 凭证栏：用于记录登记入账的收付款凭证的种类和编号（与库存现金日记账的登记方法一致）。

③ 对方科目栏：用于记录银行存款收入的来源科目或支出的用途科目。如开出支票一张用于支付购料款，其支出的用途科目（即对方科目）为“在途物资”科目，其作用在于了解经济业务的来龙去脉。

④ 摘要栏：用于说明登记入账的经济业务的内容，文字要简练，但要能概括地说明问题。

⑤ 收入、支出栏：用于记录银行存款实际收付的金额。根据银行存款收款凭证和有关的现金付款凭证（库存现金存入银行业务）登记银行存款收入栏，根据银行存款付款凭证登记其支出栏。每日终了，应分别计算银行存款收入和支出的合计数，结算出余额，做到日清；月终应计算出银行存款全月收入、支出的合计数，做到月结。

05

5.2.3 总分类账的登记

1. 总分类账的格式

总分类账简称总账，是指按照总分类账户分类登记以提供总括会计信息的账簿。总分类账中的账页是按总账科目（一级科目）开设的总分类账户。总分类账户可以全面、系统、综合地反映企业所有的经济活动和财务收支情况，可以为编制财务报表提供所需的资料。因此，每一个企业都应设置总分类账。

总分类账最常用的格式为三栏式，设置借方、贷方和余额三个基本金额栏目，如表 5-7 所示。

表 5-7　　总分类账（三栏式）

会计科目：原材料

20××年		凭证号数	摘要	√	借方	贷方	借或贷	余额
月	日							
9	1		月初余额				借	50 000
9	2	转 1	材料入库		25 000		借	75 000
9	5	转 2	车间领用			30 000	借	45 000

2. 总分类账的登记方法

总分类账的登记方法因登记的依据不同而有所不同。经济业务少的小型单位的总分类账可以根据记账凭证逐笔登记，如表 5-7 所示；经济业务多的大中型单位的总分类账可以根据经过汇总的科目汇总表或汇总记账凭证等进行定期登记，如表 5-8 所示。

表 5–8　　　　总分类账（三栏式）

会计科目：原材料

20××年		凭证号数	摘要	√	借方	贷方	借或贷	余额
月	日							
9	1		月初余额				借	50 000
9	10	科汇 1	上旬发生		55 000	65 000	借	40 000

5.2.4 明细分类账的登记

1. 明细分类账的格式

明细分类账是根据有关明细分类账户设置并登记的账簿。它能提供有关交易或事项比较详细、具体的核算资料，以弥补总分类账所提供核算资料的不足。因此，各单位在设置总分类账的同时，还应设置必要的明细分类账。明细分类账一般采用活页式账簿、卡片式账簿，其格式主要有三栏式、多栏式、数量金额式和横线登记式（或称平行式）等。

（1）三栏式明细分类账。三栏式明细分类账是设有借方、贷方和余额三个栏目，用以分类核算各项经济业务，提供详细核算资料的账簿。其格式与三栏式总账相同。三栏式明细分类账适用于只进行金额核算的账户，如应收账款、应付账款、其他应收款、应交税费、实收资本、利润分配等。其格式如表 5-9 所示。

表 5–9　　　　明细分类账（三栏式）

总第　　页　　　　分第　　页

应收账款　　　　二　级科目编号及名称　北方公司

　　级科目编号及名称

20××年		凭证		摘要	借方	贷方	借或贷	余额
月	日	种类	号数					
9	1			期初余额			借	100 000.00
9	2	银收	1	收回货款		100 000.00	平	θ

（2）多栏式明细分类账。多栏式明细分类账是将属于同一个总账科目的各个明细科目合并在一张账页上进行登记，即在这种格式账页的借方或贷方金额栏内按照明细项目设若干专栏的账簿。多栏式明细分类账适用于收入、成本、费用类科目的明细核算，如主营业务收入、生产成本、管理费用等。

在实际工作中，成本、费用类科目的明细分类账可以只按借方发生额设置专栏，贷方发生额由于每月发生的笔数很少，可以在借方直接用红字冲销。多栏式明细分类账的格式如表 5-10 所示。

表 5-10　　管理费用明细分类账（多栏式）

20××年		凭证号数	摘要	借方						
月	日			工薪费用	办公费	差旅费	折旧费	修理费	水电费	合计
9	5	转 1	领用材料					500		500
9	8	现付 1	付办公费		350					350
9	10	转 15	分配工资	15 000						15 000
9	30		本月合计	15 000	1 200	5 800	2 000	800	1 500	26 300
9	30		结转	15 000	1 200	5 800	2 000	800	1 500	26 300

（3）数量金额式明细分类账。数量金额式明细分类账是在收入、发出、结存三栏内再增设数量、单价和金额三个专栏，分别用于登记实物的数量和金额。所以，它适用于既需要反映金额又需要反映数量的经济业务，如可用于原材料、库存商品等存货的收发业务核算。其格式如表 5-11 所示。

表 5-11　　原材料明细分类账（数量金额式）

类别：钢材　　计划单价：

品名或规格：普通圆钢　　储备定额：

存放地点：5 号库　　计量单位：千克

20××年		凭证号数	摘要	收入			发出			结存		
月	日			数量	单价	金额	数量	单价	金额	数量	单价	金额
9	1		月初结存							1 000	100	100 000
9	2	转 1	购入	2 000	100	200 000				3 000	100	300 000
9	3	转 2	领用				500	100	50 000	2 500	100	250 000

（4）横线登记式明细分类账。横线登记式明细分类账是采用横线登记，即将每一笔相关的业务登记在一行，从而可依据每一行各个栏目的登记是否齐全来判断该项业务进展情况的账簿。横线登记式明细分类账适用于登记材料采购、在途物资、应收票据和一次性备用金业务，其格式如表 5-12 所示。

表 5-12 在途物资明细账（横线登记式）

明细科目：东海商贸公司——钢材 第 5 页

20××年		凭证号码	摘要	借方金额			贷方金额				结余余额
月	日			买价	采购费用	合计	月	日	凭证号码	金额	
9	3	略	购入	5 500	300	5 800	9	5	略	5 800	
9	10	略	购入	7 200	400	7 600	9	12	略	7 600	
9	25	略	购入	2 800	300	3 100					

2. 明细分类账的登记方法

明细分类账一般根据记账凭证和相应的原始凭证来登记，具体包括以下几种登记方法：一是根据原始凭证直接登记明细分类账；二是根据汇总原始凭证登记明细分类账；三是根据记账凭证登记明细分类账。

不同类型经济业务的明细分类账，可根据管理需要，依据记账凭证、原始凭证或汇总原始凭证逐日逐笔或定期进行汇总登记。固定资产、债权、债务等明细分类账应逐日逐笔登记；库存商品、原材料收发明细分类账以及收入、成本、费用明细分类账可以逐笔登记，也可以定期汇总登记。

5.2.5 总分类账户与明细分类账户的平行登记

平行登记是指对发生的每项经济业务都要以会计凭证为依据，一方面记入有关总分类账户，另一方面记入有关总分类账户所辖明细分类账户的方法。

总分类账户与明细分类账户平行登记要求做到以下几个方面。

（1）所依据会计凭证相同。对于发生的经济业务，要根据相同的会计凭证，一方面在有关的总分类账户中登记，另一方面在该总分类账户所辖的明细分类账户中登记。

（2）借贷方向相同。对于发生的每项经济业务，记入总分类账户和所辖明细分类账户的方向必须相同。也就是说，如果总分类账户登记在借方，那么其所辖明细分类账户也应该登记在借方；反之，如果总分类账户登记在贷方，那么其所辖明细分类账户也应该登记在贷方。

（3）所属会计期间相同。对于发生的每项经济业务，在记入总分类账户和明细分类账户时，必须在同一会计期间全部登记入账。即一项经济业务发生后，必须在记入总分类账户进行总括核算的同一会计期间，在其所辖明细分类账户中进行登记，进行明细分类核算。

（4）记入总分类账户的金额与记入明细分类账户中的合计金额相等。对于发生的每项经济业务，记入总分类账户的金额必须与记入其所辖的一个或几个明细分类账户的金额合计数相等。

总分类账户与明细分类账户平行登记，使得总分类账户本期发生额合计数与其所辖全部明细分类账户的本期发生额合计数相等，总分类账户期初余额与其所辖全部明细分类账户的期初余额合计数相等，总分类账户期末余额与其所辖全部明细分类账户的期末余额合计数相等，实现了总分类账户对所辖明细分类账户的统驭和控制作用，明细分类账户对其所隶属的总分类账户的辅助作用。

现举例说明。

【例 5-1】 20××年 10 月 1 日，利华公司“应收账款”账户借方余额为 9 000 元。其中，应收 A 公司 3 000 元，应收 B 公司 6 000 元。20××年 10 月，利华公司发生的相关经济业务如下。

（1）10月5日，售给A公司产品一批，价款4 000元、增值税税额520元，产品已发出，货款尚未收到。编制会计分录如下。

借：应收账款——A公司　　4 520
　贷：主营业务收入　　4 000
　　应交税费——应交增值税（销项税额）　　520

（2）10月20日，售给B公司产品一批，价款3 000元、增值税税额390元，产品已发出，货款尚未收到。编制会计分录如下。

借：应收账款——B公司　　3 390
　贷：主营业务收入　　3 000
　　应交税费——应交增值税（销项税额）　　390

（3）10月29日，A公司转来货款5 000元，B公司转来货款8 000元，款项均收妥并存入银行。编制会计分录如下。

借：银行存款　　13 000
　贷：应收账款——A公司　　5 000
　　　　——B公司　　8 000

根据上述资料，在“应收账款”总分类账户及其所辖明细分类账户中进行平行登记，具体步骤如下。

首先，将月初余额分别记入“应收账款”总分类账及其所辖的明细分类账；其次，根据经济业务事项发生的先后次序和编制的会计分录，依次在“应收账款”总分类账及其所辖的明细分类账中进行平行登记，并计算出各账户的本期发生额合计数和期末余额。“应收账款”总分类账及其所辖明细分类账的登记如表5-13～表5-15所示。

表5-13　　总分类账

会计科目：应收账款

20××年		凭证号数	摘要	借方	贷方	借或贷	余额
月	日						
10	1		月初余额			借	9 000
	5	转2	销售	4 520		借	13 520
	20	转25	销售	3 390		借	16 910
	29	银收15	收回货款		13 000	借	3 910
10	31		本月合计	7 910	13 000	借	3 910

表5-14　　应收账款明细分类账（1）

会计科目：A公司

20××年		凭证号数	摘要	借方	贷方	借或贷	余额
月	日						
10	1		月初余额			借	3 000
	5	转2	销售	4 520		借	7 520
	29	银收15	收回货款		5 000	借	2 520
10	31		本月合计	4 520	5 000	借	2 520

表 5-15　　应收账款明细分类账（2）

会计科目：B 公司

20××年		凭证号数	摘要	借方	贷方	借或贷	余额
月	日						
10	1		月初余额			借	6 000
	20	转 25	销售	3 390		借	9 390
	29	银收 15	收回货款		8 000	借	1 390
10	31		本月合计	3 390	8 000	借	1 390

从上述总分类账户及其所辖明细分类账户的记录中可以看出，经平行登记，“应收账款”总分类账户的期初余额、本期借方发生额、本期贷方发生额、期末余额均分别与其所辖明细分类账户的期初余额、本期借方发生额、本期贷方发生额、期末余额的合计数相等，直观地说明了总分类账户对明细分类账户的统驭作用、明细分类账户对总分类账户的补充作用。

因总分类账户及其所辖明细分类账户的本期发生额及余额存在相等的关系，故在期末可以对总分类账户及其所辖的明细分类账户进行核对和检查，以便发现和纠正错误。通常，这种核对是通过编制“总分类账户与明细分类账户发生额及余额对照表”进行的，其格式与内容如表 5-16 所示。

表 5-16　　总分类账户与明细分类账户发生额及余额对照表

20××年 10 月 31 日

单位：元

会计科目	期初余额		本期发生额		期末余额	
	借方	贷方	借方	贷方	借方	贷方
应收账款	9 000		7 910	13 000	3 910	
A 公司	3 000		4 520	5 000	2 520	
B 公司	6 000		3 390	8 000	1 390	

从表 5-16 中可以看出，“应收账款”总分类账户的期初余额为 9 000 元，等于明细分类账户“A 公司”的期初余额 3 000 元加上“B 公司”的期初余额 6 000 元；本期借方发生额为 7 910 元，等于明细分类账户“A 公司”的本期借方发生额 4 520 元加上“B 公司”的本期借方发生额 3 390 元；本期贷方发生额 13 000 元，等于明细分类账户“A 公司”的本期贷方发生额 5 000 元加上“B 公司”的本期贷方发生额 8 000 元；期末余额 3 910 元，等于明细分类账户“A 公司”的期末余额 2 520 元加上“B 公司”的期末余额 1 390 元。通过这样的相互核对，会计人员可以确定总分类账户及其所辖明细分类账户的登记是正确的。

5.3　错账查找与更正方法

5.3.1　错账查找方法

在记账过程中可能会发生各种各样的差错，产生错账，如重记、漏记、数字颠倒、数字错位、数字记错、借贷方向记反等，从而影响会计信息的准确性，会计人员应及时找出差错并予以更正。错账查找的方法主要有以下几种。

1. 差数法

差数法是指按照错账的差数查找错账的方法。在记账过程中只登记了会计分录的借方或贷方，漏记了另一方，从而形成试算平衡中借方合计与贷方合计不等的情况。如借方金额遗漏，则会使该金额在贷方超出；如贷方金额遗漏，则会使该金额在借方超出。对于这样的差错，会计人员可通过与相关金额的记账进行核对来查找。

2. 尾数法

尾数法是指对于发生的差错只查找末位数，以提高查错效率的方法。这种方法适用于借贷方金额的其他位数一致，只有末位数出现差错的情况。

3. 除 2 法

除 2 法是指以差数除以 2 来查找错账的方法。当某个金额错记入借方（或贷方）时，出现错账的差数表现为应记金额的 2 倍。将此差数除以 2，得出的商即记错借贷方向的金额。例如，应记入“固定资产”科目借方的 5 000 元误记入贷方，则该科目的期末余额将小于总分类科目余额 10 000 元，差额除以 2 后所得的商 5 000 元即为记错借贷方向的金额。同理，如果借方总额大于贷方 800 元，则应查找有无 400 元的贷方金额误记入了借方。

4. 除 9 法

除 9 法是指以差数除以 9 来查找错账的方法。该方法适用于以下 3 种情况。

（1）将数字写小。例如，将 500 写成 50，错误数字比正确数字小 9 倍。查找的方法是：差数除以 9 所得的商即为写错的数字，商乘以 10 所得的积即为正确的数字。本例中差数为 450（500−50），除以 9 后所得的商 50 即为错数，扩大 10 倍后即可得出正确的数字 500。

（2）将数字写大。例如，将 30 写成 300，错误数字比正确数字大 9 倍。查错的方法是：差数除以 9 所得的商为正确数字，商乘以 10 所得的积为错误数字。本例中，差数为 270（300−30），除以 9 后所得的商 30 即为正确数字，扩大 10 倍后即可得出错误数字 300。

（3）邻数颠倒。例如，将 1 230 写成了 1 320。查找方法是：将差数除以 9，得出的商连续加 11，直到找出颠倒的数字为止。本例中，差数为 90（1 320−1 230），除以 9 所得的商为 10，再连续加两个 11 后即可查出邻数 2 和 3 相互颠倒。

5.3.2 错账更正方法

在记账过程中，由于种种原因可能会使账簿记录发生错误。对于发生的账簿记录错误，应该采用正确、规范的方法予以更正，不得涂改、挖补、刮擦或者用药水消除字迹，不得重新抄写。错账更正方法主要有划线更正法、红字更正法和补充登记法。

1. 划线更正法

在结账以前，如果发现账簿记录中数字或文字错误，而记账凭证没有错误，可采用划线更正法进行更正。划线更正法又称红线更正法，更正时，先在错误的数字或文字上划一条红线注销，然后在红线上面空白处写上正确的文字或数字，并由记账及会计机构负责人（会计主管人员）在更正处盖章，以明确责任。需要注意的是，错误的数字要整笔划掉，不能只简单划去其中一个或几个记错的数字，并且必须保证划去的字迹仍可清晰辨认。对于文字错误，可只划去错误的部分。

【例 5-2】登记账簿时，将数字 8 175.00 元误记为 8 715.00 元。

更正方法：不能只划去“71”，将其改为“17”，而是要把“8 715.00”全部用红线划去，并在其上方写上“8 175.00”，如下所示。

8 175.00

~~8 715.00~~

2. 红字更正法

红字更正法是指用红字冲销原有错误的账户记录或凭证记录，以更正或调整账簿记录的一种方法。通常存在以下两种情况。

（1）记账后发现记账凭证中应借、应贷会计科目有错误而引起记账错误。更正方法是：用红字填写一张与错误记账凭证内容完全相同的记账凭证，在摘要栏内注明“更正某月某日某号凭证”，并用红字金额登记入账，以冲销账簿中原有的错误记录，然后用蓝字填制一张正确的记账凭证，并据以登记入账。

【例 5-3】 生产车间领用甲材料 2 000 元用于车间一般性消耗。填制记账凭证时，误将借方科目写成“生产成本”，并已登记入账。会计分录如下。

借：生产成本　　2 000

　　贷：原材料　　2 000

更正时，用红字填制一张与原错误记账凭证内容完全相同的记账凭证。会计分录如下。

借：生产成本　　[2 000]

　　贷：原材料　　[2 000]

然后，用蓝字填制一张正确的记账凭证。会计分录如下。

借：制造费用　　2 000

　　贷：原材料　　2 000

编制会计分录后，分别以红字金额和蓝字金额登记入账。

（2）记账后发现记账凭证和账簿记录中应借、应贷的会计科目无误，只是所记金额大于应记金额而引起记账错误。更正的方法是：按多记的金额用红字填制一张与原记账凭证应借、应贷会计科目完全相同的记账凭证，在摘要栏内注明“冲销某月某日某号凭证多记金额”，并据以登记入账，以冲减多记的金额。

【例 5-4】 企业管理部门领用原材料 2 000 元，在编制记账凭证时，误将金额写成了 20 000 元，并且已登记入账。会计分录如下。

借：管理费用　　20 000

　　贷：原材料　　20 000

该笔错账的更正，只需按多记的金额 18 000 元，用红字编制一张与原记账凭证应借、应贷会计科目完全相同的记账凭证，并据以登记入账。会计分录如下。

借：管理费用　　[18 000]

　　贷：原材料　　[18 000]

3. 补充登记法

记账后发现记账凭证中应借、应贷的会计科目无误，只是所记金额小于应记金额时，采用补充登记法。更正的方法是：将少记金额用蓝笔填制一张与原记账凭证应借、应贷会计科目完全相同的记账凭证，在摘要栏内注明“补记某月某日某号凭证”，并据以登记入账，以补充少记的金额。

【例 5-5】 接受外单位投入资金 180 000 元，已存入银行。在填制记账凭证时，误将其金额记为 150 000 元，并据以登记入账。会计分录如下。

借：银行存款　　150 000

　　贷：实收资本　　150 000

更正方法是：按少记金额 30 000 元用蓝字编制一张与原记账凭证应借、应贷会计科目完全相同的记账凭证，并据以登记入账。会计分录如下。

借：银行存款　　30 000

　　贷：实收资本　　30 000

错账更正的 3 种方法中，红字更正法和补充登记法都是用来更正因记账凭证错误而产生的记账错误；对于非因记账凭证的差错而产生的记账错误，只能用划线更正法更正。

上述 3 种方法仅适用于对当年因错误填制记账凭证或者登记账簿而产生的错账进行更正。如果发现以前年度的记账凭证中有错误（指会计科目和金额有错误）并导致账簿记录出现差错，则应当按照《企业会计准则第 28 号——会计政策、会计估计变更和差错更正》的规定进行更正。

5.4 对账与结账

5.4.1 对账

对账就是核对账目，是指对账簿记录进行核对的工作。会计人员通过对账，可实现账证相符、账账相符、账实相符。对账工作一般在月末进行，即在记账之后结账之前进行。

在日常会计核算中，由于种种原因，难免会产生各种差错，出现账实不符的情况。因此，在结账前，要通过对账对有关账簿记录进行核对，确保会计核算资料的正确性和完整性，为编制财务报表提供真实可靠的数据资料。对账的内容包括账证核对、账账核对和账实核对。

1. 账证核对

账证核对是指核对会计账簿记录与原始凭证和记账凭证的时间、凭证字号、内容、金额是否一致，记账方向是否相符。由于会计账簿是根据会计凭证登记的，两者之间存在勾稽关系，因此，账证核对可以检验会计账簿记录与会计凭证的内容是否正确无误，以保证账证相符。账证核对主要包括以下内容。

（1）库存现金日记账、银行存款日记账与收款凭证、付款凭证的核对。

（2）总分类账与记账凭证的核对。

（3）明细分类账与记账凭证、原始凭证或原始凭证汇总表的核对。

这些核对工作通常在日常制证和记账工作中进行。

2. 账账核对

账账核对是指对各种会计账簿之间相对应的记录进行核对。由于会计账簿之间相对应的记录存在着内在联系，因此，账账核对可以检验会计账簿记录的正确性，以便及时发现错账，予以更正，保证账账相符。账账核对的内容主要包括以下几个方面。

（1）总分类账之间的核对。按照“资产=负债+所有者权益”这一会计等式和“有借必有贷，借贷必相等”的记账规则，总分类账各账户的期初余额、本期发生额和期末余额之间存在着对应的平衡关系。利用这种平衡关系，可以检查总分类账记录是否正确、完整。这项核对工作通常采用编制试算平衡表来完成。

（2）总分类账与所辖明细分类账之间的核对。总分类账各账户的期末余额应与其所辖各明细分类账户的期末余额之和相符。

（3）总分类账与序时账簿之间的核对。我国的企事业单位必须设置库存现金日记账和银行存款日记账。库存现金日记账必须每天与库存现金核对，银行存款日记账也必须定期与银行对账。在此基础上，还应检查库存现金总账和银行存款总账的期末余额与库存现金日记账和银行存款日记账的期末余额是否相符。

（4）明细分类账之间的核对。例如，会计部门有关财产物资的明细分类账余额与财产物资保管部门或使用部门的明细分类账余额进行定期核对，以检查其余额是否相符。核对的方法一般是由财产物资保管部门或使用部门定期编制收发存汇总表报会计部门核对。

3. 账实核对

账实核对是在账账核对的基础上，将各项财产物资、债权债务等账面余额与实有数额进行核对。由于实物的增减变化、款项的收付都要在有关账簿中如实反映，因此，会计账簿记录与实物、款项的实有数进行核对，可以检验款项、实物会计账簿记录的正确性，以便及时发现财产物资和货币资金管理中存在的问题，查明原因，分清责任，改善管理，保证账实相符。账实核对的主要内容包括以下几个方面。

（1）库存现金日记账账面余额与库存现金实际库存数的逐日核对。

（2）银行存款日记账账面余额与银行对账单余额的定期核对。

（3）各项财产物资明细分类账账面余额与财产物资实有数额的定期核对。

（4）有关债权债务明细分类账账面余额与对方单位债权债务账面记录的核对。

造成账实不符的原因较多，如财产物资保管过程中发生自然损耗；财产物资收发过程中由于计量或检验不准，造成多收或少收的差错；由于管理不善、制度不严造成财产损坏、丢失和被盗等；在账簿记录中发生重记、漏记和错记等；有关凭证未到，形成未达账项，造成结算双方账实不符；发生意外灾害等。因此，需要通过定期的财产清查来弥补漏洞，保证会计信息真实可靠，提高企业管理水平。

5.4.2　结账

结账就是把一定时期内发生的经济业务在全部登记入账的基础上，结算出每个账户的本期发生额和期末余额，并将期末余额转入下期或下年新账（期末余额结转到下期，即下期期初余额）。根据会计分期的不同，结账工作相应地可以在月末、季末、年末进行，不得提前结账或延迟结账。结账的内容通常包括：一是结清各种损益类账户，并据以计算确定本期利润；二是结出各资产、负债和所有者权益账户的本期发生额合计和期末余额。

1. 结账的程序

（1）结账前，将本期发生的经济业务事项全部登记入账，并保证其正确性。对发现的记账错误，应采用适当的方法进行更正。

（2）在本期经济业务事项全部入账的基础上，根据权责发生制的要求，调整有关账项，合理确定本期应计收入和应计费用。

应计收入是指本期已经实现而未确认的收入，如本期应确认的租金收入、投资收益等。应计费用是指本期已经发生而未支付的费用，如本期应负担的借款利息、应付未付的房屋租金、应计提的固定资产折旧费等。

（3）将各损益类账户余额全部转入“本年利润”科目，结平所有损益类账户。

（4）结算出资产、负债和所有者权益账户的本期发生额和余额，并结转到下期。

上述工作完成后，就可以根据总分类账户和明细分类账户的本期发生额和期末余额，分别进行试算平衡。

2. 结账的方法

结账时应根据不同的账户记录，分别采用不同的结账方法。

（1）对于不需按月结计本期发生额的账户，如各项应收应付款明细分类账和各项财产物资明细分类账等，每次记账后都要随时结出余额，每月最后一笔余额即月末余额。

（2）库存现金日记账、银行存款日记账和需要按月结计发生额的收入、费用等明细分类账，每月结账时，要结出本月发生额和月末余额，在摘要栏内注明“本月合计”字样。

（3）需要结计本年累计发生额的某些明细分类账，每月结账时，应在“本月合计”行下结出自年初至本月末的累计发生额，登记在月份发生额下面，在摘要栏内注明“本年累计”字样，12月末的“本年累计”就是全年累计发生额。

（4）总分类账户平时只需结计月末余额，不需要结计本月发生额。年终结账时，为了反映全年各会计要素增减变动的全貌，便于核对账目，要对所有总账账户结计全年发生额和年末余额，在摘要栏内注明“本年合计”字样。

（5）年度终了结账时，对于有余额的账户，要将其余额结转到下一会计年度，并在摘要栏内注明“结转下年”字样；在下一会计年度新建有关会计账簿的第一行余额栏内填写上年结转的余额，并在摘要栏内注明“上年结转”字样。结转下年时，既不需要编制记账凭证，又不必将余额再记入本年账户的借方或贷方，使本年有余额账户的余额变为零，而是要将有余额账户的余额如实反映在账户中，以免混淆有余额账户和无余额账户。

年终结账的格式如表5-17所示。

表5-17 原材料

明细科目：圆钢

20××年		凭证号数	摘要	√	借方	贷方	借或贷	余额
月	日							
1	1		上年结转				借	30 000
12	31		本月合计		26 000	16 000	借	40 000
	31		本年累计		225 000	215 000	借	40 000
			结转下年					

5.4.3 会计账簿的更换与保管

会计账簿的更换通常在新会计年度建账时进行。一般来说，总分类账、日记账和多数明细分类账应每年更换一次。但有些财产物资明细分类账和债权债务明细分类账由于材料品种、规格和往来单位较多，更换新账的工作量较大，可以不必每年更换一次。各种备查账簿也可以连续使用。

年度终了，各种账户在结转下年、建立新账后，一般应对旧账进行集中统一管理。按照规定，会计账簿暂由本单位会计部门保管 1 年，期满后由本单位会计部门编造清册，移交至本单位的档案部门保管。

各种账簿应当按年度分类归档，编造目录，妥善保管。根据《会计档案管理办法》的规定，会计账簿的保管期限为 30 年。保管期满后，应按照规定的审批程序经批准后才能销毁。

微课：会计账簿

本章小结

会计账簿是指由一定格式账页组成，以审核无误的会计凭证为依据，全面、系统、连续地记录各项经济业务的簿籍。会计账簿是编制财务报表的基础，是连接会计凭证与财务报表的中间环节。会计账簿按用途分为序时账簿、分类账簿和备查账簿，按账页格式分为两栏式、三栏式、多栏式、数量金额式和横线登记式，按外表形式分为订本式、活页式和卡片式。

在我国，企事业单位必须设置库存现金日记账和银行存款日记账，并根据收款凭证和付款凭证按时间顺序逐日逐笔进行登记。总分类账可以根据记账凭证逐笔登记，也可以根据经过汇总的科目汇总表或汇总记账凭证登记。明细分类账可根据管理需要设置，依据记账凭证、原始凭证或汇总原始凭证进行登记。

在日常核算中，因种种原因的影响，难免会产生错账。会计人员可采用差数法、尾数法、除 2 法和除 9 法等方法查找错账，并选择恰当的方法进行更正。错账更正方法包括划线更正法、红字更正法和补充登记法。

对账就是核对账目，是对各类相关的账簿记录进行核对，以做到账证相符、账账相符、账实相符。对账的主要内容包括账证核对、账账核对和账实核对。结账是将账簿记录定期结算清楚的账务工作。在一定时期结束时（如月末、季末或年末），为了编制财务报表，需要进行结账，具体包括月结、季结和年结。

思考与练习

一、思考题

（1）什么是账簿？账簿是如何分类的？设置和登记账簿具有哪些重要作用？

（2）企业应如何设置日记账？日记账应采用何种账簿形式？是如何登记的？

（3）总分类账和所辖明细分类账存在怎样的联系？企业应如何设置明细分类账？总分类账和明细分类账是如何登记的？

（4）什么是对账？对账工作一般在何时进行？对账的具体内容包括哪些？

（5）什么是结账？结账应当按照怎样的程序进行？结账的方法主要有哪些？

二、判断题

（1）账簿与账户的关系是形式和内容的关系。（ ）

（2）在整个账簿体系中，序时账簿和分类账簿是主要账簿，备查账簿为辅助账簿。（ ）

（3）库存现金日记账、银行存款日记账和总分类账应当采用订本式账簿，账页格式均可采用

多栏式。（ ）

（4）为全面、详细反映原材料的收入、发出和结存情况，“原材料”明细分类账应采用数量金额式。（ ）

（5）对于那些仅需要核算金额的账户，其明细分类账一般应选择三栏式，且格式与三栏式总分类账格式相同。（ ）

（6）当发现编制的记账凭证有误，在尚未登记入账的情况下，可将原记账凭证作废，重新填制一张正确的会计凭证。（ ）

（7）对账工作一般在月末财务报表编制完成后进行，以达到账证、账账、账表相符。（ ）

（8）年末结账时，应当在全年累计发生额下面划通栏的双红线，有余额的账户，应将其余额结转下年，并在摘要栏内注明“结转下年”字样。（ ）

（9）记账以后发现所记金额小于应记金额，但记账凭证正确，应采用红字更正法进行更正。（ ）

（10）会计账簿保管期满后可由会计人员自行销毁。（ ）

三、单项选择题

（1）必须逐日逐笔登记的账簿是（ ）。

A. 明细分类账　B. 总分类账　C. 日记账　D. 备查账

（2）库存现金日记账、银行存款日记账应当采用（ ）。

A. 订本式　B. 活页式　C. 横线登记式　D. 卡片式

（3）下列账簿中，不能采用多栏式账页的为（ ）。

A. 总账　B. 管理费用明细分类账

C. 库存现金日记账　D. 银行存款日记账

（4）下列各明细分类账中，应当采用数量金额式账簿的是（ ）。

A. 原材料明细分类账　B. 管理费用明细分类账

C. 生产成本明细分类账　D. 主营业务收入明细分类账

（5）下列明细分类账中，可以采用三栏式明细分类账的是（ ）。

A. 库存商品明细分类账　B. 制造费用明细分类账

C. 固定资产明细分类账　D. 债权债务明细分类账

（6）下列记账凭证中，可作为库存现金收款登记依据的是（ ）。

A. 仅涉及现金和银行存款的银行存款付款凭证

B. 仅涉及现金和银行存款的库存现金收款凭证

C. 银行存款付款凭证

D. 转账凭证

（7）下列方法中，适用于查找在记账过程中只登记了会计分录的借方或贷方，漏记了另一方，从而导致试算平衡中借方合计与贷方合计不相等错误的是（ ）。

A. 尾数法　B. 除2法　C. 差数法　D. 除9法

（8）记账后，发现记账凭证中会计科目正确，但所记金额小于应记金额，应采用（ ）进行更正。

A. 红字更正法　B. 平行登记法　C. 补充登记法　D. 划线更正法

(9) 下列各项中，能采用划线更正法更正账簿记录错误的是（ ）。

A. 记账凭证正确，在记账时发生错误

B. 记账凭证上会计科目或记账方向错误

C. 记账凭证上会计科目或记账方向正确，但所记金额大于应记金额

D. 记账凭证上会计科目或记账方向正确，但所记金额小于应记金额

(10) 以下属于对账中账证核对内容的是（ ）。

A. 银行存款日记账账面余额与开户银行账目定期核对

B. 总分类账中“银行存款”账户期末余额与银行存款日记账期末余额核对

C. 库存现金日记账与某日收款凭证核对

D. 总分类账各账户期末余额与所辖明细分类账的期末余额核对

四、多项选择题

(1) 下列账户中，其明细分类账可以采用多栏式的有（ ）。

A. 生产成本 B. 管理费用 C. 管理费用 D. 制造费用

(2) 会计账簿的作用主要包括（ ）。

A. 记载和储存会计信息 B. 分类和汇总会计信息

C. 检查和校正会计信息 D. 编报和输出会计信息

(3) 下列账簿中，必须逐日结出余额的有（ ）。

A. 库存现金总分类账 B. 库存现金日记账

C. 银行存款总分类账 D. 银行存款日记账

(4) 下列各项中，（ ）属于库存现金日记账所属类别。

A. 订本账 B. 活页账 C. 特种日记账 D. 普通日记账

(5) 明细分类账可采用的格式有（ ）。

A. 三栏式 B. 多栏式 C. 数量金额式 D. 横线登记式

(6) 明细分类账可以直接根据（ ）登记。

A. 记账凭证 B. 原始凭证 C. 科目汇总表 D. 汇总原始凭证

(7) 下列情况中，可以使用红墨水记账的有（ ）。

A. 按照红字冲账的记账凭证，冲销错误记录

B. 在不设借贷的多栏式账页中登记减少数

C. 在三栏式账户的余额前如未印明余额方向，在余额栏内登记负数余额

D. 进行年结、月结时划线

(8) 下列各项中，属于总分类账户与明细分类账户平行登记要点的有（ ）。

A. 同金额 B. 同方向 C. 同摘要 D. 同期间

(9) 下列各项中，属于对账内容的有（ ）。

A. 账证核对 B. 账账核对 C. 账实核对 D. 账表核对

(10) 下列关于会计账簿更换和保管的表述中，正确的有（ ）。

A. 备查账不可以连续使用

B. 总分类账、日记账和多数明细分类账每年更换一次

C. 变动较小的明细分类账可以连续使用，不必每年更换

D. 会计账簿可暂由本单位会计部门保管 1 年。

05

五、业务题

习题一

1. 目的

练习库存现金日记账、银行存款日记账的登记。

2. 资料

20××年10月1日，江南公司库存现金日记账的期初余额为295元，银行存款日记账的期初余额为98 700元。该公司10月份发生以下经济业务。

（1）2日，以银行存款归还前欠凯乐公司货款70 200元。

（2）3日，出售甲产品2 000件，价款200 000元、增值税税额26 000元。货款已收存银行。

（3）5日，以银行存款上交企业所得税18 000元。

（4）6日，从银行提取现金2 000元备用。

（5）7日，职工方平出差，预借差旅费1 500元。

（6）8日，以银行存款归还前欠明星公司货款114 660元。

（7）9日，收到大明公司前欠货款34 290元，存入银行。

（8）10日，以银行存款35 000元支付本月职工工资。

（9）12日，收到天源公司还来的前欠货款23 400元，存入银行。

（10）14日，以银行存款支付外购A材料的价款94 000元、增值税税额12 220元。

（11）15日，以库存现金支付业务招待费1 450元。

（12）20日，向银行借入短期借款110 000元，存入银行。

（13）21日，购置办公用品500元，以库存现金支付。

（14）25日，从银行提取现金2 000元备用。

（15）25日，以库存现金1 200元支付包装物押金。

3. 要求

根据上述经济业务编制相应的会计分录，并据以登记库存现金日记账和银行存款日记账。

习题二

1. 目的

练习数量金额式明细分类账的登记，以及总分类账与所辖明细分类账的核对。

2. 资料

20××年10月1日，大华公司“原材料”总分类账户的期初余额为198 000元。其中，甲材料20 000千克，每千克5元，共计100 000元；乙材料30 000千克，每千克2元，共计60 000元；丙材料38 000千克，每千克1元，共计38 000元。该公司10月份发生下列有关材料收发的业务。

（1）2日，外购甲材料10 000千克验收入库，结转其实际采购成本50 000元。

（2）3日，生产产品领用乙材料15 000千克，计30 000元。

（3）6日，生产产品领用甲材料8 000千克，计40 000元。

（4）10日，生产车间修理机器设备领用丙材料3 000千克，计3 000元。

（5）11日，外购乙材料20 000千克验收入库，结转其实际采购成本40 000元。

（6）14日，生产产品领用乙材料30 000千克，计60 000元。

（7）16日，外购丙材料60 000千克验收入库，结转其实际采购成本60 000元。

（8）19 日，生产产品领用甲材料 7 000 千克，计 35 000 元。

（9）20 日，外购乙材料 10 000 千克验收入库，结转其实际采购成本 20 000 元。

（10）27 日，生产产品领用丙材料 63 000 千克验收入库，计 63 000 元。

3. 要求

（1）根据上述经济业务编制会计分录，并据以登记“原材料”总分类账及明细分类账。

（2）编制“原材料明细分类账户本期发生额及余额表”，并与总分类账有关记录相核对。

习题三

1. 目的

综合练习总分类账户和明细分类账户的平行登记。

2. 资料

20××年 9 月 30 日，利华公司“原材料”和“应付账款”账户余额如下。

（1）“原材料”总分类账户的借方余额为 7 940 元，如表 5-18 所示。

表 5-18　“原材料”总分类账户借方余额

材料名称	计量单位	数量	单价/元	金额/元
甲材料	千克	600	0.90	540
乙材料	千克	5 000	1.00	5 000
丙材料	千克	2 000	1.20	2 400

（2）“应付账款”总分类账户的贷方余额为 4 140 元，如表 5-19 所示。

表 5-19　“应付账款”总分类账户贷方余额

供货单位名称	金额/元
新丰公司	600
梅山公司	3 000
江城公司	540

该公司 10 月份发生下列相关经济业务。

（1）4 日，生产车间领用乙材料 2 000 千克，每千克 1 元；领用丙材料 1 500 千克，每千克 1.20 元。材料全部投入产品生产。

（2）5 日，以银行存款偿还前欠货款 3 540 元。其中，偿还梅山公司 3 000 元，偿还江城公司 540 元。

（3）8 日，向梅山公司购入乙材料 1 000 千克，每千克 1 元；购入丙材料 1 000 千克，每千克 1.20 元（不考虑相关税费）。材料均已验收入库，货款尚未支付。

（4）10 日，以银行存款偿还前欠新丰公司货款 600 元。

（5）15 日，向江城公司购入甲材料 500 千克，货款 450 元（不考虑相关税费）。材料已验收入库，货款尚未支付。

（6）16 日，生产车间领用下列材料投入生产：甲材料 700 千克，每千克 0.90 元；乙材料 1 800 千克，每千克 1 元。

（7）17 日，向新丰公司购入丙材料 1 000 千克，每千克 1.20 元（不考虑相关税费）。材料已验收入库，货款以银行存款支付。

（8）18 日，以银行存款支付梅山公司货款 2 200 元。

（9）22 日，生产车间领用下列材料投入生产：乙材料 900 千克，每千克 1 元；丙材料 1 500 千克，每千克 1.20 元。

（10）30 日，向梅山公司购入乙材料 1 700 千克，每千克 1 元；购入丙材料 500 千克，每千克 1.20 元。材料已验收入库，货款尚未支付。

3. 要求

（1）开设“原材料”和“应付账款”总分类账户和明细分类账户，登记期初余额。

（2）编制会计分录，登记“原材料”和“应付账款”总分类账和明细分类账，并结出各账户的本期发生额和期末余额。

（3）分别编制“原材料”和“应付账款”的明细分类账户本期发生额及余额表（见表 5-20、表 5-21），并据以和有关总分类账户核对。

表 5-20　　原材料明细分类账户本期发生额及余额表

年　月

明细账户（材料名称）	计量单位	单价	期初结存		本期发生额				期末结存	
			数量	金额	收入		发出		数量	金额
					数量	金额	数量	金额		
甲材料										
乙材料										
丙材料										
合计										

表 5-21　　应付账款明细分类账户本期发生额及余额表

年　月

明细账户（供货单位名称）	期初余额		本期发生额		期末余额	
	借方	贷方	借方	贷方	借方	贷方
新丰公司						
梅山公司						
江城公司						
合计						

习题四

1. 目的

练习错账更正方法。

2. 资料

东方公司将账簿记录与记账凭证进行核对时，发现下列经济业务的账簿记录有误。

（1）签发转账支票 3 000 元，用于预付本季度办公用房租金，原编制的记账凭证的会计分录如下。

借：应收账款　　3 000

　　贷：银行存款　　3 000

（2）结转本月实际完工产品的生产成本 49 000 元，原编制的记账凭证的会计分录如下。

借：库存商品　　94 000

　　贷：生产成本　　94 000

（3）购入材料一批，计货款 7 600 元（不考虑相关税费），原编制的记账凭证的会计分录如下。

借：原材料　　76 000

　　贷：银行存款　　76 000

（4）计提本月固定资产折旧费 4 100 元，原编制的记账凭证的会计分录如下。

借：管理费用　　1 400

　　贷：累计折旧　　1 400

（5）结算本月应付职工工资。其中，生产工人工资为 14 000 元，管理人员工资为 3 400 元。原编制的记账凭证的会计分录如下。

借：生产成本　　1 400

　　管理费用　　340

　　贷：应付职工薪酬　　1 740

（6）结转本期商品销售收入 480 000 元，原编制的记账凭证的会计分录如下。

借：本年利润　　450 000

　　贷：主营业务收入　　450 000

（7）用银行存款支付所欠供货单位货款 7 600 元，原编制的记账凭证的会计分录如下。

借：应付账款　　6 700

　　贷：银行存款　　6 700

（8）以库存现金支付采购人员差旅费 2 000 元，原编制的记账凭证的会计分录如下。

借：其他应付款　　2 000

　　贷：库存现金　　2 000

（9）车间管理人员出差回来报销差旅费 1 900 元，交回现金 100 元，原编制的记账凭证的会计分录如下。

借：管理费用　　1 900

　　库存现金　　100

　　贷：其他应收款　　2 000

3. 要求

将以上各项经济业务的错误记录，分别用适当的错账更正方法予以更正。

05

第 6 章

财产清查

学习目标 ↓

- 了解财产清查的意义和种类，理解财产清查各种方法的原理及其具体应用
- 掌握财产清查结果的处理要求、步骤和方法
- 掌握财产清查结果的账务处理

导入案例 ↓

又快到年终了，长江公司全体员工经过一年的努力取得了不错的业绩，总经理非常满意。即使这样，财务总监钱华还是向总经理提出要对公司所有财产进行一次全面清查，以摸清家底。总经理没有马上同意，认为公司的管理一直严格，员工们很敬业，工作很努力，业务操作也很规范，完全没有必要再花费人力、物力去做这项工作，况且年底的工作很多，不要再添乱了。钱华感到很为难，心情非常郁闷。

案例中，总经理的想法正确吗？如果你是钱华，你将如何说服总经理采纳你的建议？

6.1 财产清查的程序与方法

6.1.1 财产清查的概念

1. 财产清查的定义

财产清查，就是通过对货币资金、实物资产和债权、债务的实地盘点或核对，确定其实存数，查明账存数与实存数是否相符的一种专门方法。

一个单位日常发生的各项经济业务，经填制和审核会计凭证，被登记到会计账簿中。账簿记录是否正确、是否如实反映了各项财产的增减变动情况及结存，不仅关系到据以编制的财务报表是否真实、可靠，而且关系到单位财产物资等的安全、完整。因此，各单位应当建立健全财产物资清查制度，加强管理，以保证财产物资核算的真实性和完整性，保证账实相符，保证会计信息的质量。

具体来说，财产清查有助于以下目标的实现。

（1）确保会计核算资料的真实可靠。财产清查可以查明各项财产物资的实有数量，确定账实不符的数量及原因，及时调整账面记录，使账存数与实存数一致，从而确保会计核算资料真实可靠。

（2）保护财产物资的安全完整。财产清查可以查明各项财产物资的保管情况是否良好，制度是否规范，有无损失浪费、霉烂变质和非法贪污、盗窃、挪用等情况发生，以便从中吸取教训，采取措施，堵塞漏洞，建立健全各项财产物资管理制度，保护各项财产物资的安全完整。

（3）挖掘财产物资潜力，充分发挥财产物资的效用。财产清查可以查明各项财产物资的储备、使用情况，以合理调配、有效使用各项财产物资，积极处理超储、积压和呆滞财产物资，挖掘其潜力，提高其使用效能，加速资金周转。

（4）维护财经纪律，严肃财经法纪。财产清查可以查明各项资金的使用是否合理、合法，有无违反财经法纪和结算制度，有无贪污浪费、挪用公款等现象发生，从而严肃法纪，维护财经纪律。

2. 财产清查的种类

财产清查的种类很多，可以按以下不同标准加以分类。

（1）按清查的范围划分，财产清查可分为全面清查和局部清查。

全面清查，是指对企业全部财产都进行盘点和核对。就制造企业来说，全面清查的对象一般包括：库存现金、银行存款等各种货币资金，材料、包装物、在产品、半成品、库存商品等各种存货，建筑物、机器设备等各种固定资产，应收、预付等各种债权，股票、债券等各种有价证券及其他对外投资，接受其他单位委托加工的材料物资以及委托其他单位加工、保管的材料、商品等物资，各项在途物资、在途货币资金等在途资产，短期借款、长期借款、应付账款等各种债务。全面清查范围广、内容多、时间长、参与人员众多、费用开支大。通常下列情况下必须进行全面清查：年终决算之前，单位撤销、合并或改变隶属关系时，中外合资、国内合营前，企业股份制改制前，开展全面资产评估、清产核资时，单位主要领导调离工作时等。

局部清查，是指根据需要对企业的部分财产物资或债权、债务进行盘点与核对。局部清查的对象主要是货币资金、存货以及其他流动性较强的财产物资。一般情况下，库存现金应每天清点一次，银行存款每月至少同银行核对一次，债权、债务每年至少核对一次，各项存货应有计划、有重点地抽查，贵重物品每月应清查一次。局部清查与全面清查相比，范围小、内容少、时间短、参与人员少，但专业性较强。

（2）按清查的时间划分，财产清查可分为定期清查和不定期清查。

定期清查，是根据计划安排或财务制度的规定，对财产物资进行的清查。定期清查一般在期末进行，它可以是全面清查，也可以是局部清查。一般年末进行全面清查，半年末、季末、月末进行局部清查。

不定期清查，是指事前不规定清查日期，根据特殊需要临时进行的盘点和核对。不定期清查一般是局部清查，但也可以是全面清查。不定期清查一般在下列情况下进行。

① 财产、库存现金保管人员更换时，要对有关人员保管的财产、库存现金进行清查，以分清经济责任，便于办理交接手续。

② 发生自然灾害和意外损失时，要对受损失的财产进行清查，以查明损失情况。

③ 上级主管单位及财政、审计和税收等部门对本单位进行会计检查时，应按检查的要求和范围对财产进行清查，以验证会计资料的可靠性。

④ 进行临时性清产核资时，要对本单位的财产进行清查，以便摸清家底。

企业在编制年度财务会计报告前，应当全面清查财产、核实债务。各单位应当定期将会计账簿记录与实物、款项及有关资料进行相互核对，保证会计账簿记录与实物、款项的实有数额相符。

6.1.2 财产清查的程序

财产清查是一项涉及面广、工作量大、政策性强、内容复杂的工作。特别是全面清查，涉及的财产物资范围广，需要的人员较多，操作的时间较长。为保证财产清查工作的顺利进行，必须有计划、有组织、有步骤地进行。其一般程序如下。

（1）建立财产清查组织。

（2）组织清查人员学习有关政策规定，掌握有关法律、法规和相关业务知识，以提高财产清查工作的质量。

（3）确定清查对象、范围，明确清查任务。

（4）制订清查方案，具体安排清查内容、时间、步骤、方法，进行必要的清查前准备。

（5）清查按"先清查数量、核对有关账簿记录等，后认定质量"的原则进行。

（6）填制盘存清单。

（7）根据盘存清单填制实物、往来账项清查结果报告表等。

6.1.3 财产清查的方法

由于货币资金、实物、往来款项的特点不同，故财产清查时应采用与其特点和管理要求相适应的方法。

1. 货币资金的清查方法

（1）库存现金的清查方法。库存现金清查的主要方法是先按照实地盘点的方法来确定库存现金的实存数，然后与库存现金日记账的账面余额核对，确定账存数与实存数是否相符。库存现金清查时，一般由主管会计或财务负责人和出纳人员共同清点出各种面值钞票的张数和硬币的个数，并填制库存现金盘点报告表。

对库存现金进行盘点时，出纳人员必须在场，有关业务必须在库存现金日记账中全部登记完毕。盘点时，一方面要注意账实是否相符，另一方面要检查现金管理制度的遵守情况，如库存现金有无超过其限额，有无白条抵库、挪用舞弊等情况。盘点结束后，应填写库存现金盘点报告表。库存现金盘点报告表是重要的原始凭证，具有实存账存对比表的作用，其格式如表6-1所示。

表6-1 库存现金盘点报告表

年 月 日

单位：元

实存金额	账存金额	对比结果		备注
		溢余	短缺	

盘点人签章： 出纳员签章：

（2）银行存款的清查方法。银行存款的清查采用与开户银行核对账目的方法进行，即将本单位银行存款日记账的账簿记录与开户银行转来的对账单进行逐笔核对，来查明银行存款的实有数额。银行存款的清查一般在月末进行。

清查时，企业应将截止到清查日的所有银行存款收付业务都登记入账，对发生的错账、漏账应及时查清更正，再与银行的对账单进行逐笔核对。如果二者余额相符，通常说明没有错误；如果二者余额不相符，则可能是企业或银行一方或双方记账有错误或者存在未达账项。

所谓未达账项，是指在企业和银行之间，由于记账时间不一致而发生的一方已经入账，而另一方尚未入账的款项。具体来说，以下4种情况可产生未达账项。

① 企业已收，银行未收。即企业已收款入账，而银行尚未收款入账。例如，企业已将收到的购货单位开出的转账支票送存银行并且已入账，但银行因尚未办妥转账收款手续而没有入账。

② 企业已付，银行未付。即企业已付款入账，而银行尚未付款入账。例如，企业开出的转账支票已经入账，但因收款单位尚未到银行办理转账手续或银行尚未办妥转账付款手续而没有入账。

③ 银行已收，企业未收。即银行已收款入账，而企业尚未收款入账。例如，企业委托银行代收的款项，银行已经办妥收款手续并且已入账，但因收款通知尚未到达企业而使企业没有入账。

④ 银行已付，企业未付。即银行已付款入账，而企业尚未付款入账。例如，企业应付给银行的借款利息，银行已经办妥付款手续并且已入账，但因付款通知尚未到达企业而使企业没有入账。

上述任何一种情况都会使企业银行存款日记账的余额与银行对账单的余额不符。所以，在与银行对账时，首先应查明是否存在未达账项，如果存在未达账项，应编制银行存款余额调节表，据以调节双方的账面余额，确定企业银行存款的实有数。银行存款余额调节表的格式如表6-2所示。

银行存款余额调节表的编制，是以双方账面余额为基础，各自分别加上对方已收款入账而己方尚未入账的数额，减去对方已付款入账而己方尚未入账的数额。其计算公式为：

企业银行存款日记账余额+银行已收企业未收金额-银行已付企业未付金额
=银行对账单余额+企业已收银行未收金额-企业已付银行未付金额

现举例说明。

【例6-1】20××年9月30日，乐华公司银行存款日记账的余额为203 000元，银行对账单的余额为208 000元，经核对发现以下未达账项。

① 9月28日，企业收到转账支票一张，计26 000元，企业已作为存款收入入账，但尚未到银行办理入账手续，银行尚未入账。

② 9月29日，企业开出转账支票一张，计60 000元，用以支付供货单位账款，企业已作为存款付出入账，但支票尚未到达银行，银行尚未入账。

③ 9月30日，银行计算应付给企业存款利息5 000元，银行已登记入账，作为企业存款的增加，而企业未收到收款通知，尚未入账。

④ 9月30日，银行代企业支付水电费34 000元，银行已登记入账，作为企业存款的减少，而企业尚未收到付款通知，尚未入账。

根据以上未达账项编制银行存款余额调节表，如表6-2所示。

表6-2 银行存款余额调节表

账号：　　20××年9月30日　　单位：元

项目	金额	项目	金额
企业银行存款日记账余额	203 000	银行对账单余额	208 000
加：银行已收，企业未收		加：企业已收，银行未收	
③银行存款利息	5 000	①企业收到转账支票	26 000
减：银行已付，企业未付		减：企业已付，银行未付	
④银行代付的水电费	34 000	②企业开出转账支票	60 000
调节后的存款余额	174 000	调节后的存款余额	174 000

主管会计：（签章）　　制表人：（签章）

银行存款余额调节表的编制方法，是双方在账面余额的基础上各自补记对方已入账、己方未入账的金额。经过调节以后的双方账面余额若相等，说明双方记账均无错误。根据双方账面余额和未达账项调节后的余额，是企业可使用的银行存款实有数，如【例 6-1】中的 174 000 元。调节后的余额如果不相等，通常说明一方或双方记账有误，需进一步追查，查明原因后予以更正和处理。

需要说明的是，银行存款余额调节表是一种对账记录或对账工具，不能作为调整账面记录的依据。即不能根据银行存款余额调节表中的未达账项来调整银行存款账面记录，未达账项只有在收到有关凭证后才能进行有关的账务处理。

另外，凡是有几个银行账户以及开设外币存款账户的单位，应分别按存款账户开设银行存款日记账。每月底，应分别将各账户的银行存款日记账与各账户的银行对账单进行核对，并编制各账户的银行存款余额调节表。

综上所述，银行存款的清查应按以下 4 个步骤进行。

（1）根据经济业务、结算凭证的种类、号码和金额等资料，逐日逐笔核对银行存款日记账和银行对账单。凡是双方都有记录的，用铅笔在金额旁打“√”。

（2）找出未达账项（即银行存款日记账和银行对账单中没有打“√”的款项）。

（3）将银行存款日记账和银行对账单的月末余额及未达账项填入银行存款余额调节表，并计算出调整后的余额。

（4）调整平衡的银行存款余额调节表经主管会计签章后，呈报开户银行。

2. 实物的清查方法

实物是指具有实物形态的各种财产，包括原材料、库存商品、固定资产等。实物的形态、体积、重量、码放方式等不同，采用的清查方法也不同，主要有以下两种清查方法。

（1）实地盘点法。实地盘点法是指在财产物资存放现场逐一清点数量或用计量仪器确定其实存数的方法。该方法确定的数字准确可靠，但工作量较大，企业单位多数实物资产的清查，都可以采用这种方法。

（2）技术推算法。技术推算法是指利用技术方法推算财产物资实存数的一种方法。该方法确定的数字不够准确，但工作量较小，一般适用于煤炭、砂石等大宗物资的清查。

对于实物的质量，应根据不同的实物采用不同的检查方法，如有的采用物理方法，有的采用化学方法。

实物清查过程中，实物保管人员和盘点人员必须同时在场。对盘点结果，应如实登记盘存单，并由盘点人员和实物保管人员共同签字或盖章，以明确经济责任。盘存单既是记录盘点结果的书面证明，又是反映财产物资实存数的原始凭证。盘存单的格式如表 6-3 所示。

表 6-3　　盘存单

单位名称：　　存放地点：　　编号：

财产类别：　　盘点时间：

序号	名称	规格	计量单位	盘点数量	单价	金额	备注

盘点人：（签章）　　保管人：（签章）

为了查明实存数与账存数是否一致，确定盘盈或盘亏情况，应根据盘存单和有关账簿记录编制实存账存对比表。实存账存对比表是用以调整账簿记录的重要原始凭证，也是分析产生差异的原因、明确经济责任的依据。实存账存对比表的一般格式如表 6-4 所示。

表 6–4 实存账存对比表

单位名称 年 月 日

序号	名称	规格	计量单位	单价	实存		账存		盘盈		盘亏		备注
					数量	金额	数量	金额	数量	金额	数量	金额	

盘点人：（签章） 会计：（签章）

3. 往来款项的清查方法

往来款项主要包括应收、应付款项和预收、预付款项等。往来款项一般采用发函询证的方法进行清查。具体步骤如下。

（1）在各种往来款项记录准确的基础上，按每一个经济往来单位填制往来款项对账单（一式两联），其中一联送交对方单位核对账目，另一联作为回单联。对方单位经核对相符后，在回单联上加盖公章退回，表示已核对。如有数字不符，对方单位应在对账单中注明情况退回本单位，本单位应进一步查明原因，再行核对。函证信和往来款项对账单的格式如表 6-5 所示。

表 6–5 函证信

××单位：

本公司与贵单位的业务往来款项有下列各项目。为了清兑账目，特函请查证是否相符，请在回单联中注明后盖章寄回。

往来款项对账单

单位：	地址：		编号：
会计科目名称	截止日期	经济事项摘要	账面余额

（2）往来款项清查后，根据清查结果编制往来款项清查报告单，填列各项债权、债务的余额。对于有争议的款项以及无法收回的款项，应在报告单上详细列明情况，以便及时采取措施进行处理，避免或减少坏账损失。往来款项清查报告单的格式如表 6-6 所示。

表 6-6　　　　　　　　往来款项清查报告单

总分类账户名称：　　　　　　　　　　年　月　日

明细分类账户		清查结果		核对不符原因分析			备注
名称	账面余额	核对相符金额	核对不符金额	未达账项金额	有争议款项金额	其他	

知识链接

财产物资的盘存制度是确定财产物资账面结存的方法，包括永续盘存制和实地盘存制。

永续盘存制也称账面盘存制。采用这种方法时，平时各项财产物资的增加数和减少数都要根据会计凭证连续记入有关账簿，并且随时结出账面余额。公式如下：

账面期末余额=账面期初余额+本期增加额-本期减少额

采用永续盘存制时，需要对各项财产物资定期进行财产清查，以查明账实是否相符，以及账实不符的原因。

同永续盘存制相对的是实地盘存制。采用这种方法时，平时只根据会计凭证在账簿中登记财产物资的增加数，不登记减少数，期末对各项财产物资进行盘点，根据实地盘点所确定的实存数，倒挤出各项财产物资的本期减少数。公式如下：

本期减少数=账面期初余额+本期增加数-期末实际结存数

将倒挤出的本期减少数登记有关账簿。所以每期末对各项财产物资进行实地盘点的结果，是计算、确定财产物资本期减少数的依据。

6.2 财产清查结果的处理

6.2.1 财产清查结果的处理要求

通过财产清查发现的有关会计核算和财产管理工作中的问题，都必须按照国家的有关政策、法规、制度进行严肃认真的处理。财产清查结果的处理要求包括以下几个方面。

1. 分析产生差异的原因和性质，提出处理建议

对财产清查过程中发现的各种财产盘盈、盘亏和毁损等账实不符情况，应当认真分析其产生的原因，研究其性质，并在明确责任的基础上提出处理意见，按规定报请有关部门和领导进行审批。审批处理后，应当严格执行审批意见，调整有关账簿记录，做到账实相符。

2. 积极处理多余、积压财产，清理往来款项

对财产清查过程中发现的多余和积压财产，在查明原因的基础上，报经领导批准后，可及时进行处理；对于长期拖欠以及有争议的往来款项，应当认真查明原因，必要时可指定专人负责，及时予以清理，以挖掘单位财产潜力，加速资金的周转，提高经济效益。

3. 总结经验教训，建立健全各项管理制度

对于财产清查中发现的单位在会计核算、会计管理、财产管理等各方面的经验和教训，应当认真总结。好的方面应当坚持和发扬，不足之处应当提出改进意见或措施，努力建立健全各项管理制度，避免问题再次发生，从而提高会计工作和管理工作的水平。

4. 及时调整账簿记录，保证账实相符

对于财产清查过程中发现的盘盈、盘亏和毁损等情况，应当按照有关规定及时处理，调整相关的会计账簿记录，切实做到账实相符。对于在清查过程中发现的坏账损失，也要按规定及时进行处理，不可长期挂账。

6.2.2 财产清查结果的处理步骤和方法

财产清查结果大致有 3 种：第一种是实存数等于账存数，即账实相符；第二种是实存数大于账存数，即盘盈；第三种是实存数小于账存数，即盘亏。对于第一种结果，因为账实相符，故在会计上不必进行账务处理。但对第二种和第三种结果，即无论盘盈还是盘亏，会计上都要进行必要的账务处理，处理的程序包括以下两个方面。

1. 审批之前的处理

首先，根据清查中取得的原始凭证，如盘存单、实存账存对比表，核准财产物资、货币资金及债权债务的盈亏数字，对各项差异产生的原因进行分析，明确经济责任，提出处理意见。同时，根据企业管理权限，将处理意见报股东大会、董事会或类似机构批准；其次，根据实存账存对比表等原始凭证编制有关记账凭证，并据以登记账簿，调整账簿记录，做到账实相符。

2. 审批之后的处理

根据差异产生的原因和批准处理意见填制记账凭证，并据以登记有关账簿，进行差异处理，调整账项。同时，追回应由责任人员承担的财产损失。

企业在财产清查中发现的各种财产损益，如果在期末结账时尚未批准，在对外提供财务报表时，应先按上述规定进行处理，并在附注中做出说明。其后，如果批准处理的金额与已处理金额不一致，则应调整财务报表相关项目的期初数。

6.2.3 财产清查结果的核算

1. 账户设置

为了核算和监督财产清查过程中各种财产物资的盘盈、盘亏、毁损及其处理情况，企业应设置“待处理财产损溢”账户。该账户属于资产类账户，其结构如图 6-1 所示。该账户还应当按照盘盈、盘亏的资产种类和项目设置明细账，进行明细分类核算。

待处理财产损溢

借方	贷方
① 待处理财产盘亏金额 ② 根据批准的处理意见结转待处理财产盘盈金额	① 待处理财产盘盈金额 ② 根据批准的处理意见结转待处理财产盘亏金额
无余额	

图 6-1 “待处理财产损溢”账户结构

由于企业的各种财产盘盈、盘亏和毁损应在期末结账前处理完毕，故本账户无期末余额。

2. 库存现金清查结果的账务处理

（1）库存现金盘盈的账务处理。库存现金盘盈时，应及时办理库存现金的入账手续，调整库存现金账簿记录。即按盘盈的金额借记"库存现金"账户，贷记"待处理财产损溢——待处理流动资产损溢"账户。

对于盘盈的库存现金，应及时查明原因，按管理权限报经批准后，按盘盈的金额借记"待处理财产损溢——待处理流动资产损溢"账户，按需要支付或退还他人的金额贷记"其他应付款"账户，按无法查明原因的金额贷记"营业外收入"账户。

【例 6-2】乐华公司在库存现金清查中发现长款 150 元。

在报经批准前，企业应根据库存现金盘点报告表确定的库存现金盘盈金额，编制以下会计分录。

借：库存现金　　150

　　贷：待处理财产损溢——待处理流动资产损溢　　150

经批准后，根据批准处理意见，转销库存现金盘盈金额，应编制以下会计分录。

借：待处理财产损溢——待处理流动资产损溢　　150

　　贷：营业外收入——盘盈利得　　150

（2）库存现金盘亏的账务处理。库存现金盘亏时，应及时办理盘亏的确认手续，调整库存现金账簿记录。即按盘亏的金额借记"待处理财产损溢——待处理流动资产损溢"账户，贷记"库存现金"账户。

对于盘亏的库存现金，应及时查明原因，按管理权限报经批准后，按可收回的保险赔偿和过失人赔偿的金额借记"其他应收款"账户，按管理不善等原因造成净损失的金额借记"管理费用"账户，按意外事故等原因造成净损失的金额借记"营业外支出"账户，按盘亏的金额贷记"待处理财产损溢——待处理流动资产损溢"账户。

06

【例 6-3】乐华公司在财产清查中查明库存现金短款 22.70 元，其原因无法查明，按管理权限报经批准，列作管理费用。

在报经批准前，企业应根据库存现金盘点报告表确定的库存现金盘亏金额，编制以下会计分录。

借：待处理财产损溢——待处理流动资产损溢　　22.70

　　贷：库存现金　　22.70

在批准后，根据批准处理意见，转销库存现金盘亏金额，应编制以下会计分录。

借：管理费用　　22.70

　　贷：待处理财产损溢——待处理流动资产损溢　　22.70

3. 存货清查结果的账务处理

（1）存货盘盈的账务处理。存货盘盈时应及时办理存货入账手续，调整存货账簿的实存数。盘盈的存货应按其重置成本借记"原材料""库存商品"等账户，贷记"待处理财产损溢——待处理流动资产损溢"账户。

对于盘盈的存货，应及时查明原因，按管理权限报经批准后，冲减管理费用。即按其入账价值借记"待处理财产损溢——待处理流动资产损溢"账户，贷记"管理费用"账户。

【例 6-4】乐华公司对存货进行盘点时发现甲材料盘盈 10 千克，每千克 120 元。

在报经批准前，企业应根据实存账存对比表确定原材料的盘盈金额，编制以下会计分录。

借：原材料——甲材料　　1 200

　　贷：待处理财产损溢——待处理流动资产损溢　　1 200

经查，甲材料的盘盈属于正常的计量误差，根据批准意见，将盘盈金额冲减“管理费用”账户，会计分录如下。

借：待处理财产损溢——待处理流动资产损溢　　1 200

　　贷：管理费用　　1 200

（2）存货盘亏的账务处理。存货盘亏时，应按盘亏存货的实际成本借记“待处理财产损溢——待处理流动资产损溢”账户，贷记“原材料”“库存商品”等账户。

对于盘亏的存货，应及时查明原因，按管理权限报经批准后，按可收回的保险赔偿和过失人赔偿的金额借记“其他应收款”账户，按管理不善等原因造成净损失的金额借记“管理费用”账户，按自然灾害、责任事故等原因造成净损失的金额借记“营业外支出”账户，按盘亏的金额贷记“待处理财产损溢——待处理流动资产损溢”账户。

【例 6-5】乐华公司在财产清查中发现乙材料盘亏 100 千克，每千克 50 元，不考虑相关税费。

在报经批准前，企业应根据实存账存对比表确定材料的盘亏金额，编制以下会计分录。

借：待处理财产损溢——待处理流动资产损溢　　5 000

　　贷：原材料——乙材料　　5 000

经查，存货盘亏是由管理不善造成的，根据处理意见，保管员李强应赔偿损失金额的 50%，剩余的 50%由企业承担。会计分录如下。

借：其他应收款——李强　　2 500

　　管理费用　　2 500

　　贷：待处理财产损溢——待处理流动资产损溢　　5 000

假定上述乙材料盘亏系水灾造成的毁损，保险公司赔偿 4 000 元，剩余的 1 000 元由公司承担，则应编制以下会计分录。

借：其他应收款——××保险公司　　4 000

　　营业外支出——非常损失　　1 000

　　贷：待处理财产损溢——待处理流动资产损溢　　5 000

4. 固定资产清查结果的账务处理

固定资产是一种单位价值高、使用年限长的有形资产。对于管理规范的企业而言，固定资产盘盈、盘亏的情况较少见。对于盘盈、盘亏的固定资产应及时查明原因，在期末结账前处理完毕。

（1）固定资产盘盈的账务处理。企业在财产清查过程中盘盈的固定资产，经查明确属于企业所有，按管理权限报经批准后，应根据盘存凭证填制固定资产交接凭证，经有关人员签字后送交企业会计部门，填写固定资产卡片账，作为前期差错处理，通过“以前年度损益调整”账户核算。固定资产盘盈时，通常按其重置成本借记“固定资产”账户，贷记“以前年度损益调整”账户。

【例 6-6】东方公司在财产清查中发现一台未入账的设备，重置成本为 60 000 元。

对于盘盈的固定资产，应明确产权归属，报经批准后，根据盘存凭证编制以下会计分录。

借：固定资产　　60 000

　　贷：以前年度损益调整　　60 000

（2）固定资产盘亏的账务处理。固定资产盘亏时，应及时办理固定资产注销手续，按盘亏固定资产的账面价值借记“待处理财产损溢——待处理非流动资产损溢”账户，按已提折旧额借记“累计折旧”账户，按其原价贷记“固定资产”账户。

对于盘亏的固定资产，应及时查明原因，按管理权限报经批准后，按应由过失人及保险公司赔偿的金额借记“其他应收款”账户，按盘亏固定资产的原价扣除累计折旧及过失人和保险公司赔偿额后的净额借记“营业外支出”账户，按盘亏固定资产的账面价值贷记“待处理财产损溢——待处理非流动资产损溢”账户。

【例 6-7】东方公司在财产清查中盘亏设备一台，账面价值 7 000 元。设备原价 10 000 元，已提折旧 3 000 元。

在报经批准前，企业应根据实存账存对比表确定的固定资产盘亏金额，编制以下会计分录。

借：待处理财产损溢——待处理非流动资产损溢	7 000
累计折旧	3 000
贷：固定资产	10 000

经查，该设备的盘亏系因管理不善造成的设备丢失。根据审批意见，将固定资产的盘亏损失转入“营业外支出”账户，会计分录如下。

借：营业外支出——盘亏损失	7 000
贷：待处理财产损溢——待处理非流动资产损溢	7 000

5. 往来款项清查结果的账务处理

在财产清查过程中发现的长期未结算的往来款项，应及时清查。对于确实无法支付的应付款项，可按规定程序报经批准后转作营业外收入。

对于无法收回的应收款项，则作为坏账损失处理。坏账是指企业无法收回或收回可能性极小的应收款项。因发生坏账而产生的损失，称为坏账损失。

企业通常应将符合下列条件之一的应收款项确认为坏账。

① 债务人死亡，以其遗产清偿后仍然无法收回。

② 债务人破产，以其破产财产清偿后仍然无法收回。

③ 债务人较长时间内未履行其偿债义务，并有足够的证据表明无法收回或者收回的可能性极小。

企业对有确凿证据表明确实无法收回的应收款项，经批准后作为坏账损失处理。对于已确认为坏账的应收款项，并不意味着企业放弃了追索权，一旦重新收回，应及时入账。

课程思政点睛：

调查研究是中国共产党的传家宝，是做好各项工作的基本功。

其实，财产清查也是一种调查研究，是深入实地，通过现场观察、查阅资料、核对账目等具体方法摸清家底、发现问题，以寻求解决问题的方法，并以此不断改进工作，提高经营管理水平，创造更多更大的经济与社会效益。因此，财产清查是单位做好资产管理工作的“基本功”，我们务必重视，练好这项“基本功”。

本章小结

为了保证会计资料的真实性，企业必须定期或不定期地对拥有的财产物资进行清查。财产清查按清查范围不同，可分为全部清查和局部清查；按清查时间不同，可分为定期清查和不定期清查。

对库存现金、材料、产成品、固定资产等实物的清查主要采用实地盘点的方法，对银行存款的清查要采取与银行对账单相核对的方法，对往来款项的清查主要通过发函询证的方法来进行。

为了正确反映财产物资的盘盈、盘亏、毁损及其处理情况，企业应该设置“待处理财产损溢”账户。在批准前，企业应当将资产的盘盈或盘亏金额转入“待处理财产损溢”账户；在批准后，根据批准的处理意见，将资产盘盈或盘亏的金额转入“管理费用”“营业外支出”等账户。

但盘盈的固定资产应作为前期差错处理，通过“以前年度损益调整”账户核算；无法收回或收回可能性极小的应收款项，报经批准后应作为坏账损失处理；确实无法支付的应付款项，经批准后应转作营业外收入。

思考与练习

一、思考题

（1）什么是财产清查？财产清查有哪几类？各单位为什么要进行财产清查？

（2）财产清查的方法主要有哪些？分别适用于哪些财产类别的清查？

（3）什么是未达账项？未达账项有哪几类？应如何调整未达账项对银行存款日记账余额和银行对账单余额的影响？

（4）财产清查结果的处理要求有哪些？处理步骤和方法是什么？

（5）财产的盘盈与盘亏在会计上是如何处理的？

二、判断题

（1）企业更换仓库保管员时，必须进行全面清查。（　　）

（2）企业的定期清查一般在期末（月末、季末、年末）进行，可以是全面清查，也可以是局部清查。（　　）

（3）不定期清查是指事前不规定清查日期，根据特殊需要临时进行的盘点和核对。（　　）

（4）全面清查是定期进行的，局部清查是不定期进行的。（　　）

（5）库存现金的清查是指采用实地盘点法确定库存现金的实存数，然后与库存现金日记账的账面余额相核对，确定账实是否相符。（　　）

（6）经过银行存款余额调节表调节相等的存款余额，通常是企业可动用的银行存款实有数。（　　）

（7）对于未达账项，应编制银行存款余额调节表，以检查企业与银行双方账面余额是否一致，并据此及时调整有关账簿的记录。（　　）

（8）在进行库存现金和存货清查时，出纳人员和实物保管人员均不得在场。（　　）

（9）非正常原因造成的存货盘亏净损失，经批准后应计入营业外支出。（　　）

（10）企业盘盈固定资产时应同其他资产盘盈一样，通过“待处理财产损溢”账户核算。（　　）

（11）企业对有确凿证据表明确实无法收回的应收款项，报经批准后，应确认为坏账损失，同时放弃对该应收款项的追索权。（　　）

（12）企业清查时发现的各种财产损益，如果在期末结账时尚未批准处理，则应结转下年，不得预先处理。（　）

三、单项选择题

（1）以下情况中，宜采用局部清查的是（　）。

A. 年终决算前进行的清查　　B. 企业清产核资

C. 企业更换财产保管人员时进行的清查　　D. 企业改制为股份制企业时进行的清查

（2）对银行存款进行清查应采用的方法是（　）。

A. 定期盘点法　　B. 实地盘存法

C. 与银行核对账目法　　D. 和往来单位核对账目法

（3）大堆、笨重财产物资的实存数一般采用（　）方法确定。

A. 实地盘点　　B. 抽查检验　　C. 查询核对　　D. 技术推算盘点

（4）下列各项中，属于实物资产清查范围的是（　）。

A. 存货　　B. 库存现金　　C. 银行存款　　D. 应收账款

（5）银行存款余额调节表是（　）。

A. 查明银行和本单位未达账项情况的表格

B. 通知银行更正错误的依据

C. 调整银行存款账簿记录的原始凭证

D. 更正本单位银行存款日记账记录的依据

（6）某企业银行存款日记账余额为56 000元，银行已收企业未收款项为10 000元，企业已付银行未付款项为2 000元，银行已付企业未付款项为8 000元，调节后的银行存款余额是（　）。

A. 58 000元　　B. 54 000元　　C. 62 000元　　D. 56 000元

（7）下列各项中，应记入“待处理财产损溢”账户借方的是（　）。

A. 财产的盘亏数　　B. 财产的盘盈数

C. 财产盘亏的转销数　　D. 尚未处理的财产净溢余

（8）下列业务中，不需要通过“待处理财产损溢”账户核算的是（　）。

A. 固定资产盘盈　　B. 固定资产盘亏　　C. 材料盘亏　　D. 产成品丢失

（9）下列各项中，（　）是盘亏固定资产处理时应采用的会计科目。

A. 固定资产清理　　B. 待处理财产损溢

C. 以前年度损益调整　　D. 本年利润

（10）企业在年末财产清查中发现一台全新的未入账设备，该设备的重置成本为5 000元。下列关于该盘盈设备的账务处理中，正确的是（　）。

A. 借：固定资产　　5 000
　　贷：营业外收入　　5 000

B. 借：固定资产　　5 000
　　贷：固定资产清理　　5 000

C. 借：固定资产　　5 000
　　贷：待处理财产损溢　　5 000

D. 借：固定资产　　5 000
　　贷：以前年度损益调整　　5 000

四、多项选择题

（1）财产清查按照清查的范围可分为（ ）。

A. 全面清查　B. 局部清查　C. 定期清查　D. 不定期清查

（2）下列各项中，适用于全面清查的有（ ）。

A. 年终决算前　B. 全面清产核资、资产评估时

C. 单位主要负责人调离时　D. 单位撤销、合并或改变隶属关系时

（3）下列关于局部清查的表述中，正确的有（ ）。

A. 局部清查是指根据需要只对部分财产进行盘点和核对的清查

B. 一般而言，对于贵重财产物资，每月都要进行清查盘点

C. 局部清查范围小、内容少、时间短、参与人员少，但专业性很强

D. 局部清查也可以在半年末、季末、月末定期进行

（4）下列关于库存现金清查的表述中，正确的有（ ）。

A. 库存现金应该每日清点一次

B. 库存现金应该采用实地盘点法

C. 要根据盘点结果填制库存现金盘点报告表

D. 在清查过程中可以用借条、收据充抵库存现金

（5）下列关于银行存款清查的表述中，正确的有（ ）。

A. 不需要根据银行存款余额调节表做任何账务处理

B. 对于未达账项，等有关原始凭证到达后再做账务处理

C. 如果调整后双方的余额不相等，则表明银行或企业记账有误

D. 企业可以根据银行存款余额调节表进行相关账务处理

（6）下列各项业务中，在编制银行存款余额调节表时应调整银行对账单余额的有（ ）。

A. 企业已收，银行未收　B. 企业已付，银行未付

C. 银行已收，企业未收　D. 银行已付，企业未付

（7）下列关于实物资产清查方法的表述中，正确的有（ ）。

A. 实物资产常用的清查方法有实地盘点法和技术推算法

B. 实地盘点法通过点数、过磅、测量等方法来确定实物资产的实有数

C. 技术推算法利用技术方法对财产物资的实存数进行推算

D. 技术推算法是财产物资清查的通用方法，具有方便、快捷、准确、高效的特点

（8）下列关于往来款项清查账务处理的说法中，正确的有（ ）。

A. 对于无法收回的应收款项，报经批准后确认为坏账损失

B. 对于确实无法支付的应付账款，经批准后转作营业外收入

C. 已确认为坏账的应收款项，企业不再拥有追索权

D. 重新收回已确认为坏账的应收款项时，企业应及时入账

（9）企业财产清查中，可以作为调整账簿记录原始凭证的有（ ）。

A. 库存现金盘点报告表　B. 银行存款余额调节表

C. 清查结果报告表　D. 盘点报告表

（10）下列关于财产清查结果处理要求的表述中，正确的有（ ）。

A. 及时调整账簿记录，保证账实相符

B. 积极处理多余积压财产，清理往来款项

C. 总结经验教训，建立健全各项管理制度

D. 分析产生差异的原因和性质，并提出处理建议

五、业务题

习题一

1. 目的

练习银行存款余额调节表的编制。

2. 资料

海天公司20××年10月31日银行存款日记账的余额为156 100元，银行对账单余额为163 800元。经逐笔核对，发现下列未达账项。

（1）海天公司于20××年10月29日开出转账支票一张，金额为4 000元，银行尚未入账。

（2）银行于20××年10月30日代海天公司收回销货款7 000元，公司尚未收到收款通知。

（3）银行于20××年10月31日代扣海天公司借款利息700元，公司尚未接到计息通知。

（4）海天公司在20××年10月31日收到转账支票一张，金额为2 500元，已送存银行，但银行尚未入账。

经核对，海天公司于20××年10月26日收到国丰公司归还货款4 800元，所编记账凭证上的金额误记为4 900元，并据以登记了银行存款日记账。

3. 要求

（1）编制错账更正的会计分录，并计算更正后的银行存款日记账余额。

（2）编制海天公司本月银行存款余额调节表。

习题二

1. 目的

练习财产清查结果的账务处理。

2. 资料

长江公司于20××年12月20日对财产物资进行了全面清查，清查结果如下。

（1）盘亏机床一台，账面余额10 800元，已提折旧4 600元。

（2）根据材料清查结果编制的材料实存账存对比表，如表6-7所示。

表6-7 材料实存账存对比表

20××年12月20日

材料名称	计量单位	单价/元	实存		账存		盘盈		盘亏		备注
			数量	金额/元	数量	金额/元	数量	金额/元	数量	金额/元	
A	吨	400	3	1 200	2	800	1	400			计量差错
B	千克	6	2 450	14 700	2 500	15 000			50	300	正常损耗
合计	—							400		300	

（3）20××年12月31日，上述各项盘盈、盘亏财产均按规定程序报经审批后转销。

3. 要求

根据上述资料编制相应的会计分录。

第 7 章

编制财务报表

学习目标

- 了解财务报表的种类，掌握财务报表的编制要求
- 掌握资产负债表、利润表的主要内容、具体格式及其编制方法

导入案例

乐华公司拟向银行申请 2 000 万元的长期借款，用于生产线的购建。经磋商，双方基本达成借款意向，但银行要求乐华公司提供近 3 年的财务报表，以便全面了解、分析公司的财务状况、经营成果和现金流量情况。

财务报表真的能够帮助银行全面了解乐华公司的财务状况、经营成果和现金流量情况吗？银行是如何借助财务报表全面掌握公司基本情况的？本章将会解答这些问题。

7.1 财务报表及其编制要求

7.1.1 财务报表及其种类

1. 财务报表的概念

财务报表也称会计报表，是以日常核算资料为主要依据编制，用来集中、概括地反映企业财务状况、经营成果和现金流量的结构性表述报告。编制财务报表是会计核算的一种专门方法，也是会计工作的一项重要内容。我国《企业会计准则》规定，财务报表至少应当包括资产负债表、利润表、现金流量表、所有者权益变动表及附注。

（1）资产负债表是反映企业在某一特定日期财务状况的财务报表。企业编制资产负债表的目的是通过如实反映企业的资产、负债和所有者权益金额及其结构情况，便于报表使用者分析评价企业资产的质量以及短期偿债能力、长期偿债能力和利润分配能力等。

（2）利润表是反映企业在一定会计期间的经营成果的财务报表。企业编制利润表的目的是通过如实反映企业实现的收入、发生的费用以及应当计入当期利润的利得和损失等金额及其结构情况，便于报表使用者分析评价企业的盈利能力及其构成与质量。

（3）现金流量表是反映企业在一定会计期间的现金和现金等价物流入和流出情况的财务报表。企业编制现金流量表的目的是通过如实反映企业各项活动的现金流入、现金流出情况，便于报表

使用者评价企业的现金流量和资金周转情况。

（4）所有者权益变动表是反映构成所有者权益各部分当期增减变动情况的财务报表。企业编制所有者权益变动表的目的是通过全面反映一定时期内所有者权益变动情况，让报表使用者准确理解所有者权益增减变动的根源。

（5）附注是对在财务报表中列示项目所做的进一步说明，以及对未能在这些报表中列示项目的说明等。企业编制附注的目的是通过对财务报表本身做补充说明，更加全面、系统地反映企业财务状况、经营成果和现金流量的全貌，从而有助于向报表使用者提供更为有用的信息，使之做出更加科学合理的决策。

2. 财务报表的分类

（1）按照编报期间的不同，财务报表可以分为中期财务报表和年度财务报表。

中期财务报表是以短于一个完整会计年度的报告期间为基础编制的财务报表，包括月报、季报和半年报等。中期资产负债表、利润表和现金流量表应当是完整报表，其格式和内容应当与年度财务报表相一致。与年度财务报表相比，中期财务报表中的附注可适当简略。

年度财务报表是以一个完整会计年度的报告期间为基础编制的财务报表。年度财务报表一般包括资产负债表、利润表、现金流量表、所有者权益变动表和附注等内容。

概括地说，企业财务报表的构成、编报期间和报送对象如表 7-1 所示。

表 7-1 企业财务报表的构成、编报期间和报送对象

编号	财务报表名称	编报期间	报送对象
会企 01 表	资产负债表	中期报告、年度报告	对外
会企 02 表	利润表	中期报告、年度报告	对外
会企 03 表	现金流量表	中期报告、年度报告	对外
会企 04 表	所有者权益变动表	年度报告	对外

（2）按照编报主体的不同，财务报表可以分为个别财务报表和合并财务报表。

个别财务报表是由企业在自身会计核算基础上对账簿记录进行加工而编制的财务报表，主要用于反映企业自身财务状况、经营成果和现金流量情况。

合并财务报表是以母公司和子公司组成的企业集团为会计主体，根据母公司和所辖子公司的财务报表，由母公司编制的综合反映企业集团财务状况、经营成果及现金流量的财务报表。

知识链接

当投资企业能够对被投资企业实施控制时，投资企业即为被投资企业的母公司，被投资企业则为投资企业的子公司。所谓控制，是指一个企业能够决定另一个企业的财务和经营政策，并能据以从另一个企业的经营活动中获取利益的权力。根据《企业会计准则第 33 号——合并财务报表》的规定，母公司是指控制一个或一个以上主体（含企业、被投资单位中可分割的部分，以及企业所控制的结构化主体等）的主体。子公司是指被母公司控制的主体。

7.1.2 财务报表编制前的基础工作

为了确保会计信息资料的可靠性，增强报表数据的相关性，使其真正成为有助于使用者做出

正确决策的有用信息，必须在编制财务报表前做好以下基础工作。

（1）认真对账和进行财产清查。在编制财务报表前，特别是在编制年度财务报表前，要对单位的财产物资进行盘点清查，检查账实是否相符。如发现账实不符，应查明原因，并按规定及时调整账目，做到账实相符。

（2）按期结账。在编制财务报表前，应检查当期的经济业务是否已全部入账，有关的各种记录是否已结转，只有在当期全部经济业务登记入账后才能结账，据以编制财务报表。

（3）在对账、结账和财产清查的基础上，通过编制总分类账户本期发生额与余额试算平衡表来验算账户记录有无差错，以为正确编制财务报表提供可靠的数据。在编报以后，还必须认真复核，做到账表相符。

7.1.3　财务报表的编制要求

为了使财务报表能够最大限度地满足各有关方面的需要，实现财务报表编制目标，充分发挥财务报表的作用，企业在编制财务报表时应当以真实的交易、事项以及完整、准确的账簿记录等资料为依据，严格遵循会计法律、法规规定的编制基础、编制依据、编制原则和编制方法。编制的财务报表应当真实可靠、相关可比、全面完整、编报及时、便于理解，符合国家统一会计制度和会计准则的有关规定。具体要求如下。

（1）真实可靠。财务报表各项目的数据必须建立在真实可靠的基础上，以使企业财务报表能够如实反映企业的财务状况、经营成果和现金流动情况。因此，财务报表必须根据核实无误的账簿及相关资料编制，会计核算应当以实际发生的交易或事项为依据，不得以任何方式弄虚作假。

（2）相关可比。财务报表所提供的财务信息必须与报表使用者的经济决策相关，满足报表使用者的需要，并且财务报表各项目的数据应当口径一致、相互可比，以便报表使用者在不同企业之间及同一企业前后各期之间进行比较。只有提供相关且可比的信息，报表使用者才能分析企业在整个社会特别是同行业中的地位，了解、判断企业过去、现在的情况，预测企业未来的发展趋势，进而做出相关决策。

（3）完整全面。财务报表应当全面地披露企业的财务状况、经营成果和现金流动情况，完整地反映企业经济活动的过程和结果，以满足各有关方面对财务信息的需要。为了保证财务报表的全面完整，企业在编制财务报表时应当按照《企业会计准则》规定的格式和内容填报。特别是对某些重要事项，应当按照要求在财务报表附注中进行说明，不得漏编漏报。

（4）编报及时。财务信息具有很强的时效性，只有及时编制和报送财务报表，才能为报表使用者提供决策所需要的信息资料。否则，即使是高质量的财务报表，也会因编报不及时而失去其应有的价值。根据规定，月度财务报表应在每月终了时编制，并于月份终了后 6 日内报出；季度财务报表应在每季终了时编制，并于季度终了后的 15 日内报出；半年度财务报表应在半年度终了时编制，并于年度中期结束后的 60 天内报出；年度财务报表应在年度终了时编制，并于年度终了后的 4 个月内对外提供。

（5）便于理解。可理解性是指财务报表提供的信息可以为报表使用者理解。企业对外提供的财务报表是为广大报表使用者提供企业过去、现在和未来的有关资料，为投资者、债权人及其他利益相关者提供决策所需的财务信息，因此，企业编制的财务报表应当清晰明了，便于理解和利用。

我国《企业财务会计报告条例》规定，企业对外提供的财务报表应当依次编定页数，加具封面，装订成册，加盖公章。封面上应当注明企业名称、企业统一代码、组织形式、地址、报表所属年度或者月份、报出日期，并由企业负责人和主管会计工作的负责人、会计机构负责人（会计主管人员）签名并盖章；设置总会计师的企业，还应当由总会计师签名并盖章。

7.2 资产负债表

7.2.1 资产负债表的列报要求

资产负债表是反映企业在某一特定日期（月末、季度末、年末）财务状况的报表。资产负债表主要提供企业财务状况方面的信息，即如实反映企业在某一特定日期资产、负债、所有者权益金额及其结构情况，属于静态财务报表。资产负债表的作用主要包括以下几个方面。

（1）可以提供某一日期的资产总额及其结构，表明企业拥有或控制的资源及其分布情况，使用者可以一目了然地从资产负债表上了解企业在某一特定日期所拥有的资产总量及其结构。

（2）可以提供某一日期的负债总额及其结构，表明企业未来需要用多少资产或劳务清偿债务以及清偿时间。

（3）可以反映所有者拥有的权益，据以判断资本保值、增值的情况以及对负债的保障程度。

资产负债表列报的总体要求主要包括以下几个方面。

（1）分类别列报。资产负债表列报的根本目标是如实反映企业在资产负债表日所拥有的资产、所承担的负债以及企业所有者所拥有的权益。因此，资产负债表应当按照资产、负债和所有者权益三大类别分类列报。

（2）资产和负债按流动性列报。资产负债表中，应将资产与负债按照流动性分为流动资产和非流动资产、流动负债和非流动负债列示。流动性通常按资产的变现或耗用时间长短或者负债的偿还时间长短来确定。按照《企业会计准则》的规定，应先列报流动性强的资产或负债，再列报流动性弱的资产或负债。

（3）列报相关的合计、总计项目。资产负债表中的资产类至少应当列示流动资产和非流动资产的合计项目，负债类至少应当列示流动负债、非流动负债以及负债的合计项目，所有者权益类应当列示所有者权益的合计项目。

资产负债表遵循了“资产=负债+所有者权益”这一会计恒等式，可把企业在特定时日所拥有的经济资源、所承担的债务及偿债后属于所有者的权益充分反映出来。因此，资产负债表应当分别列示资产总计项目、负债和所有者权益总计项目，并且两者的金额应当相等。

7.2.2 资产负债表的列报格式

在我国，资产负债表的列报格式采用账户式，即左边列示资产，右边列示负债和所有者权益。

资产负债表由表头和表体两部分组成。表头部分应列明报表名称、编制单位名称、资产负债表日和人民币金额单位等，表体部分反映资产、负债和所有者权益的内容。表体部分是资产负债表的主体和核心，各项资产和负债按流动性排列，所有者权益项目按稳定性排列。

另外，为便于报表使用者通过比较不同时点资产负债表的数据，掌握企业财务状况的变动情况及发展趋势，企业还需要提供比较资产负债表，即资产负债表还需要将各项目再分为“年初余额”和“期末余额”两栏分别填列。

资产负债表的格式如表 7-2 所示。

表 7–2 资产负债表

会企 01 表

编制单位： ____年____月____日 单位：元

资产	期末余额	年初余额	负债和所有者权益（或股东权益）	期末余额	年初余额
流动资产：			流动负债：		
货币资金			短期借款		
交易性金融资产			交易性金融负债		
衍生金融资产			衍生金融负债		
应收票据			应付票据		
应收账款			应付账款		
应收款项融资			预收款项		
预付款项			合同负债		
其他应收款			应付职工薪酬		
存货			应交税费		
合同资产			其他应付款		
持有待售资产			持有待售负债		
一年内到期的非流动资产			一年内到期的非流动负债		
其他流动资产			其他流动负债		
流动资产合计			流动负债合计		
非流动资产：			非流动负债：		
债权投资			长期借款		
其他投资			应付债券		
长期应收款			其中：优先股		
长期股权投资			永续债		
其他权益工具投资			租赁负债		
其他非流动金融资产			长期应付款		
投资性房地产			预计负债		
固定资产			递延收益		
在建工程			递延所得税负债		
生产性生物资产			其他非流动负债		
油气资产			非流动负债合计		
使用权资产			负债合计		
无形资产			所有者权益（或股东权益）：		

07

续表

资产	期末余额	年初余额	负债和所有者权益（或股东权益）	期末余额	年初余额
开发支出			实收资本（或股本）		
商誉			其他权益工具		
长期待摊费用			其中：优先股		
递延所得税资产			永续债		
其他非流动资产			资本公积		
非流动资产合计			减：库存股		
			其他综合收益		
			专项储备		
			盈余公积		
			未分配利润		
			所有者权益（股东权益）合计		
资产总计			负债和所有者权益（或股东权益）总计		

7.2.3 资产负债表的列报方法

1. 资产负债表“期末余额”栏的填列方法

资产负债表“期末余额”栏一般根据资产、负债和所有者权益类账户的期末余额填列。

（1）根据总账账户余额填列。如“交易性金融资产”“短期借款”“应付票据”“应付职工薪酬”“应交税费”“实收资本（或股本）”“资本公积”“盈余公积”等项目，应根据有关总账账户的期末余额填列。

有些项目则应根据几个总账账户的期末余额计算填列。如“货币资金”项目应根据“库存现金”“银行存款”“其他货币资金”3个总账账户的期末余额的合计数填列；“其他应付款”项目应根据“其他应付款”“应付利息”“应付股利”3个总账账户的期末余额的合计数填列。

（2）根据明细账账户余额计算填列。如“应付账款”项目应根据“应付账款”和“预付账款”两个账户所辖相关明细账账户的期末贷方余额合计数填列，“预收款项”项目应根据“预收账款”和“应收账款”两个账户所辖的相关明细账账户的期末贷方余额合计数填列，“未分配利润”项目应根据“利润分配”账户所辖的“未分配利润”明细账账户的期末余额填列。

（3）根据总账账户和明细账账户余额分析计算填列。“长期借款”项目，应分别根据“长期借款”总账账户余额扣除“长期借款”账户所辖的明细账账户中将在资产负债表日起一年内到期且企业不能自主地将清偿义务展期的长期借款后的余额计算填列。

（4）根据有关账户余额减去其备抵调整账户余额后的净额填列。如“固定资产”“无形资产”项目，应根据“固定资产”“无形资产”账户的期末余额扣减相关的累计折旧（或摊销）后的净额填列，计提减值准备的，还应扣除已经计提的减值准备。

（5）综合运用上述填列方法分析填列。如“应收票据”项目，应根据相关账户的期末余额，

07

减去“坏账准备”账户中有关坏账准备期末余额后的金额填列；“应收账款”项目，应根据“应收账款”和“预收账款”账户所辖各明细账账户的期末借方余额合计数，减去“坏账准备”账户中有关应收账款计提的坏账准备期末余额后的金额填列；“预付款项”项目，应根据“预付账款”和“应付账款”账户所辖各明细账账户的期末借方余额合计数，减去“坏账准备”账户中有关预付款项计提的坏账准备期末余额后的金额填列；“存货”项目，应根据“材料采购”“在途物资”“原材料”“库存商品”“生产成本”等账户的期末余额合计，减去“存货跌价准备”账户期末余额后的金额填列。

微课：编制资产负债表

2. 资产负债表“年初余额”栏的填列方法

资产负债表中的“年初余额”栏通常根据上年年末有关项目的期末余额填列，且应与上年年末资产负债表“期末余额”栏相一致。如果企业上年度资产负债表规定的项目名称和内容与本年度不一致，则应当对上年年末资产负债表相关项目的名称和数字按照本年度的规定进行调整，填入“年初余额”栏。

【例 7-1】乐华公司 20××年 9 月 30 日涉及资产、负债和所有者权益类账户的科目余额表如表 7-3 所示。

表 7–3　科目余额表

20××年 9 月 30 日　单位：元

会计科目	借方余额	贷方余额
库存现金	2 000.00	
银行存款	850 000.00	
应收账款	150 000.00	
原材料	210 000.00	
生产成本	125 000.00	
库存商品	350 000.00	
固定资产	1 500 000.00	
累计折旧		456 000.00
短期借款		90 000.00
应付账款		75 000.00
应付职工薪酬		15 500.00
应交税费		12 000.00
长期借款		50 000.00
实收资本		2 000 000.00
资本公积		120 000.00
盈余公积		12 500.00
本年利润		214 000.00
利润分配		142 000.00
合计	3 187 000.00	3 187 000.00

根据表 7-3，乐华公司编制的资产负债表如表 7-4 所示。

表 7-4　　资产负债表

会企 01 表

编制单位：乐华公司　　20×× 年 9 月 30 日　　单位：元

资产	期末余额	年初余额	负债和所有者权益（或股东权益）	期末余额	年初余额
流动资产：			流动负债：		
货币资金	852 000		短期借款	90 000	
交易性金融资产			交易性金融负债		
衍生金融资产			衍生金融负债		
应收票据			应付票据		
应收账款	150 000		应付账款	75 000	
应收款项融资			预收款项		
预付款项			合同负债		
其他应收款			应付职工薪酬	15 500	
存货	685 000		应交税费	12 000	
合同资产			其他应付款		
持有待售资产			持有待售负债		
一年内到期的非流动资产			一年内到期的非流动负债		
其他流动资产			其他流动负债		
流动资产合计	1 687 000		流动负债合计	192 500	
非流动资产：			非流动负债：		
债权投资			长期借款	50 000	
其他债权投资			应付债券		
长期应收款			其中：优先股		
长期股权投资			永续债		
长期应收款			租赁负债		
长期股权投资			长期应付款		
其他权益工具投资			预计负债		
其他非流动金融资产			递延收益		
投资性房地产			递延所得税负债		
固定资产	1 044 000		其他非流动负债		
在建工程			非流动负债合计	50 000	
生产性生物资产			负债合计	242 500	
油气资产			所有者权益（或股东权益）：		
使用权资产			实收资本（或股本）	2 000 000	
无形资产			其他权益工具		
开发支出			其中：优先股		
商誉			永续债		
长期待摊费用			资本公积	120 000	
其他非流动资产			减：库存股		
非流动资产合计	1 044 000		其他综合收益		
			专项储备		
			盈余公积	12 500	
			未分配利润	356 000	
			所有者权益（股东权益）合计	2 488 500	
资产总计	2 731 000		负债和所有者权益（或股东权益）总计	2 731 000	

7.3 利润表

7.3.1 利润表的列报要求

利润表是反映企业在一定会计期间（如一个月、一个季度、一个年度等）经营成果的报表。由于它反映的是某一期间的情况，故属于动态财务报表。企业编制利润表的目的是如实反映企业实现的收入、发生的费用以及应当计入当期利润的利得和损失等金额及其结构情况，帮助报表使用者分析评价企业的盈利能力、利润构成及其质量。利润表的项目主要有营业收入、营业成本、营业利润、利润总额、净利润、其他综合收益的税后净额、综合收益总额和每股收益等。其中，其他综合收益是指企业根据其他会计准则的规定未在当期损益中确认的各项利得和损失，综合收益总额为净利润与其他综合收益的税后净额之和。

利润表主要提供有关企业经营成果方面的信息，其作用主要有以下几个方面。

（1）可以反映企业在一定会计期间收入的实现情况，如实现的营业收入有多少、实现的投资收益有多少、实现的营业外收入有多少等。

（2）可以反映一定会计期间内的费用耗费情况，如耗费的营业成本有多少，税金及附加有多少，销售费用、管理费用、财务费用各有多少，营业外支出有多少等。

（3）可以反映企业生产经营活动的成果，即净利润的实现情况，据以判断资本保值、增值等情况。

利润表的列报要求主要包括以下两个方面。

（1）利润表的列报必须充分反映企业经营成果的主要来源和构成，以有助于报表使用者判断净利润的质量及其风险，有助于使用者预测净利润的持续性，从而做出正确的决策。

（2）对于费用，企业应当采用功能法列报，即按照费用在企业中所发挥的功能进行分类列报。通常费用分为从事经营业务发生的成本、管理费用、销售费用和财务费用等，并且将营业成本与其他费用分开披露。

对于企业而言，其活动通常可以划分为生产、销售、管理、融资等。对于每一种活动上发生的费用，其发挥的功能并不相同。因此，按照功能法将费用分开列报，有助于使用者了解费用发生的活动领域，如企业在销售产品上发生了多少费用，在一般行政管理上发生了多少费用，为筹措资金发生了多少费用等。这种方法通常能向报表使用者提供具有结构性的信息，能更清楚地揭示企业经营业绩的主要来源和构成，提供的信息更相关。

7.3.2 利润表的列报格式

在我国，企业应当采用多步式利润表。即对当期的收入、费用、支出项目按性质加以归类，按利润形成的主要环节列示一些中间性利润指标，分步计算当期净损益。多步式利润表有助于报表使用者理解企业经营成果的不同来源。具体来说，企业可以按以下 3 个步骤编制利润表。

（1）以营业收入为基础，减去营业成本、税金及附加、销售费用、管理费用、财务费用，加上其他收益、投资收益等，计算出营业利润。

（2）以营业利润为基础，加上营业外收入，减去营业外支出，计算出利润总额。

（3）以利润总额为基础，减去所得税费用，计算出净利润（或净亏损）。

利润表通常包括表头和表体两部分。表头应列明报表名称、编制单位名称、财务报表涵盖的会计期间和人民币金额单位等内容，表体则反映形成经营成果的各个项目和计算过程。此外，为便于报表使用者通过比较不同期间利润的实现情况，判断企业经营成果的发展趋势，企业还需要提供比较利润表。即利润表还需要就各项目再分为“本期金额”和“上期金额”两栏分别填列。利润表的具体格式如表 7-5 所示。

表 7-5　　利润表

会企 02 表

编制单位：　　　　______年____月　　　　单位：元

项目	本期金额	上期金额
一、营业收入		
减：营业成本		
税金及附加		
销售费用		
管理费用		
研发费用		
财务费用		
其中：利息费用		
利息收入		
加：其他收益		
投资收益（损失以“-”号填列）		
其中：对联营企业和合营企业的投资收益		
以摊余成本计量的金融资产终止确认收入（损失以“-”号填列）		
净敞口套期收益（损失以“-”号填列）		
公允价值变动收益（损失以“-”号填列）		
信用减值损失（损失以“-”号填列）		
资产减值损失（损失以“-”号填列）		
资产处置收益（损失以“-”号填列）		
二、营业利润（亏损以“-”号填列）		
加：营业外收入		
减：营业外支出		
三、利润总额（亏损总额以“-”号填列）		
减：所得税费用		
四、净利润（净亏损以“-”号填列）		
（一）持续经营净利润（净亏损以“-”号填列）		
（二）终止经营净利润（净亏损以“-”号填列）		
五、其他综合收益的税后净额		
（一）不能重分类进损益的其他综合收益		
1. 重新计算设定受益计划变动额		
2. 权益法下不能转损益的其他综合收益		
……		
（二）将重分类进损益的其他综合收益		

续表

项目	本期金额	上期金额
1. 权益法下可转损益的其他综合收益		
2. 其他债权投资公允价值变动		
……		
六、综合收益总额		
七、每股收益		
（一）基本每股收益		
（二）稀释每股收益		

7.3.3　利润表的列报方法

1. 利润表“本期金额”栏的填列方法

利润表中的“本期金额”栏应根据“主营业务收入”“其他业务收入”“主营业务成本”“其他业务成本”“税金及附加”“销售费用”“管理费用”“财务费用”“营业外收入”“营业外支出”“所得税费用”等损益类账户的本期发生额填列。“营业收入”项目应根据“主营业务收入”“其他业务收入”账户的本期发生额合计数填列，“营业成本”项目应根据“主营业务成本”“其他业务成本”账户的本期发生额合计数填列，“营业利润”“利润总额”“净利润”项目根据利润表中相关项目计算填列。

微课：编制利润表

2. 利润表“上期金额”栏的填列方法

利润表中的“上期金额”栏应根据上年该期利润表“本期金额”栏内所列数字填列。如果上年该期利润表规定的各个项目的名称和内容与本期不一致，则应对上年该期利润表各项目的名称和数字按本期的规定进行调整，填入“上期金额”栏。

【例 7-2】20××年 9 月 30 日，乐华公司的损益类账户余额表如表 7-6 所示。

表 7–6　损益类账户余额表

20××年 9 月 30 日　　单位:元

会计科目	借方	贷方
主营业务收入		1 100 000.00
其他业务收入		5 000.00
营业外收入		50 300.00
主营业务成本	390 000.00	
其他业务成本	2 000.00	
营业外支出	5 500.00	
税金及附加	7 000.00	
管理费用	30 000.00	
销售费用	96 000.00	
财务费用	2 800.00	
财务费用——利息费用	3 200.00	
财务费用——利息收入	800.00	
所得税费用	155 500.00	

根据表7-6，乐华公司编制的利润表如表7-7所示。

表7–7　　　　利润表

会企02表

编制单位：乐华公司　　　　20××　年　9　月　　　　单位：元

项目	本期金额	上期金额
一、营业收入	1 105 000.00	（略）
减：营业成本	392 000.00	
税金及附加	7 000.00	
销售费用	96 000.00	
管理费用	30 000.00	
研发费用		
财务费用	2 800.00	
其中：利息费用	3 200.00	
利息收入	800.00	
加：其他收益		
投资收益（损失以“–”号填列）		
其中：对联营企业和合营企业的投资收益		
以摊余成本计量的金融资产终止确认收入（损失以“–”号填列）		
净敞口套期收益（损失以“–”号填列）		
公允价值变动收益（损失以“–”号填列）		
信用减值损失（损失以“–”号填列）		
资产减值损失（损失以“–”号填列）		
资产处置收益（损失以“–”号填列）		
二、营业利润（亏损以“–”号填列）	577 200.00	
加：营业外收入	50 300.00	
减：营业外支出	5 500.00	
三、利润总额（亏损总额以“–”号填列）	622 000.00	
减：所得税费用	155 500.00	
四、净利润（净亏损以“–”号填列）	466 500.00	
（一）持续经营净利润（净亏损以“–”号填列）	466 500.00	
（二）终止经营净利润（净亏损以“–”号填列）		
五、其他综合收益的税后净额		
（一）不能重分类进损益的其他综合收益		
1. 重新计算设定受益计划变动额		
2. 权益法下不能转损益的其他综合收益		
……		
（二）将重分类进损益的其他综合收益		
1. 权益法下可转损益的其他综合收益		
2. 其他债权投资公允价值变动		
……		
六、综合收益总额	466 500.00	
七、每股收益		
（一）基本每股收益	（略）	
（二）稀释每股收益	（略）	

07

课程思政点睛：

通过前面各章的学习，我们不难看出，作为信息系统和管理手段的会计，不仅拥有一套专门方法，还建有一套完整的规则体系，会计工作就是运用专门方法，严格按照既定的规则，对企事业单位的经济活动进行如实的反映和监督。因此，作为一名合格的会计人员，就应当讲诚信、懂规矩、守纪律。

一是讲诚信。会计人员必须把诚实守信作为起码要求，要光明磊落、襟怀坦白，表里如一、言行一致。只有这样，才会尊重客观事实，实事求是，编制的财务报表才会真实、客观。

二是懂规矩。“不以规矩，不能成方圆”。会计人员必须懂规矩，懂财经法规，懂会计准则，知道哪些事能做、哪些事不能做、哪些事该这样做、哪些事该那样做，只有严格按照规矩办事，编制的财务报表才可信、可靠。

三是守纪律。会计工作是财经工作的重要组成部分，政策性强，会计人员必须严格遵守财经纪律，心在敬畏，手握戒尺，使守纪律成为浸在骨子里、融在血液中的自觉修养，才能在会计岗位上行稳致远。

本章小结

财务报表是企业对外提供的反映企业某一特定日期财务状况和某一会计期间经营成果、现金流量的书面报告。作为企业会计核算的最终成果，财务报表是企业对外提供财务会计信息的主要形式。企业的财务报告由财务报表、财务报表附注和其他应当在财务报告中披露的相关信息和资料组成。其中，财务报表主要包括资产负债表、利润表、现金流量表和所有者权益变动表。

资产负债表是反映企业在某一特定日期（月末、季度末、年末）财务状况的报表，主要向财务报表的使用者提供有关企业在某一个时点上财务状况方面的信息。我国企业的资产负债表采用账户式结构，左方为资产，右方为负债和所有者权益。资产负债表的填列方法主要包括按照总账账户余额填列、按照明细账户余额直接或分析填列、根据总账及相关账户余额分析填列等方法。

利润表是反映企业在一定会计期间（月份、季度、年度）经营成果的报表，主要向财务报表的使用者提供有关企业一段时期经营成果方面的信息。我国企业的利润表一般采用多步式——对当期的收入、费用、支出项目按性质加以归类，按利润形成的主要环节列示一些中间性利润指标，如营业利润、利润总额、净利润，分步计算当期净损益。

思考与练习

一、思考题

（1）什么是财务报表？财务报表包括哪几类？编制财务报表的基本要求是什么？

（2）什么是资产负债表？企业编制资产负债表的目的是什么？

（3）什么是利润表？利润表可以提供哪些方面的信息？

二、判断题

（1）编制财务报表的主要目的是向财务报表使用者提供与决策相关的财务信息。 （ ）

（2）年度财务报表至少应当包括资产负债表、利润表、现金流量表、所有者权益变动表及附注。（ ）

（3）资产负债表中的“流动资产”各项目是按照资产的流动性由弱到强排列的。（ ）

（4）资产负债表是反映企业在某一特定会计期间财务状况的财务报表。（ ）

（5）在编制资产负债表时，“应收账款”的贷方余额应填列到“预收账款”中。（ ）

（6）资产负债表中，“存货”项目应根据“库存商品”期末余额填列。（ ）

（7）根据利润表可以分析、评价企业的盈亏状况，了解和预测企业未来的损益变化趋势及获利能力。（ ）

（8）在我国，企业应当采用多步式利润表。（ ）

（9）利润表是根据损益账户本期发生额填列的。（ ）

（10）利润表中的“上期金额”栏应根据上年该期利润表的“本期金额”栏内所列数字填列。（ ）

三、单项选择题

（1）在我国，资产负债表采用的格式是（ ）。

A. 报告式 B. 多步式 C. 账户式 D. 单步式

（2）以“资产=负债+所有者权益”为依据编制的财务报表是（ ）。

A. 资产负债表 B. 利润表

C. 现金流量表 D. 所有者权益变动表

（3）在编制资产负债表时，需要根据若干总账账户余额相加计算填列的项目是（ ）。

A. 应收账款 B. 固定资产 C. 货币资金 D. 预付账款

（4）下列财务报表中，反映企业在某一特定日期财务状况的是（ ）。

A. 现金流量表 B. 利润表

C. 资产负债表 D. 所有者权益变动表

（5）资产负债表中资产的排列顺序是（ ）。

A. 收益率高的资产排在前 B. 重要的资产排在前

C. 流动性强的资产排在前 D. 非货币性资产排在前

（6）如果“应付账款”账户所辖的明细账中有借方余额，则借方余额数应填入资产负债表中的项目是（ ）。

A. 应收账款 B. 应付账款 C. 预收账款 D. 预付账款

（7）利润表是反映企业特定（ ）经营成果的财务报表。

A. 期间 B. 时期 C. 时间 D. 日期

（8）在我国，利润表采用的格式是（ ）。

A. 报告式 B. 账户式 C. 多步式 D. 单步式

（9）下列财务报表中，可以帮助报表使用者分析评价企业的盈利能力、利润构成及其质量的报表是（ ）。

A. 资产负债表 B. 利润表

C. 现金流量表 D. 所有者权益变动表

（10）下列项目中，影响营业利润的是（ ）。

A. 管理费用 B. 制造费用 C. 营业外收入 D. 所得税费用

四、多项选择题

（1）按照编报期间不同，财务报表可分为（　　）。

A. 个别财务报表　　B. 合并财务报表　　C. 年度财务报表　　D. 中期财务报表

（2）下列各项中，属于中期财务报表的有（　　）。

A. 月度财务报表　　B. 季度财务报表　　C. 半年度财务报表　　D. 年度财务报表

（3）企业应当在财务报表的表头中披露的信息包括（　　）。

A. 编报单位的名称
B. 人民币金额单位
C. 资产负债表日或财务报表涵盖的会计期间
D. 财务报表是合并财务报表的，应当予以标明

（4）编制财务报表之前需完成的基础性工作有（　　）。

A. 检查相关的会计核算是否按照国家统一会计制度的规定进行
B. 进行全面财产清查、核实债务，并按规定程序报批，进行相应的会计处理
C. 按规定的结账日结账，结出有关会计账簿的余额和发生额，并核对各会计账簿之间的余额
D. 检查是否存在因会计差错、会计政策变更等原因需要调整前期或本期相关项目的情况等

（5）下列关于资产负债表作用的表述中，正确的有（　　）。

A. 可以反映所有者拥有的权益
B. 可以反映企业在某一期间的财务状况
C. 可以提供某一日期资产的总额及其结构
D. 可以提供某一日期负债的总额及其结构

（6）下列资产中，应在资产负债表“存货”项目中列示的是（　　）。

A. 生产成本　　B. 原材料　　C. 在途物资　　D. 库存商品

（7）资产负债表“应收账款”项目应根据（　　）分析计算填列。

A. “应收账款”明细账借方余额　　B. “应收账款”明细账贷方余额
C. “预收账款”明细账借方余额　　D. “坏账准备”账户贷方余额

（8）下列关于利润表作用的表述中，正确的有（　　）。

A. 可以反映企业在某一时点的财务状况
B. 可以反映一定会计期间的费用情况
C. 可以反映企业经营成果的实现情况
D. 可以反映企业在一定会计期间收入的实现情况

（9）利润表提供的信息包括（　　）。

A. 综合收益总额　　B. 每股收益　　C. 利润总额　　D. 净利润

（10）下列项目中，影响利润总额的有（　　）。

A. 营业收入　　B. 营业成本　　C. 营业外收入　　D. 所得税费用

五、业务题

习题一

1. 目的

练习资产负债表的编制。

2. 资料

长江公司 20××年 12 月 31 日有关账户余额如表 7-8 所示。

表 7–8　　长江公司 20××年 12 月 31 日有关账户余额

单位：元

账户	借方金额	账户	贷方金额
库存现金	236	短期借款	76 000
银行存款	74 052	应付账款	37 350
交易性金融资产	12 200	其他应付款	3 780
应收账款	31 900	应付职工薪酬	27 550
其他应收款	300	应交税费	8 290
原材料	176 570	应付股利	12 100
生产成本	30 182	应付利息	1 400
库存商品	17 270	长期借款	50 000
长期股权投资	60 000	累计折旧	181 500
固定资产	500 000	实收资本	491 500
无形资产	15 000	盈余公积	25 000
利润分配	32 760	本年利润	36 000
合计	950 470	合计	950 470

其中，“应收账款”明细账余额：A 公司 41 900 元（借），B 公司 10 000 元（贷）。“应付账款”明细账余额：C 公司 54 350 元（贷），D 公司 17 000 元（借）。

3. 要求

根据上述资料编制 20××年 12 月 31 日的资产负债表。

习题二

1. 目的

练习利润表的编制。

2. 资料

（1）长江公司 20××年 12 月结账前有关账户资料摘要如表 7-9 所示。

表 7–9　　长江公司 20××年 12 月结账前有关账户资料摘要

单位：元

账户	1—11 月累计数	12 月 31 日结账前余额
主营业务收入	12 743 000	1 123 680
主营业务成本	8 999 646	
销售费用	528 100	47 920
管理费用	586 934	13 070
财务费用	132 000	
营业外收入	27 500	1 600
营业外支出	102 650	11 000

（2）20××年 12 月 31 日发生以下结账业务。

① 计提本月固定资产折旧 7 000 元。其中，车间用固定资产折旧 4 500 元，行政管理部门用固定资产折旧 2 500 元。

② 计提本月的银行借款利息 14 180 元。

③ 结转本月商品销售成本 765 740 元。

④ 计算并结转本月损益。

⑤ 按 25%的税率计算并结转本月应交的企业所得税。

3. 要求

（1）根据资料（2），编制会计分录。

（2）根据上述资料，填列表 7-10。

表 7–10　需填列表格

账户	1—11 月累计数	12 月发生额	全年累计数
主营业务收入			
主营业务成本			
销售费用			
管理费用			
财务费用			
营业外收入			
营业外支出			

（3）根据以上资料编制 20××年度的利润表。

07

第 8 章

账务处理程序

学习目标

- 了解账务处理程序的概念、意义和基本要求
- 掌握记账凭证账务处理程序、汇总记账凭证账务处理程序和科目汇总表账务处理程序的基本内容、优缺点和适用范围

导入案例

李芳是一名会计专业毕业生，被一家小型商贸公司录用，接替会计主管工作。上班第一天，李芳和原会计主管办理完交接手续后，便开始查阅会计核算资料。通过查阅，李芳发现该公司的业务量并不大，公司会计核算却采用科目汇总表账务处理程序。李芳认为，科目汇总表账务处理程序适用于业务量多的单位，业务量少的单位采用该核算方式不仅不能简化会计核算工作，反而会增加工作量。所以，她决定改用记账凭证账务处理程序。

案例中所说的账务处理程序是指什么？科目汇总表账务处理程序、记账凭证账务处理程序又是指什么？李芳的选择可行吗？本章将为你解答。

8.1 账务处理程序及其种类

8.1.1 账务处理程序的概念

账务处理程序又称会计核算组织程序或会计核算形式，是指会计凭证、会计账簿、财务报表相结合的方式，包括账簿组织和记账程序。其中，账簿组织，是指会计凭证和账簿的种类、格式，以及会计凭证与账簿之间的联系方式；记账程序，是指由填制、审核原始凭证到填制、审核记账凭证，登记日记账、明细分类账和总分类账，编制财务报表的工作程序和方法等。

会计凭证、会计账簿、财务报表之间的不同结合形成了不同的账务处理程序。不同的账务处理程序又有不同的方法、特点和适用范围。科学、合理地选择适用于本单位的账务处理程序，对于提高会计核算工作效率，保证会计核算工作质量，有效地组织会计核算具有重要意义。具体体现在以下几个方面。

1. 有利于规范会计核算工作

会计核算工作需要会计部门和会计人员之间的密切配合。有了科学合理的会计账务处理程序，

会计部门和会计人员在进行会计核算的过程中就能够做到有序可循，按照不同的责任分工，有条不紊地处理好各个环节的会计核算工作。

2. 有利于保证会计核算工作质量

在进行会计核算的过程中，保证会计核算工作的质量是对会计工作的基本要求。建立科学合理的会计账务处理程序，形成加工整理会计信息的正常机制，是提高会计核算工作质量的重要保障。

3. 有利于提高会计核算工作效率

会计核算工作效率的高低，直接关系到会计信息提供的及时性和有用性。按照既定的会计账务处理程序进行会计信息的处理，将会大大提高会计核算工作效率。

4. 有利于节约会计核算工作成本

组织会计核算的过程也是人力、物力和财力的消耗过程。因此，会计核算本身也要讲求经济效益。会计账务处理程序安排得科学合理，选用的会计凭证、会计账簿和财务报表种类适当、格式适用、数量适中，在一定程度上也能够节约会计核算工作成本。

8.1.2　账务处理程序的种类

决定账务处理程序的因素有多种，主要包括经济活动特点、财务收支实际情况、经营管理的需要、会计核算手续繁简等。这些因素是在不断变化的，因此，由它们决定的账簿组织和记账程序也在不断地发生变化，从而形成了不同的账务处理程序。

在会计实务中，账务处理程序有多种。根据登记总分类账的方法和依据不同，存在以下 5 种不同形式的账务处理程序，如表 8-1 所示。

表 8–1　账务处理程序分类表

账务处理程序名称	登记总分类账的依据	登记总分类账的方式
（1）记账凭证账务处理程序	记账凭证	直接登记
（2）汇总记账凭证账务处理程序	汇总记账凭证	
（3）科目汇总表账务处理程序	科目汇总表	汇总登记
（4）多栏式日记账账务处理程序	多栏式日记账	
（5）日记总账账务处理程序	日记总账	直接登记

在我国，常用的账务处理程序主要有记账凭证账务处理程序、汇总记账凭证账务处理程序、科目汇总表账务处理程序 3 种。企业在选择账务处理程序时，应当考虑以下 3 个方面的因素。

（1）是否与企业自身的生产经营特点、管理要求、经济业务的繁简程度相适应?

（2）能否为会计信息使用者提供及时、准确、系统、全面的会计信息，满足他们的信息需求?

（3）能否保证会计工作各个环节相互衔接、分工协作，满足内部控制的要求，并能节约时间、提高会计核算效率?

课程思政点睛：

做好工作必须掌握科学的方法，会计工作也不例外。如何做好会计工作呢？需要注意以下几点。

（1）端正工作态度。只有全面、系统了解会计工作特点与方法，理解会计在经济活动中的重要地位，才会热爱会计工作；只有热爱会计工作，才能重视会计工作，才会端正会计工作态度。

（2）提高会计技能。要有勤学、严谨，不懈追求高技能的“工匠精神”，在工作中学习、在学习中工作，不断提高会计专业理论知识与技能，才能从容应对挑战。

（3）规范工作流程。会计工作是一项系统工作，要树立全局观和系统观，要结合本单位实际，不断优化会计工作流程，才能提高工作效率。

（4）密切分工协作。会计不是一个人的“战斗”，尤其是业务复杂的单位。只有密切分工协作，善于沟通协调，发挥团队优势，才能出色完成会计任务，实现会计目标。

（5）善于沉淀经验。一项工作完成后，应及时总结经验、教训，在不断总结中提高自己的工作能力和水平。

8.2 记账凭证账务处理程序

8.2.1 记账凭证账务处理程序的特点

记账凭证账务处理程序，是指对发生的经济业务，先根据原始凭证或汇总原始凭证填制记账凭证，再直接根据记账凭证登记总分类账的一种账务处理程序。它是一种最基本的账务处理程序，其他账务处理程序都是在此基础上发展而来的。

在记账凭证账务处理程序中，记账凭证可以是通用凭证，也可以分设收款凭证、付款凭证和转账凭证，需要设置库存现金日记账、银行存款日记账、明细分类账和总分类账。其中，库存现金日记账、银行存款日记账和总分类账一般采用三栏式，明细分类账根据需要可采用三栏式、多栏式或数量金额式。其一般程序如下。

（1）根据原始凭证编制汇总原始凭证。

（2）根据原始凭证或汇总原始凭证编制记账凭证。

（3）根据收款凭证和付款凭证逐笔登记库存现金日记账和银行存款日记账。

（4）根据原始凭证、汇总原始凭证、记账凭证，登记各种明细分类账。

（5）根据各种记账凭证逐笔登记总分类账。

（6）期末，将日记账、明细分类账的余额与总分类账中相应账户的余额进行核对。

（7）期末，根据总分类账和明细分类账的记录，编制财务报表。

记账凭证账务处理程序如图 8-1 所示。

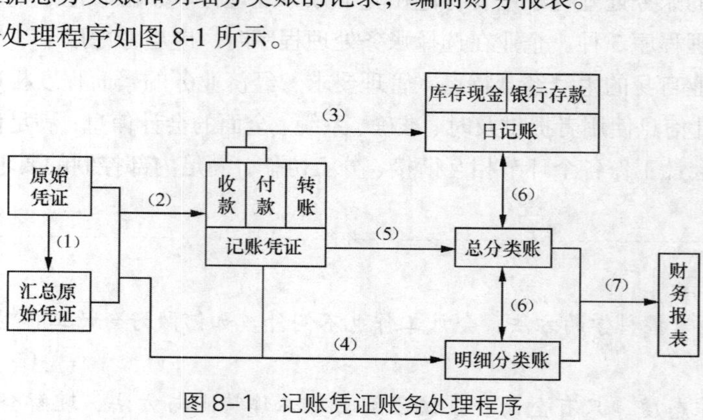

图 8-1　记账凭证账务处理程序

8.2.2　记账凭证账务处理程序的优缺点及适用范围

记账凭证账务处理程序的特点是直接根据记账凭证对总分类账进行逐笔登记。其优点是简单明了、易于理解，总分类账较详细地记录和反映了经济业务的发生情况，便于了解经济业务动态。其缺点是，由于总分类账是直接根据记账凭证逐笔登记的，故登记总分类账的工作量较大。所以，记账凭证账务处理程序适用于规模小、业务量较少的单位。

8.3　汇总记账凭证账务处理程序

8.3.1　汇总记账凭证账务处理程序的特点

汇总记账凭证账务处理程序，是指先根据原始凭证或汇总原始凭证填制记账凭证，定期根据记账凭证分类编制汇总收款凭证、汇总付款凭证和汇总转账凭证，再根据汇总记账凭证登记总分类账的一种账务处理程序。

在汇总记账凭证账务处理程序中，除设置收款凭证、付款凭证和转账凭证外，还应设置汇总收款凭证、汇总付款凭证和汇总转账凭证。其账簿设置和财务报表的编制与记账凭证账务处理程序基本相同。其一般程序如下。

（1）根据原始凭证编制汇总原始凭证。

（2）根据原始凭证或汇总原始凭证编制记账凭证。

（3）根据收款凭证和付款凭证逐笔登记库存现金日记账和银行存款日记账。

（4）根据原始凭证、汇总原始凭证和记账凭证，登记各种明细分类账。

（5）根据各种记账凭证分别编制汇总收款凭证、汇总付款凭证和汇总转账凭证。

（6）根据各种汇总记账凭证登记总分类账。

（7）期末，将日记账、明细分类账的余额与总分类账中相应账户的余额进行核对。

（8）期末，根据总分类账和明细分类账的记录，编制财务报表。

汇总记账凭证账务处理程序如图 8-2 所示。

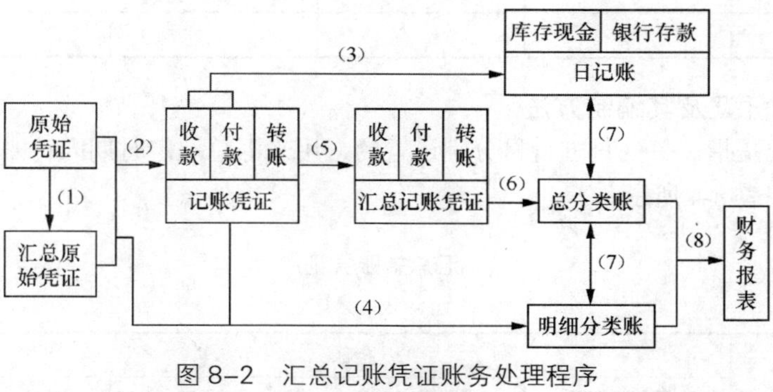

图 8–2　汇总记账凭证账务处理程序

8.3.2　汇总记账凭证及编制方法

汇总记账凭证，是指对一段时期内同类记账凭证进行定期汇总而编制的记账凭证。汇总记账凭证分为汇总收款凭证、汇总付款凭证和汇总转账凭证，3 种凭证有不同的编制方法。

1. 汇总收款凭证及其编制方法

汇总收款凭证是指按“库存现金”和“银行存款”科目借方分别设置的一种汇总记账凭证，它汇总了一定时期内库存现金和银行存款的收款业务。其格式如表 8-2 所示。

表 8-2 汇总收款凭证

借方科目：库存现金或银行存款　　20××年×月　　汇收第×号

贷方科目	金额				总账页数	
	1 日至 10 日 凭证 1-×号	11 日至 20 日 凭证×-×号	21 日至 31 日 凭证×-×号	合计	借方	贷方
合计						

汇总收款凭证的编制方法是：将需要进行汇总的收款凭证按对应的贷方科目进行归类，计算出每一个贷方科目发生额的总计数，填入汇总收款凭证中。一般可 5 天或 10 天汇总一次，每月编制一张。月终计算出每个贷方科目的发生额合计数，据以登记总分类账。

2. 汇总付款凭证及其编制方法

汇总付款凭证是指按“库存现金”和“银行存款”科目贷方分别设置的一种汇总记账凭证，它汇总了一定时期内库存现金和银行存款的付款业务。其格式如表 8-3 所示。

汇总付款凭证的编制方法是：将需要进行汇总的付款凭证按对应的借方科目进行归类，计算出每一个借方科目的发生额总计数，填入汇总付款凭证中。一般可 5 天或 10 天汇总一次，每月编制一张。月终计算出每个借方科目的发生额合计数，据以登记总账。

表 8-3 汇总付款凭证

贷方科目：库存现金或银行存款　　20××年×月　　汇付第×号

借方科目	金额				总账页数	
	1 日至 10 日 凭证 1-×号	11 日至 20 日 凭证×-×号	21 日至 31 日 凭证×-×号	合计	借方	贷方
合计						

3. 汇总转账凭证及其编制方法

汇总转账凭证是指按每一贷方科目分别设置的，用来汇总一定时期内转账业务的一种汇总记账凭证。其格式如表 8-4 所示。

表 8-4 汇总转账凭证

贷方科目：　　20××年×月　　汇转第×号

借方科目	金额				总账页数	
	1 日至 10 日 凭证 1-×号	11 日至 20 日 凭证×-×号	21 日至 31 日 凭证×-×号	合计	借方	贷方
合计						

汇总转账凭证的编制方法是：将需要汇总的转账凭证按对应的借方科目进行归类，计算出每一个借方科目发生额的总计数，填入汇总转账凭证。一般可以 5 天或 10 天汇总一次，每月编制一张。月终计算出每个借方科目发生额的合计数，据以登记总账。

由于汇总转账凭证上的科目对应关系是一个贷方科目与一个或几个借方科目相对应，因此，在汇总记账凭证账务处理程序下，为了便于编制汇总转账凭证，转账也只能按一个贷方科目与一个或几个借方科目相对应的方式来填制，不能填制一个借方科目与几个贷方科目相对应的转账凭证。也就是说，可以填制一借一贷和一贷多借的转账凭证，而不能填制一借多贷的转账凭证。

8.3.3　汇总记账凭证账务处理程序下总分类账的登记方法

在汇总记账凭证账务处理程序下，总分类账的登记在月终进行，即根据汇总收款凭证的合计数，记入总分类账中“库存现金”或“银行存款”账户的借方及有关账户的贷方；根据汇总付款凭证的合计数，记入总分类账中“库存现金”或“银行存款”账户的贷方及有关账户的借方；根据汇总转款凭证的合计数，记入总分类账中设证科目的贷方，以及有关账户的借方。

8.3.4　汇总记账凭证账务处理程序的优缺点及适用范围

汇总记账凭证账务处理程序的特点是先根据记账凭证编制汇总记账凭证，再根据汇总记账凭证登记总分类账。其优点是：由于汇总记账凭证是根据一定时期内的全部记账凭证，按照账户对应关系进行归类、汇总编制的，因而便于通过有关账户之间的对应关系了解经济业务的来龙去脉；另外，在汇总记账凭证账务处理程序下，总分类账根据汇总记账凭证于月末一次登记，减少了登记总分类账的工作量。但因汇总转账凭证是按每一贷方科目而不是按经济业务的性质归类、汇总的，因而不利于会计核算工作的分工。当转账凭证较多时，编制汇总转账凭证的工作量较大。所以，汇总记账凭证账务处理程序适用于规模较大、经济业务较多的企业。

8.4　科目汇总表账务处理程序

8.4.1　科目汇总表账务处理程序的特点

科目汇总表账务处理程序又称记账凭证汇总表账务处理程序，是指根据记账凭证定期编制科目汇总表，再根据科目汇总表登记总分类账的一种账务处理程序。该账务处理程序的记账凭证、账簿的设置与记账凭证账务处理程序基本相同，其一般程序如下。

（1）根据原始凭证编制汇总原始凭证。

（2）根据原始凭证或汇总原始凭证编制记账凭证。

（3）根据收款凭证和付款凭证逐笔登记库存现金日记账和银行存款日记账。

（4）根据原始凭证、汇总原始凭证和记账凭证，登记各种明细分类账。

（5）根据各种记账凭证汇总编制科目汇总表。

（6）根据科目汇总表汇总登记总分类账。

（7）期末，将日记账、明细分类账的余额与总分类账中相应账户的余额进行核对。

（8）期末，根据总分类账和明细分类账的记录编制财务报表。

科目汇总表账务处理程序如图 8-3 所示。

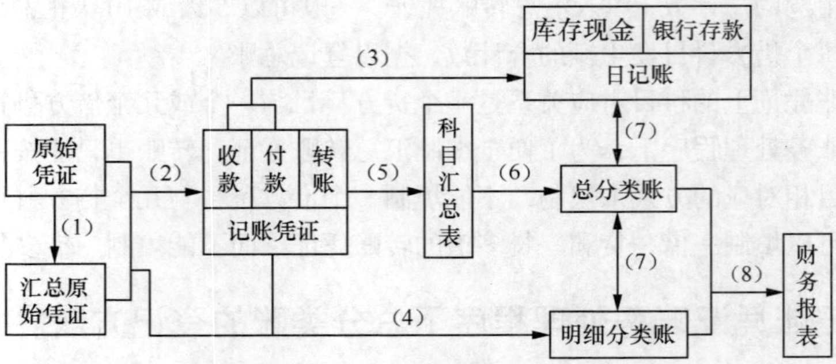

图 8-3 科目汇总表账务处理程序

8.4.2 科目汇总表及编制方法

科目汇总表又称记账凭证汇总表，是企业定期对全部记账凭证按会计科目进行归类，并计算出每一总账科目的本期借方发生额和本期贷方发生额所编制的一种汇总凭证。科目汇总表的一般格式如表 8-5 所示。但任何格式的科目汇总表都只反映各个账户的借方本期发生额和贷方本期发生额，不反映各个账户之间的对应关系。

表 8-5 科目汇总表

20××年×月×日至×日　　科汇第×号

会计科目	总账页数	本期发生额		记账凭证起止号数
		借方	贷方	
合计				

科目汇总表的编制方法是：将一定时期的全部记账凭证按照相同会计科目归类，分别计算出每一总账科目的本期借方发生额和本期贷方发生额合计数，填入表内即可。由于借贷记账法的记账规则是“有借必有贷，借贷必相等”，故所编制的科目汇总表内的借方发生额合计数一定与贷方发生额合计数相等。

科目汇总表可以按月汇总编制，也可以按旬汇总编制。具体汇总期间为多长，需根据业务的多少灵活确定。

8.4.3 科目汇总表账务处理程序的优缺点及适用范围

08

科目汇总表账务处理程序的特点是先对所有记账凭证进行汇总，编制科目汇总表，然后以科目汇总表为依据登记总分类账。其优点是减少了登记总分类账的工作量，易于理解，并可做到试算平衡；其缺点是科目汇总表不能反映各个账户之间的对应关系，不利于对账目进行检查。所以，科目汇总表账务处理程序适用于经济业务量较多的单位。

【例 8-1】蓝天公司 20××年 9 月 30 日的总账账户和明细账账户余额表如表 8-6 和表 8-7 所示。

表 8-6　　总账账户余额表

20××年 9 月 30 日　　单位：元

账户名称	金额	账户名称	金额
库存现金	6 000	累计折旧	50 000
银行存款	50 000	短期借款	50 000
原材料	4 000	长期借款	80 000
生产成本	20 000	实收资本	200 000
库存商品	40 000	盈余公积	4 000
固定资产	300 000	未分配利润	36 000
合计	420 000	合计	420 000

表 8-7　　明细账账户余额表

20××年 9 月 30 日　　单位：元

账户名称	金额
原材料——A 材料	4 000
生产成本——甲产品	20 000
库存商品——甲产品	40 000

蓝天公司 20××年 10 月发生的全部经济业务如下。

（1）2 日，购入 A 材料 2 000 千克，单价 8 元，价款共计 16 000 元、增值税税额 2 080 元，材料已验收入库，货款以银行存款支付。

（2）8 日，李和平出差预借差旅费 5 000 元。

（3）10 日，销售甲产品 1 000 件，单价 50 元，共计价款 50 000 元、增值税税额 6 500 元，货物已发出，价款已收到并存入银行。

（4）15 日，以库存现金支付销售甲产品的运费 800 元、增值税税额 72 元。

（5）20 日，为生产甲产品，领用 A 材料 500 千克，单价 8 元，共计 4 000 元。

（6）25 日，李和平出差回来，报销差旅费 4 500 元，归还多余款 500 元。

（7）31 日，以银行存款支付本月保险费用 1 200 元。

（8）31 日，以银行存款支付借款利息 1 800 元。

（9）31 日，计算本月应交城市维护建设税 1 000 元，应交教育费附加 500 元。

（10）31 日，计算并结转本月已售甲产品成本 30 000 元。

（11）31 日，将本月主营业务收入 50 000 元转入“本年利润”账户。

（12）31 日，将本月主营业务成本 30 000 元转入“本年利润”账户。

（13）31 日，将本月发生的税金及附加 1 500 元、销售费用 800 元、财务费用 1 800 元、管理费用 5 700 元转入“本年利润”账户。

（14）31 日，计算本月应交所得税 3 060 元。

（15）31 日，将本月所得税费用 3 060 元转入“本年利润”账户。

（16）31 日，结转本年利润 7 140 元。

在科目汇总表账务处理程序下，蓝天公司的会计处理如下。

第一步，根据发生经济业务所取得的原始凭证或汇总原始凭证填制记账凭证，如表 8-8 所示（以会计分录表代替记账凭证）。

表 8-8 会计分录表

20××年 月	日	凭证号数	摘要	会计科目	借方金额	贷方金额
10	2	记 1	购入 A 材料	原材料——A 材料	16 000	
				应交税费——应交增值税（进项税额）	2 080	
				银行存款		18 080
10	8	记 2	预借差旅费	其他应收款——李和平	5 000	
				库存现金		5 000
10	10	记 3	销售甲产品	银行存款	56 500	
				主营业务收入		50 000
				应交税费——应交增值税（销项税额）		6 500
10	15	记 4	支付运费	销售费用	800	
				应交税费——应交增值税（进项税额）	72	
				库存现金		872
10	20	记 5	领用 A 材料	生产成本——甲产品	4 000	
				原材料——A 材料		4 000
10	25	记 6	报销差旅费	管理费用	4 500	
				库存现金	500	
				其他应收款——李和平		5 000
10	31	记 7	支付保险费	管理费用	1 200	
				银行存款		1 200
10	31	记 8	支付利息费用	财务费用	1 800	
				银行存款		1 800
10	31	记 9	应交城建税等	税金及附加	1 500	
				应交税费		
				——应交城建税		1 000
				——应交教育费附加		500
10	31	记 10	结转销售成本	主营业务成本	30 000	
				库存商品——甲产品		30 000
10	31	记 11	结转主营业务收入	主营业务收入	50 000	
				本年利润		50 000
10	31	记 12	结转主营业务成本	本年利润	30 000	
				主营业务成本		30 000
10	31	记 13	结转税金及附加等	本年利润	9 800	
				税金及附加		1 500
				销售费用		800
				管理费用		5 700
				财务费用		1 800
10	31	记 14	计算应交所得税	所得税费用	3 060	
				应交税费——应交所得税		3 060
10	31	记 15	结转所得税费用	本年利润	3 060	
				所得税费用		3 060
10	31	记 16	结转本年利润	本年利润	7 140	
				利润分配		7 140

第二步，根据库存现金和银行存款的收付款凭证，逐笔登记库存现金日记账和银行存款日记账，如表 8-9 和表 8-10 所示。

第三步，根据记账凭证和相关原始凭证登记各种明细分类账（以原材料和其他应收款明细分类账的登记为例），如表 8-11 和表 8-12 所示。

第四步，根据记账凭证编制科目汇总表，如表 8-13 所示。

第五步，根据科目汇总表登记总分类账（以银行存款、应交税费、利润分配、生产成本、销售费用等总分类账为例），具体登记情况如表 8-14～表 8-18 所示。

表 8-9　库存现金日记账

20××年		凭证号数	摘要	对方科目	收入	付出	结余
月	日						
10	1		月初余额				6 000
	8	记 2	李和平预借差旅费	其他应收款		5 000	1 000
	15	记 4	支付运费	销售费用		872	128
	25	记 6	李和平报销差旅费	其他应收款	500		628
10	31		本月合计		500	5 872	628

表 8-10　银行存款日记账

20××年		凭证号数	摘要	对方科目	收入	付出	结余
月	日						
10	1		月初余额				50 000
	2	记 1	购入 A 材料	原材料		18 080	31 920
	10	记 3	销售甲产品	主营业务收入	56 500		88 420
	31	记 7	支付保险费	管理费用		1 200	87 220
	31	记 8	支付利息费用	财务费用		1 800	85 420
10	31		本月合计		56 500	21 080	85 420

表 8-11　原材料明细分类账

材料名称：A 材料　　　　数量单位：千克

20××年		凭证号数	摘要	收入			发出			结存		
月	日			数量	单价	金额	数量	单价	金额	数量	单价	金额
10	1		月初余额							500	8.00	4 000
	2	记 1	购入	2 000	8.00	16 000				2 500	8.00	20 000
	20	记 5	领用				500	8.00	4 000	2 000	8.00	16 000
10	31		本月合计	2 000		16 000	500		4 000	2 000		16 000

表 8-12　其他应收款明细分类账

明细科目：李和平

20××年		凭证号数	摘要	借方	贷方	借或贷	余额
月	日						
10	8	记 2	预借差旅费	5 000		借	5 000
	25	记 6	报销差旅费		5 000	平	0
10	31		本月合计	5 000	5 000	平	0

表 8-13　科目汇总表（【例 8-1】）

20××年 10 月 1 日至 31 日　科汇第 10 号

会计科目	总账页数	本期发生额		记账凭证起止号数
		借方	贷方	
库存现金	（略）	500	5 872	记 1～记 16
银行存款		56 500	21 080	
其他应收款		5 000	5 000	
原材料		16 000	4 000	
库存商品			30 000	
应交税费		2 152	11 060	
本年利润		50 000	50 000	
利润分配			7 140	
生产成本		4 000		
主营业务收入		50 000	50 000	
主营业务成本		30 000	30 000	
税金及附加		1 500	1 500	
销售费用		800	800	
管理费用		5 700	5 700	
财务费用		1 800	1 800	
所得税费用		3 060	3 060	
合计		227 012	227 012	

表 8-14　总分类账（1）

会计科目：银行存款

20××年		凭证号数	摘要	√	借方	贷方	借或贷	余额
月	日							
10	1		月初余额				借	50 000
	31	科汇 10	1—31 日发生额		56 500	21 080	借	85 420

表 8-15　总分类账（2）

会计科目：应交税费

20××年		凭证号数	摘要	√	借方	贷方	借或贷	余额
月	日							
10	31	科汇 10	1—31 日发生额		2 152	11 060	贷	8 908

表 8–16　　　　　　　　　　　　　　　总分类账（3）

会计科目：利润分配

20××年		凭证号数	摘要	√	借方	贷方	借或贷	余额
月	日							
10	1		月初余额				贷	36 000
	31	科汇 10	1—31 日发生额			7 140	贷	43 140

表 8–17　　　　　　　　　　　　　　　总分类账（4）

会计科目：生产成本

20××年		凭证号数	摘要	√	借方	贷方	借或贷	余额
月	日							
10	1		月初余额				借	20 000
	31	科汇 10	1—31 日发生额		4 000		借	24 000

表 8–18　　　　　　　　　　　　　　　总分类账（5）

会计科目：销售费用

20××年		凭证号数	摘要	√	借方	贷方	借或贷	余额
月	日							
10	31	科汇 10	1—31 日发生额		800	800	平	0

知识链接

多栏式日记账账务处理程序的特点是：库存现金日记账和银行存款日记账均采用多栏式，并根据库存现金、银行存款日记账的记录登记总账。对于转账业务，可以根据转账凭证逐笔登记总账，也可以根据转账凭证定期编制汇总表，根据转账凭证汇总表登记总账。

日记总账账务处理程序的特点是：设置日记总账，根据记账凭证逐笔登记日记总账。日记总账是将全部相关科目都集中设置在一张账页上，以记账凭证为依据，对发生的经济业务进行序时逐笔登记，最后将各科目进行汇总，计算出借方、贷方发生额和期末余额。

本章小结

账务处理程序是会计凭证、会计账簿、财务报表相结合的方式，包括账簿组织和记账程序。企业常用的账务处理程序主要有记账凭证账务处理程序、汇总记账凭证账务处理程序和科目汇总表账务处理程序，它们之间的主要区别为登记总分类账的依据和方法不同。

科学、合理地选择账务处理程序，有利于规范会计工作，提高会计工作效率，保证会计信息质量。各账务处理程序均具有各自的优缺点和适用范围，各单位应根据规模大小、经济业务量多少及管理需要等科学、合理地选择账务处理程序。

思考与练习

一、思考题

（1）什么是账务处理程序？常用的账务处理程序有哪些？应如何选择？

（2）会计实务中普遍采用的账务处理程序有哪几种？简述它们的主要特点、程序与适用范围。

（3）什么是汇总记账凭证？汇总记账凭证有何特点？是如何编制的？

（4）什么是科目汇总表？科目汇总表有何特点？是如何编制的？

二、判断题

（1）各种账务处理程序的主要区别是登记记账凭证的依据和方法不同。（　）

（2）账务处理程序就是记账程序。（　）

（3）各种账务处理程序的一个共同点是编制财务报表的方法相同。（　）

（4）记账凭证账务处理程序的特点是直接根据记账凭证登记总分类账和明细分类账，是最基本的账务处理程序。（　）

（5）记账凭证账务处理程序适用于规模较小、经济业务量较少的单位。（　）

（6）汇总记账凭证账务处理程序可以简化总账的登记工作，但编制汇总记账凭证的工作量较大。（　）

（7）采用科目汇总表账务处理程序时，总账、明细账和日记账均应以科目汇总表为依据登账。（　）

（8）科目汇总表账务处理程序是以定期编制的科目汇总表为依据登记总账的一种账务处理程序。（　）

（9）科目汇总表账务处理程序的主要不足在于科目汇总表不能反映账户之间的对应关系。（　）

（10）科目汇总表账务处理程序适用于经济业务较少的单位。（　）

（11）汇总记账凭证和科目汇总表都是登记账簿的依据。（　）

三、单项选择题

（1）企业的会计凭证、会计账簿、财务报表相结合的方式为（　）。

A. 账簿组织　B. 账务处理程序　C. 财务报表组织　D. 会计工作组织

（2）各种账务处理程序之间的主要区别是（　）。

A. 填制记账凭证的直接依据不同　B. 登记总分类账的依据和方法不同

C. 编制财务报表的直接依据不同　D. 登记明细分类账的依据和方法不同

（3）记账凭证账务处理程序的主要特点是（　）。

A. 直接根据原始凭证对总分类账进行登记

B. 直接根据记账凭证对总分类账进行逐笔登记

C. 先根据记账凭证编制汇总记账凭证，再根据汇总记账凭证登记总分类账

D. 先根据记账凭证编制科目汇总表，再以科目汇总表为依据登记总分类账

（4）记账凭证账务处理程序的适用范围是（　）。

A. 规模大、经济业务较多的单位　B. 规模小、经济业务较多的单位

C. 规模小、经济业务较少的单位　　D. 规模大、经济业务较少的单位

（5）汇总记账凭证账务处理程序比记账凭证账务处理程序增设了（　　）。

A. 原始凭证汇总表　　B. 汇总原始凭证

C. 科目汇总表　　D. 汇总记账凭证

（6）既能汇总登记总分类账，减轻总账登记工作，又能明确反映账户对应关系，便于查账、对账的账务处理程序是（　　）。

A. 记账凭证账务处理程序　　B. 汇总记账凭证账务处理程序

C. 科目汇总表账务处理程序　　D. 日记总账账务处理程序

（7）下列各项中，属于科目汇总表编制依据的是（　　）。

A. 记账凭证　　B. 原始凭证

C. 总账记录　　D. 原始凭证汇总表

（8）下列各项中，属于科目汇总表汇总范围的是（　　）。

A. 全部科目的借方、贷方余额

B. 全部科目的借方、贷方发生额

C. 全部科目的借方、贷方发生额和余额

D. 汇总收款凭证、汇总付款凭证、汇总转账凭证的合计数

（9）科目汇总表账务处理程序与汇总记账凭证账务处理程序的主要相同之处是（　　）。

A. 登记总账的依据相同　　B. 记账凭证汇总的方法相同

C. 汇总凭证的格式相同　　D. 都需要对记账凭证进行汇总

（10）各种账务处理程序的主要区别是（　　）。

A. 登记明细分类账的依据和方法不同　　B. 登记总分类账的依据和方法不同

C. 总账的格式不同　　D. 编制财务报表的依据不同

四、多项选择题

（1）科学、合理地选择账务处理程序的意义包括（　　）。

A. 有利于会计工作程序的规范化　　B. 有利于提高会计信息的可靠性

C. 有利于提高会计信息的质量　　D. 有利于保证会计信息的及时性

（2）账务处理程序的主要内容包括（　　）。

A. 会计资料立卷归档的程序和方法

B. 会计凭证与账簿之间的联系方法

C. 会计凭证、会计账簿的种类及格式

D. 由原始凭证到填制记账凭证、登记账簿、编制财务报表的程序和方法

（3）下列各项中，属于企业常用账务处理程序的有（　　）。

A. 记账凭证账务处理程序　　B. 科目汇总表账务处理程序

C. 汇总记账凭证账务处理程序　　D. 多栏式日记账账务处理程序

（4）下列关于科目汇总表账务处理程序的说法中，正确的有（　　）。

A. 可以大大减轻总账的登记工作　　B. 可以对发生额进行试算平衡

C. 能明确反映账户的对应关系　　D. 适用于规模较大、业务量较多的企业

（5）汇总记账凭证账务处理程序下，会计凭证方面除设置收款凭证、付款凭证、转账凭证外，还应设置（　　）。

A. 科目汇总表　　B. 汇总收款凭证
C. 汇总付款凭证　　D. 汇总转账凭证

（6）为便于汇总转账凭证的编制，不宜填制的记账凭证有（　　）。
A. 一借一贷　　B. 一借多贷　　C. 一贷多借　　D. 多贷多借

（7）记账凭证账务处理程序的优点有（　　）。
A. 简单明了，易于理解
B. 登记总分类账的工作量较小
C. 可以减轻登记日记账和明细分类账的工作量
D. 可以较详细地反映经济业务的发生情况

（8）汇总记账凭证账务处理程序的优点有（　　）。
A. 总分类账的登记工作量相对较小　　B. 便于会计核算的日常分工
C. 便于了解账户之间的对应关系　　D. 编制汇总转账凭证的工作量较小

（9）科目汇总表账务处理程序的优点有（　　）。
A. 可做到试算平衡　　B. 易于理解，方便学习
C. 能反映各账户之间的对应关系　　D. 减轻了登记总分类账的工作量

（10）下列各项中，可能是登记明细分类账依据的有（　　）。
A. 汇总记账凭证　　B. 记账凭证　　C. 原始凭证　　D. 汇总原始凭证

五、业务题

习题一

1. 目的

练习记账凭证账务处理程序。

2. 资料

（1）东海公司20××年10月各账户期初余额如表8-19所示。

表8-19　东海公司20××年10月各账户期初余额　单位：元

账户	借方余额	账户	贷方余额
库存现金	270	累计折旧	41 100
银行存款	9 140	短期借款	54 000
应收账款	15 000	应付账款	73 500
原材料	55 000	应交税费	700
库存商品	37 500	应付利息	400
固定资产	186 000	实收资本	120 000
利润分配	82 800	盈余公积	43 000
生产成本	41 200	本年利润	94 210
合计	426 910	合计	426 910

（2）10月发生下列经济业务。

① 1日，股东投入资本20 000元，存入银行。

② 2日，购入下列材料，价款15 000元，税款1 950元；运杂费900元，税款81元。当即以银行存款支付（运杂费按材料重量比例分配）。

A 材料　3 000 千克　每千克 4.00 元　计　12 000 元

B 材料　1 500 千克　每千克 2.00 元　计　3 000 元

合　计　15 000 元

③ 3 日，出售甲产品 100 件，每件售价 100 元，价款 10 000 元，税款 1 300 元，当即收到，存入银行。

④ 5 日，收到 2 日购入的 A、B 两种材料并验收入库，按实际采购成本入账。

⑤ 5 日，以银行存款交纳上月欠交的税费 700 元。

⑥ 6 日，仓库发出下列材料投入甲产品生产。

A 材料　1 650 千克　每千克 4.00 元　计　6 600 元

B 材料　7 000 千克　每千克 2.00 元　计　14 000 元

合　计　20 600 元

⑦ 7 日，收到大华公司还来前欠货款 14 000 元，存入银行。

⑧ 8 日，以银行存款支付前欠振徽公司货款 13 000 元。

⑨ 10 日，股东投入新机器一台，双方确认的价值为 10 000 元，税款 1 300 元。

⑩ 12 日，向达美公司出售甲产品 200 件，每件售价 100 元，价款 20 000 元，税款 2 600 元。款项尚未收到。

⑪ 14 日，向银行借入短期借款 12 000 元，存入银行。

⑫ 15 日，从银行提取库存现金 8 000 元，以备发放工资。

⑬ 15 日，以库存现金支付本月职工工资 8 000 元。

⑭ 15 日，以银行存款预交本月的企业所得税税款 1 500 元。

⑮ 16 日，以库存现金支付行政管理部门的办公用品费 93.60 元。

⑯ 16 日，收到达美公司还来的货款 23 400 元，存入银行。

⑰ 20 日，以银行存款支付销售甲产品的广告费用 1 800 元，税款 108 元。

⑱ 22 日，向新华公司出售甲产品 30 件，每件售价 100 元，价款 3 000 元，税款 390 元。款项尚未收到。

⑲ 24 日，购入下列材料，材料价款 7 000 元，税款 910 元；运杂费 600 元，税款 54 元。货款已付（运杂费按材料重量比例分配）。

A 材料　1 000 千克　每千克 4.00 元　计 4 000 元

B 材料　1 500 千克　每千克 2.00 元　计 3 000 元

合　计　7 000 元

⑳ 26 日，收到本月 24 日购入的 A、B 两种材料，并验收入库，按其实际采购成本入账。

㉑ 31 日，计提本月应负担的短期借款利息 400 元。

㉒ 31 日，计提本月固定资产折旧 4 000 元。其中，生产车间计提固定资产折旧 2 600 元，行政管理部门计提固定资产折旧 1 400 元。

㉓ 31 日，结转本月职工工资 8 000 元。其中，生产人员工资 5 000 元，车间管理人员工资 1 000 元，行政管理人员工资 2 000 元。

㉔ 31 日，将本月发生的制造费用 3 600 元计入产品生产成本。

㉕ 31 日，甲产品 500 件完工，每件单位生产成本 65 元，计 32 500 元。

㉖ 31 日，结转本月已销产品的生产成本，每件 60 元。

㉗ 31 日，将损益类账户余额结转至“本年利润”账户。

㉘ 31 日，按本月实现的利润总额计算企业应交的企业所得税（税率 25%）。

3. 要求

（1）根据资料（1）开设总账，登记期初余额。

（2）根据资料（2）编制收款、付款和转账凭证，并根据记账凭证逐笔登记总账。

（3）结出各总账的本期发生额及期末余额，并据以编制试算平衡表，进行试算平衡。

习题二

1. 目的

练习汇总记账凭证账务处理程序。

2. 资料

见本章习题一的资料。

3. 要求

（1）根据本章习题一的资料（1），开设总账，并登记期初余额。

（2）根据本章习题一的资料（2）填制的收款、付款和转账凭证，分别编制汇总收款凭证、汇总付款凭证和汇总转账凭证。

（3）根据汇总记账凭证登记总账，并结出本期发生额及期末余额。

习题三

1. 目的

练习科目汇总表的编制。

2. 资料

蓝天公司根据 20××年 11 月 21 日—30 日发生的经济业务，编制以下会计分录。

		借方	贷方
（1）	借：应付账款	7 200	
	贷：银行存款		7 200
（2）	借：库存现金	5 000	
	贷：银行存款		5 000
（3）	借：生产成本	21 000	
	贷：原材料		21 000
（4）	借：管理费用	600	
	贷：库存现金		600
（5）	借：银行存款	34 800	
	贷：主营业务收入		30 000
	应交税费		4 800
（6）	借：主营业务成本	18 000	
	贷：库存商品		18 000
（7）	借：销售费用	1 000	
	贷：银行存款		1 000
（8）	借：财务费用	1 500	
	贷：应付利息		1 500

	借方	贷方
（9）借：管理费用	920	
贷：库存现金		920
（10）借：主营业务收入	30 000	
贷：本年利润		30 000
借：本年利润	23 420	
贷：主营业务成本		18 000
销售费用		2 400
财务费用		1 500
管理费用		1 520

3. 要求

根据上述会计分录编制科目汇总表。

习题四

1. 目的

练习科目汇总表账务处理程序。

2. 资料

见本章习题一的资料。

3. 要求

（1）根据习题一的资料（1），开设三栏式总账。

（2）根据习题一的资料（2），编制通用记账凭证，再分别编制 10 月 1 日—10 月 15 日、10 月 16 日—10 月 31 日的科目汇总表。

（3）根据科目汇总表登记总账，并结出期末余额。

第 9 章

会计工作的组织和管理

学习目标

- 了解会计工作管理体制，掌握单位会计工作管理的基本要求
- 了解单位会计机构设置和会计人员配备的基本原则和要求，熟悉会计工作岗位内容
- 掌握会计职业道德的基本内容，了解会计专业技术职务的设置
- 掌握会计档案管理的基本要求

导入案例

张平是某高校会计专业大二的学生，虽然学习了基础会计、财务会计等专业课程，且学习成绩也很不错，但觉得对会计的认识还是“雾里看花”，很模糊，主要的困惑是：不清楚实务中的会计工作内容，不了解会计部门的设置情况，有一种神秘感；听说做会计挺危险的，一不小心就会在经济上犯错误，心中有点忐忑；听说做会计没前途，一辈子只是一位“小会计”，职业发展不知向何处去，有点茫然。

你是否也有上述“谜团”？本章内容将会解开这些“谜团”。

9.1 会计工作管理体制

会计工作管理体制是指会计工作的管理制度和管理方法，具体包括会计工作管理组织形式、管理权限划分、管理机构设置等内容。根据我国《会计法》的规定，国务院财政部门主管全国的会计工作，县级以上各级人民政府财政部门管理本行政区域内的会计工作。可见，财政部门是我国会计工作的主管机关。

9.1.1 会计工作的行政管理

会计工作的行政管理是指会计工作的主管部门（即财政部门）按照“统一领导，分级管理”的原则，在宏观上对会计工作进行必要的指导、监督和管理，包括制定会计政策、会计标准，进行会计政策和标准执行情况的检查，进行会计人员专业技术资格的确认，对会计人员行使职权进行保障，以及进行会计方面的教育和培训等。财政部门履行的会计行政管理职能主要有以下几个方面。

1. 会计制度及相关标准规范的制定和组织实施

《会计法》规定，国家实行统一的会计制度。国家统一的会计制度由国务院财政部门根据《会

计法》制定并公布；国务院有关部门对会计核算和会计监督有特殊要求的行业，可以依照《会计法》和国家统一的会计制度，制定实施国家统一会计制度的具体办法或者补充规定，报国务院财政部门审核批准。中国人民解放军可以依照《会计法》和国家统一的会计制度，制定军队实施国家统一会计制度的具体办法，报国务院财政部门备案。会计准则制度及相关标准规范由财政部门组织实施，并对执行情况进行监督。

知识链接

国家统一的会计制度，是指国务院财政部门根据《会计法》制定的关于会计核算、会计监督、会计机构、会计人员以及会计工作管理的制度，包括制度、准则、办法等。

2. 会计市场管理

会计是一项专业性很强的工作。会计信息质量以及会计师事务所执业质量直接影响到市场秩序，进而影响国家和社会公众利益。在市场经济条件下，政府必须加强对会计市场的管理，包括会计市场的准入管理、过程的监管和会计市场退出管理三个方面。根据《会计法》和《中华人民共和国注册会计师法》的规定，财政部门是会计行业和注册会计师行业的主管部门，履行相应的会计市场管理职责。其中，会计市场准入涉及注册会计师执业资格、会计师事务所的设立、代理机构的设立等方面，会计市场退出方式主要包括撤销许可证、吊销执业资格证书等。

3. 会计专业人才评价

我国会计专业人才评价机制包括初级、中级、高级会计人才的评价和会计行业领军人才的培养评价等。对初级、中级、高级会计人才的评价，主要通过会计专业技术考试来进行，由财政部门组织实施，人力资源和社会保障部门监督指导，包括初级、中级、高级三种级别的会计专业技术资格全国统一考试。

会计行业领军人才培养是适应我国当前经济发展状况的一种新的会计人才评价方式。财政部负责组织全国范围内的会计行业领军人才培养工作，地方财政部门和中央各单位负责组织本地区、本部门、本系统内的会计行业领军人才培养工作。

对会计人员的表彰奖励也属于会计专业人才评价的范畴。《会计法》规定，对认真执行《会计法》，忠于职守，坚持原则，做出显著成绩的会计人员，给予精神或物质奖励。

此外，我国规定会计人员应当参加继续教育，以不断提高会计人员的专业胜任能力，促进会计人员整体素质的提高。

4. 会计监督检查

会计监督检查属于政府市场监督的范畴，它是规范会计秩序，打击违法行为，保证会计信息质量，保护国家、投资者、债权人、社会公众利益，维护社会主义市场经济秩序的重要举措。财政部门实施的会计监督检查主要是会计信息质量检查和会计师事务所执业质量检查。

根据《会计法》的规定，县级以上人民政府的财政部门为各单位会计工作的监督检查部门，对各单位的会计工作行使监督权，对违法会计行为实施行政处罚。因此，财政部门是《会计法》的执行主体，是会计工作的政府监督实施主体。其中，财政部门是指国务院财政部门、国务院财政部门的派出机构和县级以上人民政府财政部门。

财政部应当加强对省级财政部门监督、指导注册会计师、会计师事务所工作的监督检查。省级财政部门应当建立信息报告制度，将会计师事务所、注册会计师发生的重大违法违规案件及时上报至财政部。

9.1.2 会计工作的自律管理

会计行业自律管理制度是对行政管理制度的一种有益补充，对督促会计人员依法开展会计工作，树立良好的行业风气，促进行业发展具有推动作用。

1. 中国注册会计师协会

中国注册会计师协会是依据《中华人民共和国注册会计师法》的有关规定设立的社会团体法人，是中国注册会计师行业的自律管理组织。

中国注册会计师协会的最高权力机构为全国会员代表大会。全国会员代表大会选举产生理事会。理事会选举产生会长、副会长、常务理事会。理事会设若干专门委员会和专业委员会。常务理事会在理事会闭会期间行使理事会职权。协会下设秘书处，为其常设执行机构。

中国注册会计师协会的基本职责包括：拟定注册会计师执业准则、规则，监督、检查实施情况；对注册会计师的任职资格、注册会计师和会计师事务所的执业情况进行年度检查；制定行业自律管理规范，对违反行业自律管理规范的行为予以惩戒；组织实施注册会计师全国统一考试等。

2. 中国会计学会

中国会计学会是由全国会计领域各类专业组织及会计理论界、实务界会计工作者自愿结成的“会员制”社会组织。其以组织、推动会计理论和实务交流，建立和完善适应社会主义市场经济发展需要的、具有国际影响力的会计理论与方法体系为目标；致力于通过专业活动为会员提供终身持续的专业化服务，同时为社会提供不同层次的专业人才。中国会计学会还有单位会员，涵盖国有大中型企业、高等院校、省级会计管理机构。

9.1.3 单位会计工作管理

各单位在日常工作开展中要做好管理工作。

1. 单位负责人要组织、管理好本单位的会计工作

单位负责人负责单位内部的会计工作管理，应当保证会计机构、会计人员依法履行职责，不得授意、指使、强令会计机构、会计人员违法办理会计事项。单位负责人是单位的最高管理者，对本单位的一切经营管理和业务活动负有责任，当然也对会计工作和会计资料的真实性、完整性负有责任。

2. 会计人员的选拔任用由所在单位具体负责

根据会计相关法规的规定，会计从业人员必须具备相应的资格条件，总会计师、会计机构负责人或会计主管人员必须具备符合要求的专业技术职务资格或工作经历。各单位应当依法选拔任用（或聘用）会计人员，加强对本单位会计人员的管理，依法合理设置会计岗位，督促会计人员按照国家统一会计制度的规定进行会计核算和监督。

9.2 会计机构与会计工作岗位的设置

9.2.1 会计机构的设置

09

1. 会计机构设置的一般原则

会计机构是各单位办理会计事务的职能部门。《会计法》对各单位是否设置会计机构以及如何设置会计机构，提出了三个层次的原则性规定。

（1）单独设置会计机构。这是对会计机构设置的第一层次的规定。

（2）不单独设置会计机构的，在有关机构中设置会计人员并指定会计主管人员。这是对会计机构设置的第二层次的规定。

（3）不具备会计机构设置条件的，应当委托经批准设立的代理记账机构代理记账。

2. 设置会计机构应考虑的因素

一个单位是否单独设置会计机构，往往取决于以下三个因素：①单位规模的大小；②经济业务和财务收支的繁简；③经营管理的要求。一般来说，大中型企业和具有一定规模的行政事业单位，以及财务收支数额较大、会计业务较多的社会团体和其他经济组织，应单独设置会计机构，以便及时组织本单位各项经济活动和财务收支的核算，实行有效的会计监督。对于不具备单独设置会计机构条件的单位，如财务收支数额不大、会计业务比较简单的企业、机关、团体、事业单位等，可以在有关机构中配备专职会计人员。对于不具备设置会计机构条件的单位，应当委托中介机构代理记账。

9.2.2　会计工作岗位的设置

1. 设置会计工作岗位的基本要求

会计工作岗位是指一个单位会计机构内部根据业务分工而设置的职能岗位。根据《会计基础工作规范》的规定，在会计机构内部设置会计工作岗位时应当符合以下要求。

（1）根据本单位会计业务的需要设置会计工作岗位。各单位会计工作岗位的设置应与其业务活动规模、特点和管理要求相适应，保证单位会计信息的生成、加工和传递真实可靠、及时有效。各单位的业务活动规模、特点和管理要求不同，其会计工作组织方法、会计人员的数量和会计工作岗位的职责分工也不同。通常，业务活动规模大、业务过程复杂、经济业务量大和管理严格的单位，会计机构会相应较大，会计人员相应较多，会计机构内部的岗位职责分工也相应较细；相反，业务活动规模小、业务过程简单、经济业务量少和管理要求不高的单位，会计机构就会相应较小，会计人员相应较少，会计机构内部的岗位职责分工也相应较粗。

（2）符合内部牵制制度的要求。会计工作岗位可以一人一岗、一人多岗或一岗多人。一般在小型企业中，一人一岗、一人多岗的现象较多；而在大中型企业中，一岗多人的现象较普遍。但无论何种情况，在设置会计工作岗位时都必须遵循“不相容职务分离”的原则，出纳人员不得兼管审核，会计档案保管和收入、费用、债权债务账目的登记工作，实行“钱账分管”。这是内部牵制制度的基本要求。

单位内部牵制制度是为了提高会计信息质量，保护资产的安全与完整，确保有关法律、法规、规章制度的贯彻执行等而制定和实施的一系列控制方法、措施和程序，包括职务分离控制、授权批准控制、文件记录控制、财产保全控制、业绩报告控制、人力资源管理和内部审计等。在设置单位会计岗位及岗位职责时，必须在一些会计确认、计量、记录和报告等关键环节，设置必要的具有预防性和自查自纠功能的内部控制方法、措施和程序，预防错弊。同时，在预防措施失效时，能及时发现错弊，并按规定及时处理、纠正。

（3）要定期或不定期地进行轮岗。会计人员的工作岗位应当有计划地进行轮换。定期或不定期地轮换会计人员的工作岗位有利于会计人员全面熟悉会计核算与监督业务，不断提高会计业务技能和业务素质，也有助于降低舞弊风险。

（4）要建立岗位责任制。会计工作岗位责任制是指明确各项会计工作的职责范围、具体内容和要求，并落实到每个会计工作岗位或会计人员上的一种工作责任制度。建立会计岗位责任制是为了分清每一位会计人员的职责，做到事事有人管、人人有专责，从而提高会计工作效率，保证会计信息质量。

知识链接

不相容职务是指那些如果由一个人担任，既可能发生错误和舞弊行为，又可能掩盖其错误和舞弊行为的职务。常见的不相容职务主要有：业务授权与执行职务、业务执行与记录职务、业务授权与财产保管职务、财产保管与记录职务、记录总账与明细账职务、经营责任与记账责任、财产保管与财产核对职务。不相容职务应当分离，进而合理设计会计及相关工作岗位，明确职责权限，形成相互制衡机制。

2. 主要会计工作岗位

会计工作岗位一般分为：总会计师（或行使总会计师职权）岗位，会计机构负责人（会计主管人员）岗位，出纳岗位，稽核岗位，资本、基金核算岗位，收入、支出、债权债务核算岗位，工资核算、成本费用核算、财务成果核算岗位，财产物资的收发、增减核算岗位，总账岗位，对外财务会计报告编制岗位，会计电算化岗位，会计档案管理岗位。

对于会计档案管理岗位，在会计档案正式移交档案管理部门之前，在会计机构内的会计档案管理工作属于会计岗位职责；会计档案正式移交档案管理部门后，会计档案管理工作不属于会计岗位职责，即档案管理部门的人员管理会计档案不属于会计岗位的职责。此外，医院门诊收费员、住院处收费员、商场收费（银）员所从事的工作，均不属于会计岗位职责。单位内部审计、社会审计、政府审计工作也不属于会计岗位职责。

9.3 会计人员的配备

建立健全会计机构，配备具有良好会计职业道德和专业胜任能力的会计人员，是各单位做好会计工作，充分发挥会计职能的重要保证。

9.3.1 会计职业道德

1. 会计职业道德的概念

会计职业道德是指在会计职业活动中应当遵循的、体现会计职业特征的、调整会计职业关系的职业行为准则和规范的总称。

会计职业道德是调整与单位有关各方面经济利益关系、有效达成财务会计目标和内部会计控制目标的手段。自律是会计从业人员职业道德建设的基石。会计人员应当自觉遵守会计职业道德规范，以规范要求约束自己的职业行为。

会计职业道德规范是一般社会道德规范在会计职业活动中的具体体现，是由会计职业活动的具体内容、方式、所涉及的权责利关系等决定的。就内容而言，它构成引导、制约、调节会计行为的道德准则；对外而言，它代表着整个会计职业界对社会承担的道德责任和义务。

2. 会计职业道德的基本内容

根据我国国情，结合国际上会计职业道德的一般要求，我国会计职业道德的主要内容包括以下 8 个方面。

（1）爱岗敬业。要求会计人员正确认识会计职业，树立职业荣誉感；热爱会计工作，尊重会计职业；安心工作，任劳任怨；严肃认真，一丝不苟；忠于职守，尽职尽责。

（2）诚实守信。要求会计人员做老实人，说老实话，办老实事，不搞虚假；保密守信，不为利益所诱惑；执业谨慎，信誉至上。

（3）廉洁自律。要求会计人员树立正确的人生观和价值观；公私分明、不贪不占；遵纪守法，一身正气。

（4）客观公正。要求会计人员端正态度，依法办事；实事求是，不偏不倚；如实反映，保持应有的独立性。

（5）坚持准则。要求会计人员熟悉国家法律、法规和国家统一的会计制度，始终坚持按法律、法规和国家统一会计制度的要求进行会计核算，实施会计监督。会计人员在实际工作中，应当以准则作为自己的行动指南，在发生道德冲突时，应坚持准则，维护国家利益、社会公众利益和正常的经济秩序。

（6）提高技能。要求会计人员具有不断提高会计专业技能的意识和愿望；具有勤学苦练的精神和科学的学习方法，刻苦钻研，不断进取，提高业务水平。

（7）参与管理。要求会计人员在做好本职工作的同时，努力钻研业务，全面熟悉本单位经营活动和业务流程，主动提出合理化建议，积极参与管理，使管理活动更有针对性和实效性。

（8）强化服务。要求会计人员树立服务意识，提高服务质量，努力维护和提升会计职业的良好社会形象。

课程思政点睛：

廉洁自律不仅是会计职业道德的要求，更应当作为我们人生的基本准则。从字面上看，廉洁就是不贪污钱财，不收受贿赂，保持清白。自律是指按照一定的标准，自己约束自己、自己控制自己的言行和思想的过程。自律的核心是用道德观念自觉抵制自己的不良欲望。对于经常与钱财打交道的会计人员来说，容易受到财、权的诱惑，如果职业道德观念不强、自律意志薄弱，很容易成为权、财的奴隶，走向犯罪的“为归路”。我们务必恪守“廉洁自律”信条，坚守“廉洁自律”底线，时刻牢记“针尖大的窟窿能漏过斗大的风”，将防微杜渐时时刻刻挂在心上，这样我们才能真正光明磊落、坦坦荡荡，成为受人敬重的“君子”。

9.3.2　会计专业职务

会计专业职务是区别会计人员业务技能的技术等级。会计专业技术资格是指担任会计专业职务的任职资格。目前，我国的会计专业职务分为初级会计师、会计师、高级会计师和正高级会计师。担任某一会计专业职务必须具备相应的专业技术资格。

1. 初级会计师

初级会计师为初级职务，主要职责包括：草拟一般的财务会计制度、规定、办法，解释、解答财务会计法规、制度中的一般规定，分析、检查某一方面或某些项目财务收支和预算的执行情况，负责具体审核、办理财务收支和会计核算等。

初级会计师的基本任职条件如下。

（1）掌握一般财务会计基础理论和专业知识。

（2）熟悉并正确执行有关的财经方针、政策和财务会计法规、制度。

（3）能担负一个方面或某个重要岗位的财务会计工作。

（4）取得硕士学位，或取得第二学士学位、研究生班结业证书，具备履行初级会计师职责的能力；大学本科毕业，在财务会计工作岗位上见习1年期满；大学专科毕业，担任会计员2年以上；中等专业学校毕业，担任会计员4年以上。

初级会计师资格的取得实行全国统一考试制度，考试科目为“初级会计实务”“经济法基础”。参加考试的人员必须在一个考试年度内通过全部科目的考试方能取得初级会计师资格。

2. 会计师

会计师为中级职务，主要职责包括：草拟比较重要的财务会计制度、规定、办法，解释、解答财务会计法规、制度中的重要问题，分析、检查财务收支和预算执行情况，培养初级会计人才。

会计师的基本任职条件如下。

（1）较系统地掌握财务会计基础理论和专业知识。

（2）掌握并正确贯彻执行有关的财经方针、政策和财务会计法规制度。

（3）具有一定的财务会计工作经验，能担负一个单位或者一个地区、一个部门、一个系统某个方面的财务会计工作。

（4）取得博士学位，并具有履行会计师职责的能力；取得硕士学位，并担任初级会计师职务4年以上。

（5）掌握一门外语。

会计师资格的取得也实行全国统一考试制度，考试科目为“中级会计实务”“财务管理”和“经济法”。考试以两年为一个周期，单科成绩采取滚动计算的方法，全部科目合格后可取得会计师资格。

3. 高级会计师

高级会计师均属于高级职务，主要职责包括：草拟和解释、解答一个地区、一个部门、一个系统或在全国施行的财务会计法规、制度、办法，组织和指导一个地区或一个部门、一个系统的经济核算和财务会计工作，培养中级以上会计人才。

高级会计师的基本任职条件如下。

（1）能较系统地掌握经济、财务会计理论和专业知识。

（2）具有较高的政策水平和丰富的财务会计工作经验，能担负一个地区、一个部门或一个系统的财务会计管理工作。

（3）取得博士学位，并担任会计师3年以上；取得硕士学位、第二学士学位或研究生班结业证书，大学本科毕业并担任会计师5年以上。

（4）较熟练地掌握一门外语。

高级会计师资格的取得实行考试与评审相结合的制度。凡申请参加高级会计师资格评审的人员，须通过考试取得考试成绩合格证。通过评审，并经单位聘任或任命后担任高级会计师。考试科目为“高级会计实务”。参加考试并达到合格标准的人员，由全国会计专业技术资格考试办公室核发高级会计师资格考试成绩合格证，该证书在全国范围内 3 年有效。

4. 正高级会计师

正高级会计师和高级会计师一样，同属于高级职务，其主要职责也与高级会计师的主要职责相同，但正高级会计师资格的取得则实行评审制度。申报评审正高级职称的人员必须遵守宪法和法律，具有良好的职业道德和敬业精神，具备正常履行岗位职责所必需的身体条件和心理素质，还应同时具备以下条件。

（1）具有系统、扎实的专业理论和实践功底，科研水平、学术造诣或科学实践能力强，全面掌握本专业国内外前沿发展动态，取得重大理论研究成果和关键技术突破，或取得其他创造性研究成果，推动了本专业的发展。

（2）长期从事本专业工作，工作业绩突出，能够主持完成本专业领域重大项目，能够解决重大疑难问题或掌握关键技术，取得了显著的经济效益和社会效益。

（3）在本专业领域具有较高的知名度和影响力，在指导、培养中青年学术技术骨干方面做出了突出贡献，发挥了较强的引领和示范作用。

（4）一般应具有大学本科及以上学历，取得本系列相应专业副高级职称，在副高级职称岗位上从事相关工作 5 年及以上。

9.3.3 会计人员配备的原则和要求

1. 会计人员配备的基本原则

根据规定，国家机关、国有企业、事业单位任用会计人员时应当实行回避制度。这是会计人员配备的基本原则。所谓回避制度，是指为了保证执法或者执业的公正性，对可能影响其公正性的执法或者执业人员实行职务回避和业务回避的一种制度。回避制度已成为我国人事管理中的一项重要制度。在会计工作中，由于亲情关系而串通舞弊和违法违纪的案件时有发生，因此，在会计人员中实行回避制度十分必要。

从会计工作的特殊性出发，单位负责人的直系亲属不得担任本单位的会计机构负责人、会计主管人员，会计机构负责人、会计主管人员的直系亲属不得在本单位会计机构中担任出纳工作。其中，直系亲属包括夫妻关系、直系血亲关系、三代以内旁系血亲以及近姻亲关系的亲属。

2. 会计机构负责人（会计主管人员）的配备

在会计机构中应配备的会计人员包括会计机构负责人、会计主管人员。其中，会计机构负责人是在单位负责人的直接领导下，对会计机构的全部行政和业务工作负责的会计人员；会计主管人员是不设置会计机构的单位在会计人员中指定的会计工作负责人。

按规定，会计机构负责人和会计主管人员应具备以下任职资格。

（1）坚持原则，廉洁奉公，具备良好的职业道德。

（2）具备会计师以上专业技术职务资格或者从事会计工作 3 年以上。

（3）熟悉国家财经法律、法规、规章和方针、政策，掌握本行业业务管理的有关知识。

（4）有较强的组织能力。

（5）身体状况能够适应本职工作的要求。

3. **总会计师制度**

在我国，国有的和国有资产占控股地位或者主导地位的大中型企业必须设置总会计师。总会计师是在单位主要负责人的领导下，主管本单位的会计机构进行会计核算、会计监督工作的负责人。建立总会计师制度，是我国在企业管理中加强财务管理、成本管理，充分发挥会计核算、会计监督职能，促进企业经济效益不断提高的一项重要经验。

总会计师是企业行政领导成员，协助主要行政负责人工作，直接对主要负责人负责。

（1）总会计师的具体职责。

① 编制和执行预算、财务收支计划、信贷计划，拟订资金筹措和使用方案，开辟财源，有效地使用资金。

② 进行成本费用预测、计划、控制、核算、分析和考核，督促本单位有关部门降低消耗，节约费用，提高经济效益。

③ 建立健全经济核算制度，利用财务会计资料进行经济活动分析。

④ 承办单位主要行政领导人交办的其他工作。

（2）总会计师的权限。

① 对违法违纪问题的制止和纠正权。

② 对建立健全经济核算制的组织指挥权。

③ 对财务收支的审批签署权。

④ 对会计机构人员的管理权。

企业的总会计师由本单位主要行政负责人提名，政府主管部门任命或者聘任；免职或者解聘程序与任命或者聘任程序相同。事业单位和业务主管部门的总会计师依照干部管理权限任命或者聘任，免职或者解聘程序与任命或者聘任程序相同。总会计师的职权受国家法律的保护，任何人包括单位主要负责人都应当支持并保障总会计师依法行使职权。

9.4 会计档案的管理

9.4.1 会计档案的概念

会计档案是指单位在进行会计核算等过程中接收或形成的，记录和反映单位经济业务事项的，具有保存价值的文字、图表等各种形式的会计资料，包括通过计算机等电子设备形成、传输和存储的电子会计档案。《会计法》规定，各单位对会计凭证、会计账簿、财务会计报告和其他会计资料应当建立档案，妥善保管。会计档案的保管期限和销毁办法，按照财政部和国家档案局制定的《会计档案管理办法》执行。

会计档案包括：①会计凭证类：原始凭证，记账凭证，汇总凭证，其他会计凭证；②会计账簿类：总账，明细账，日记账，固定资产卡片，辅助账簿，其他会计账簿；③财务报告类：月度、季度、年度财务报告，包括财务报表、附表、附注及文字说明，其他财务报告；④其他类：银行存款余额调节表、银行对账单、纳税申报表、会计档案移交清册、会计档案保管清册、会计档案销毁清册、会计档案鉴定意见书及其他具有保存价值的会计资料。但各单位的预算、计划、制定等文件材料属于文书档案，不属于会计档案。

总之，会计档案是记录和反映经济业务事项的重要史料和证据。单位应当按照《会计档案管理办法》的规定，加强会计档案管理工作，建立和完善会计档案的收集、整理、保管、利用和鉴定销毁等管理制度，采取可靠的安全防护技术和措施，保证会计档案的真实、完整、可用、安全。

9.4.2　会计档案的归档、移交和利用

1. 会计档案的归档

各单位每年形成的会计档案，应当由会计机构按照归档要求，负责整理立卷，装订成册。单位内部形成的属于归档范围的电子会计资料，如能满足《会计档案管理办法》规定的相关条件，可仅以电子形式保存，形成电子会计档案。另外，单位从外部接收的电子会计资料附有符合《中华人民共和国电子签名法》规定的电子签名的，可仅以电子形式归档保存，形成电子会计档案。

各单位当年形成的会计档案，在会计年度终了后，可由单位会计机构临时保管 1 年，再移交单位档案管理机构保管。因工作需要确需推迟移交的，应当经单位档案管理机构同意，但最长不得超过 3 年。临时保管期间，会计档案的保管应当符合国家档案管理的有关规定，且出纳人员不得兼管会计档案。

2. 会计档案的移交

会计机构在向单位档案管理机构移交会计档案时要编制移交清册，详细登记所移交档案的名称、卷号、册数、起止年度、应保管期限、已保管期限等内容，便于分清责任，加强会计档案管理。对未设立档案管理机构的单位，会计档案应当由会计机构继续保管，并指定专人负责，实行会计档案专门化管理，以增强会计档案管理工作的可操作性。会计机构保管会计档案的专职人员不得由单位出纳人员担任。这是内部控制制度的要求，它有利于会计档案的安全和完整。

档案管理机构接收保管的会计档案，原则上应当保持原卷册的封装，即入档后的单位会计档案不得随意拆封。个别需要拆封重新整理的，应当会同会计机构和原经办人员共同拆封整理，以分清责任。

3. 会计档案的利用

单位应当严格按照相关制度利用会计档案，在进行会计档案查阅、复制、出借时履行登记手续，严禁篡改和损坏。

单位保存的会计档案一般不得对外借出。确因工作需要且根据国家有关规定必须借出的，应当严格按照规定办理相关手续。会计档案借用单位应当妥善保管和利用借入的会计档案，确保借入会计档案的安全完整，并在规定时间内归还。

9.4.3　会计档案的保管期限

会计档案保管期限分为永久、定期两类。会计档案的保管期限是从会计年度终了后的第一天算起。永久，是指会计档案须永久保存；定期，是指会计档案保存应达到法定的时间，定期保管期限一般分为 10 年和 30 年。《会计档案管理办法》规定的会计档案保管期限为最低保管期限。单位会计档案的具体名称如有与《会计档案管理办法》附表所列档案名称不相符的，应当比照类似

档案的保管期限办理。《会计档案管理办法》规定的企业和其他组织会计档案保管期限，如表 9-1 所示。

表 9–1　企业和其他组织会计档案保管期限表

序号	档案名称	保管期限	备注
一	会计凭证		
1	原始凭证	30 年	
2	记账凭证	30 年	
二	会计账簿		
3	总账	30 年	
4	明细账	30 年	
5	日记账	30 年	
6	固定资产卡片		固定资产报废清理后保管 5 年
7	其他辅助性账簿	30 年	
三	财务会计报告		
8	月度、季度、半年度财务报告	10 年	
9	年度财务报告	永久	
四	其他会计资料		
10	银行存款余额调节表	10 年	
11	银行对账单	10 年	
12	纳税申报表	10 年	
13	会计档案移交清册	30 年	
14	会计档案保管清册	永久	
15	会计档案销毁清册	永久	
16	会计档案鉴定意见书	永久	

9.4.4 会计档案的销毁

根据《会计档案管理办法》的规定，会计档案保管期满需要销毁的，除特殊规定外，可以按照程序予以销毁。销毁的基本程序及要求如下。

（1）编制会计档案销毁清册。由本单位档案部门提出销毁意见，会同会计部门共同鉴定，严格审查，编制会计档案销毁清册，列明销毁会计档案的名称、卷号、册数、起止年度和档案编号、应保管期限、已保管期限、销毁时间等内容。单位档案管理部门和会计机构将编制好的会计档案销毁清册和销毁意见报本单位负责人，单位负责人对所要销毁的会计档案进行复核后在会计档案销毁清册上签署意见。

（2）专人负责监销。销毁会计档案时，应当由档案机构和会计机构共同派员监销；国家机关销毁会计档案时，应当由同级财政部门、审计部门派员参加监销；财政部门销毁会计档案时，应当由同级审计部门派员参加监销。监销人员在销毁会计档案前，应当按照会计档案销毁清册所列内容清点核对所要销毁的会计档案；销毁后，应当在会计档案销毁清册上签名盖章，并将监销情况书面报告本单位负责人。

（3）不得销毁的会计档案。对于保管期满但未结清的债权债务原始凭证和涉及其他未了事项的原始凭证，不得销毁，而应当单独抽出立卷，保管到未了事项完结时为止。单独抽出立卷的会计档案，应当在会计档案销毁清册和会计档案保管清册上列明。另外，正在项目建设期间的建设单位，其保管期满的会计档案也不得销毁，待项目办理竣工决算后按规定的交接手续移交给项目的接收单位进行妥善保管。

本章小结

我国会计工作管理体制实行统一领导、分级管理的办法。国务院财政部门主管全国的会计工作，县级以上各级地方人民政府财政部门管理本行政区域内的会计工作。会计工作的行政管理内容包括：制定并组织实施会计准则制度及相关标准规范、会计市场管理、会计专业人才评价和会计监督检查等。单位内部的会计工作管理主要包括单位负责人的职责、会计机构的设置、会计人员的选拔任用等方面。

会计机构是各单位办理会计事务的职能部门。各单位应根据其规模的大小、经济业务和财务收支的繁简及经济管理的要求，决定是否设置会计机构，或在有关机构中设置会计人员并指定会计主管人员，或委托中介机构代理记账。会计工作岗位是从事会计工作、办理会计事项的具体职位。各单位应按照规定的要求设置会计工作岗位，具体要求包括：按需设岗、符合内部牵制的要求、建立岗位责任制、建立轮岗制度。

会计人员是直接从事会计工作的人员。会计人员应遵守爱岗敬业、诚实守信、廉洁自律、客观公正、坚持准则、提高技能、参与管理、强化服务等会计职业道德规范。会计人员配备应实行回避制度，会计机构负责人（会计主管人员）的配备、总会计师的设置和任免应符合规定的条件和要求。

在我国，会计专业职务分为初级会计师、会计师、高级会计师和正高级会计师。其中，初级会计师和会计师资格的取得实行全国统一考试制度，高级会计师资格的取得实行考试与评审相结合的制度，正高级会计师资格的取得实行评审制度。

会计档案是记录和反映经济业务事项的重要史料和证据，单位应当按照《会计档案管理办法》的规定，对会计档案进行归档、移交和利用。会计档案保管期限分为永久和定期，其中定期保管期限一般分为 10 年和 30 年。

思考与练习

一、思考题

（1）什么是会计行政管理？会计行政管理的主体是谁？其主要职能有哪些？

（2）单位会计机构的设置原则有哪些？应考虑哪些因素？

（3）会计工作岗位包括哪些？设置会计工作岗位的基本原则是什么？

（4）什么是会计职业道德？在我国，会计职业道德规范的基本内容是什么？

（5）什么是回避制度？会计人员配备应如何实行回避制度？

（6）在我国，会计专业技术职务是如何设置的？会计专业技术资格是通过何种方式取得的？

（7）会计档案的归档范围包括哪些？单位应当如何归档、移交和利用会计档案？

二、判断题

（1）我国会计工作的行政管理体制实行“统一领导，分级管理”的办法，由国务院主管全国的会计工作，地方会计工作则由当地人民政府主管。（ ）

（2）根据规定，单位财务部门的负责人应对本单位会计资料的真实性负责。（ ）

（3）会计人员的选拔任用属于单位内部的会计工作管理。（ ）

（4）中国注册会计师协会是我国注册会计师行业的行政主管机关。（ ）

（5）财政部门是会计行政管理的主管机关。（ ）

（6）会计专业职务是区别会计人员业务技能的技术等级，包括初级、中级和高级。（ ）

（7）会计专业技术资格是担任会计专业职务的任职资格，目前会计专业技术资格的取得均实行全国统一考试制度。（ ）

（8）根据回避制度，会计机构负责人的直系亲属不得在本单位从事会计相关工作。（ ）

（9）根据规定，会计主管人员必须具备会计师以上专业技术资格。（ ）

（10）总会计师是行政职务，具体负责本单位的会计核算与分析工作。（ ）

（11）各单位每年形成的会计档案，都应由会计机构按照归档的要求，负责整理立卷，装订成册，编制会计档案保管清册。（ ）

（12）会计档案包括会计凭证、会计账簿、财务会计报告，但不包括银行存款余额调节表、银行对账单、会计档案保管清册和会计档案销毁清册等。（ ）

（13）会计档案的保管期限，从会计年度终了后的第 1 天算起。各类会计档案的具体保管期限按照《会计档案管理办法》的规定执行。（ ）

（14）各单位保存的会计档案不得借出。（ ）

（15）会计档案保管期限满需要销毁的，由本单位会计机构提出销毁意见，编制会计档案销毁清册。单位负责人应当在会计档案销毁清册上签署意见。（ ）

三、单项选择题

（1）财政部门对会计机构和会计人员是否遵守法律法规，是否依据相关准则、制度和规范执业进行的检查和监督，属于（ ）。

A. 会计市场培训管理　　B. 会计市场准入管理

C. 会计市场运行管理　　D. 会计市场退出管理

（2）下列人员中，不应对会计工作和会计资料的真实性、完整性负责的是（ ）。

A. 国有企业厂长　　B. 公司董事长

C. 个人独资企业的投资人　　D. 公司主要股东

（3）下列工作岗位中，不属于会计工作岗位的是（ ）。

A. 总会计师　　B. 会计主管人员

C. 会计档案管理岗位　　D. 收银员岗位

（4）总会计师必须具备的条件中，不包括（ ）。

A. 取得会计师专业技术资格　　B. 主管财务会计工作不少于 5 年

C. 毕业于财务会计方面的专业　　D. 身体健康，能胜任本职工作

（5）高级会计师资格考试的科目包括（　　）。

A. 经济法　　B. 税法

C. 高级会计实务　　D. 财务与成本管理

（6）按照我国《会计档案管理办法》的规定，记账凭证的保管期限是（　　）。

A. 10 年　　B. 30 年　　C. 5 年　　D. 永久

（7）会计档案的保管期限是从（　　）算起。

A. 会计年度终了后第一天　　B. 审计报告之日

C. 移交档案管理机构之日　　D. 会计资料的整理装订日

（8）各单位每年形成的会计档案，都应由（　　）负责整理立卷，装订成册，编制会计档案保管清册。

A. 会计机构　　B. 档案部门　　C. 人事部门　　D. 指定专人

四、多项选择题

（1）下列各项中，属于会计行政管理职能的有（　　）。

A. 制定并组织实行会计准则制度及相关标准规范

B. 会计市场管理

C. 会计专业人才评价

D. 会计监督检查

（2）我国会计行业自律组织主要有（　　）。

A. 中国会计学会　　B. 中国注册会计师协会

C. 中国总会计师协会　　D. 中国商业会计学会

（3）一个单位是否需单独设置会计机构，取决于（　　）。

A. 单位规模的大小　　B. 经济业务和财务收支的繁简

C. 经营管理的要求　　D. 单位内部控制的要求

（4）设置会计工作岗位的基本原则包括（　　）。

A. 按需要设置会计工作岗位　　B. 符合内部牵制制度的要求

C. 定期或不定期轮岗　　D. 要建立岗位责任制

（5）下列会计工作岗位的设置方式中，符合规定的有（　　）。

A. 一人一岗　　B. 一人多岗

C. 一岗多人　　D. 出纳岗位与稽核岗位合并

（6）回避制度中的直系亲属关系包括（　　）。

A. 夫妻关系　　B. 直系血亲关系

C. 三代以内旁系血亲关系　　D. 近姻亲关系

（7）根据规定，在任用会计人员时应当实行回避制度的单位包括（　　）。

A. 国家机关　　B. 国有企业　　C. 事业单位　　D. 民营企业

（8）下列各项中，属于会计职业道德规范的有（　　）。

A. 爱岗敬业　　B. 清正廉洁　　C. 客观公正　　D. 无私奉献

（9）下列各项中，属于我国会计专业职务的有（　　）。

A. 总会计师　　B. 初级会计师　　C. 会计师　　D. 注册会计师

（10）初级会计师专业技术资格考试的科目包括（　　）。

A. 初级会计实务　B. 经济法基础　C. 经济法　D. 财务管理

（11）会计档案的具体内容包括（　　）。

A. 会计凭证　B. 会计账簿　C. 财务会计报告　D. 其他会计账簿

（12）下列各项属于其他会计资料的有（　　）。

A. 银行存款余额调节表　B. 会计档案移交清册

C. 会计档案保管清册　D. 银行对账单

参考文献

[1] 财政部．企业会计准则（合订本）[M]．北京：经济科学出版社，2020.

[2] 财政部．企业会计准则应用指南（2021 年版）[M]．上海：立信会计出版社，2021.

[3] 会计从业资格考试辅导教材编写组．会计基础[M]．北京：中国财政经济出版社，2016.

[4] 王辉，程思．财经法规[M]．6 版．大连：东北财经大学出版社，2019.

[5] 王炜，金跃武．基础会计[M]．4 版．北京：高等教育出版社，2018.

[6] 王炜，王辉．基础会计学习指导、习题与实训[M]．4 版．北京：高等教育出版社，2018.

[7] 财政部会计资格评价中心．经济法基础[M]．北京：经济科学出版社，2021.